中原学丛书

中原成语典故

李庚香 主编

中州古籍出版社
·郑州·

图书在版编目（CIP）数据

中原成语典故 / 李庚香主编. —郑州：中州古籍出版社，2019.11
ISBN 978-7-5348-8127-5

Ⅰ.①中… Ⅱ.①李… Ⅲ.①汉语 – 成语 – 典故 – 通俗读物 Ⅳ.①H136.3-49

中国版本图书馆CIP数据核字（2018）第253661号

出　版	中州古籍出版社
	地址：郑州市郑东新区祥盛街27号6层
	邮编：450016
	电话：0371-65788695
经　销	新华书店
印　刷	郑州市毛庄印刷厂
版　次	2019年11月第1版
印　次	2019年11月第1次印刷
开　本	787毫米×1092毫米　1 / 16
印　张	28印张
字　数	400千字
定　价	98.00元

本书如有印装质量问题，请与出版社联系调换。

《中原成语典故》编委会

主　　编　李庚香

执行主编　王朝纪

编　　委　苗树群　袁凯声　李新年　李同新
　　　　　　　李　明　魏崇周　于亚杰　王淑玲
　　　　　　　陶运清　盛　敏

序

　　成语是中华优秀传统文化的一部分,是"中原学"的重要研究对象。作为中华文化、中原文化、黄河文化、黄河文明的独特基因、语言的精华,成语有着丰富的文化内涵,在五千年的历史文化长河中,熠熠生辉,影响深远。其代代相传,多数至今仍在应用,成为书面语及口语中的亮点。

　　所谓"成语",是中国汉字语言词汇中一部分定型的词组或短句,有固定的结构形式和固定的说法,表示一定的意义,在语句中是作为一个整体来应用的。其意思精辟,往往隐含于字面意义之中,不是其构成成分意义的简单相加;其词序固定,一般不能任意变动、抽换或增减其中的成分。具有结构固定性、意义整体性、语法功能的多样性等基本特征。此外,成语还有其他一些特点:

　　第一,内容的故事性。很多成语来源于古代经典或著作、历史故事和人们的口头故事。比如寓言故事中的"滥竽充数""画蛇添足""刻舟求剑""掩耳盗铃""买椟还珠""拔苗助长";历史故事中的"背水一战""望梅止渴""纸上谈兵""三顾茅庐""四面楚歌""指鹿为马";神话故事中的"开天辟地""精卫填海""夸父逐日""愚公移山""叶公好龙""八仙过海"等,其背后都是一个个完整的故事。

第二,含义的哲理性。许多成语来源于哲学著作,含义本身即具有强烈的哲理性。如《周易》中的"自强不息""厚德载物";《老子》中的"知止不殆""大巧若拙";《墨子》中的"苍黄翻覆""量体裁衣";《庄子》中的"越俎代庖""望洋兴叹",无不反映生活中某些方面的哲理。有些成语出自寓言故事,其目的就是为了总结生活的哲理,如《韩非子》中的"自相矛盾""守株待兔"等等。

第三,形式的多样性。成语一共有5万多条,其中96%为四字格式,也有三字、五字、六字、七字,一直到十四字。三字如"安乐窝""百世师";五字如"桃李满天下""日久见人心";六字如"百闻不如一见""匹夫不可夺志";七字如"树欲静而风不止""识时务者为俊杰";八字如"知无不言,言无不尽""严以律己,宽以待人";九字如"凡事预则立,不预则废""不以规矩,不能成方圆";十字如"欲穷千里目,更上一层楼""路遥知马力,日久见人心";十一字如"以其人之道,还治其人之身""学然后知不足,教然后知困";十二字如"天有不测风云,人有旦夕祸福""只许州官放火,不许百姓点灯";十四字如"踏破铁鞋无觅处,得来全不费工夫""画虎画皮难画骨,知人知面不知心"。无论字数多少,无不含义丰富。

中原学源远流长,成语资源丰富。中原文化、黄河文化、黄河文明是中华文化、华夏文明的源头和核心。从远古到近代,在中华民族重要活动区域的河南,智慧的先人留下了不胜枚举的成语,并以独特的文化符号展现了不同时代的河南故事、河南精神。尤其是在北宋之前,中原地区多数时间处于中国政治、经济、文化的中心。著名知识分子会聚于此,众多传世经典编纂于此。而后世流传的成语也多来自这些文人的著作或其编纂的典籍中。

如《周易》《道德经》《文子》《墨子》《列子》《庄子》《韩非子》《吕氏春秋》《新语》《新书》《礼记》《东观汉记》《三国志》《后汉书》《韩昌黎集》《新唐书》等等，这些书多数撰写、编纂于河南，或由河南人编纂；即使不撰写、编纂于河南，如《尚书》《诗经》《论语》《孟子》《尹文子》《左传》《山海经》《淮南子》《史记》《战国策》《晏子春秋》《杂书》《汉书》《世说新语》《晋书》《宋史》等书也含有大量关于河南的成语。其中老子、墨子、庄子、韩非子、列子、鬼谷子、贾谊、范晔、韩愈等人更是创造成语的大师，著作中成语比比皆是。这是他们创新中华文化的明证，也是中原学的精彩呈现。

本次编写《中原成语典故》，意在传承和传播中原优秀传统文化，挖掘整理富有河南地域特色的成语典故并作权威解读，打造中原学的话语体系，树立河南的大省自信，讲好河南的故事，从而推动文化强省、华夏历史文明传承创新区、文明河南和文化高地建设，让中原更加出彩，谱写新时代中原更加出彩的绚丽篇章。《中原成语典故》是"中原学"的有机组成部分。中原成语从学科角度属于文学、语言学，而其内容则丰富多彩、无所不包。其不但有文学性，还有哲理性；不但有学术性，也有可读性。是"中原学"的精彩呈现，是讲好中原故事的极好切入点。

本书在大量与中原相关的成语中优中选优，收录人们耳熟能详的部分。在写法上，找出处、辨源流，注重学术上的准确性；在内容上，讲故事、谈哲理，做到知识性、趣味性、可读性、通俗性的有机统一，努力实现讲故事、讲道理、讲规律的有机统一。

本书的主题并不仅仅是为了阐释成语，更是为了弘扬河南优秀传统文化，这就要求我们必须对传统文化进行创造性转化、创新性发展。成语本身是文化的一种载体，其反映出的思想却是千差万别的。本书所选成语以反映正能量的词语为主，反面的词语则加以正面分析。

期待读者通过对这些成语的阅读和领会，对中原文化所体现的中原精神有所感悟和践行，并由此走进"中原学"的大门。

2019 年 10 月 31 日

编写说明

　　成语作为中华文化的独特基因，有着丰富的文化内涵，在五千多年的中华历史文化长河中，熠熠生辉，影响深远。中原文化是中华文化的源头和核心。从远古到近代，在中华民族重要活动区域的河南，智慧的先人留下了不胜枚举的成语，并以独特的文化符号展现了不同时代的河南故事、河南精神。《中原成语典故》的策划出版，正是为了挖掘整理富有河南地域特色的成语典故，弘扬中华优秀传统文化，讲好河南故事，助力河南文化高地建设，让中原更加出彩。

　　本书以地域为主，收录河南各地市历史、地理、文化、人物相关的成语典故。为了弘扬优秀的河南传统文化，原则上选取耳熟能详、反映正能量的词语，反面的词语则加以正面分析。全书成语典故按时代顺序罗列，每个成语典故包含释义、出处、故事等条目。

　　【释义】简洁、准确地解释成语典故的含义和用法。古今意义有变化的则加以说明。出处、意义相同，但在流传过程中有其他写法，个别字词稍有出入，在此一并说明。

　　【出处】注明成语典故的来源，有多个出处的以最早的为准，由多个出处组成的则全部注出。

【故事】用通俗、生动的语言介绍成语典故，讲述相关故事。如故事过于简单或难以理解，则对相关背景知识加以介绍。现存与成语典故有关的遗迹、遗物，也在故事后一并介绍。

在写法上，找出处、辨源流，注重学术上的准确性；内容上，讲故事、谈哲理，做到知识性、趣味性、可读性、通俗性有机统一。

此外，书后另附音序索引，同时注明成语典故涉及人物的籍贯或故事的发生地，方便读者检索。

目 录

河出图，洛出书 /1

女娲补天 /2

夸父逐日 /3

鼎成龙去 /4

后羿射日　嫦娥奔月 /6

愚公移山 /7

玉石俱焚 /9

改过不吝 /10

天作孽，犹可违；自作孽，不可逭 /11

任人唯贤 /12

洞若观火　有条不紊　星火燎原 /13

高宗刻象　调剂盐梅 /15

一窍不通 /17

酒池肉林 /18

否极泰来 /19

顺天应人 /20

白鱼入舟 /21

恶贯满盈　时不可失 /23

离心离德　同心同德 /24

自绝于天　奇技淫巧　除恶务本 /25

暴殄天物　反戈一击　血流漂杵 /26

土崩瓦解 /27

爱屋及乌 /28

肉袒面缚 /30

永世无穷 /31

周召分陕 /33

无中生有 /34

齿亡舌存 /35

紫气东来 /36

临危不惧 /37

执子之手，与子偕老 /38

载驰载驱 /39

二三其德　夙兴夜寐　言笑晏晏　信誓旦旦 /40

孔武有力 /42

不耻下问 /43

求仁得仁 /44

过犹不及 /45

死生有命，富贵在天　四海之内皆兄弟 /46

名正言顺 /48

行己有耻　言必信，行必果　斗筲之人 /49

君子固穷 /51

一以贯之 /52

无为而治 /53

工欲善其事，必先利其器 /54

己所不欲，勿施于人 /55

往者不可谏，来者犹可追 /56

子路问津　指点迷津 /57

四体不勤，五谷不分 /58

学而优则仕 /60

君子之过 /61

子路治蒲 /62

招摇过市 /63

结驷连骑 /65

闻一知十 /66

学无常师　温良恭俭让 /67

从善如登，从恶如崩 /68

伐原示信 /69

多行不义必自毙 /71

其乐融融 /72

周郑交质　言不由衷 /73

大义灭亲 /75

不自量力　冒天下之大不韪 /76

暗箭伤人 /78

民不堪命 /79

齐大非偶 /80

爱鹤失众 /81

假道灭虢　辅车相依　唇亡齿寒 /82

予取予求 /84

假仁纵敌 /85

东道主 /86

厉兵秣马 /87

华而不实 /89

无以复加　畏首畏尾　鹿死不择音　铤而走险 /90

各自为政 /92

杀敌致果 /93

问鼎中原 /94

筑室反耕　易子而食，析骸以爨　尔虞我诈 /95

鞭长莫及 /97

从善如流 /98

甚嚣尘上 /100

好整以暇 /101

非异人任 /102

众怒难犯 /103

不贪为宝 /105

区区小事 /106

班荆道故 /107

宾至如归 /108

包藏祸心 /110

数典忘祖 /111

宽猛相济 /112

先声夺人 /113

中流砥柱 /115

人弃我取 /116

任重致远 /117

功成名遂 /118

苍黄翻覆 /120

以人为镜 /121

避毁就誉 /122

以卵投石 /123

墨守成规 /124

白虹贯日 /126

围魏救赵 /128

南门立木　家给人足 /129

作法自毙 /131

四分五裂 /132

三人成虎 /133

南辕北辙 /135

与民同乐 /136

五十步笑百步 /138

揠苗助长 /139

二者必居其一 /140

一傅众咻 /141

为渊驱鱼，为丛驱雀 /143

得其所哉 /144

一毛不拔 /145

叶公好龙 /146

郑卫之音　桑间濮上 /148

越俎代庖 /149

鹏程万里　扶摇直上 /151

庄周梦蝶　栩栩如生 /152

庖丁解牛　目无全牛　游刃有余 /153

薪尽火传 /155

伯玉知非 /156

螳臂当车 /157

山木自寇　膏火自煎 /158

相濡以沫　相忘于江湖 /159

虚与委蛇 /161

斫轮老手　得心应手 /162

望洋兴叹　贻笑大方　夏虫不可语冰 /163

井底之蛙 /165

鼓盆之戚 /166

化腐朽为神奇 /167

害群之马 /168

蜗角之争 /169

苌弘化碧 /171

捉襟见肘 /172

不知天高地厚 /173

怒发冲冠 /174

不系之舟 /175

屠龙之技 /176

吮痈舐痔 /177

探骊得珠 /178

学富五车 /180

大同小异 /181

杞人忧天 /182

朝三暮四 /184

蕉鹿自欺 /185

野人献曝 /186

寝丘之志 /187

歧路亡羊 /188

靡靡之音 /190

宋人疑邻 /191

千里之堤，溃于蚁穴　讳疾忌医 /192

老马识途 /194

滥竽充数 /195

买椟还珠 /196

郑人买履 /197

郑人争年 /198

杀彘教子 /199

酒酸不售 /200

兵不厌诈　竭泽而渔　焚薮而田 /201

自相矛盾 /203

守株待兔 /204

鸡鸣狗盗 /205

窃符救赵 /207

天下无双 /208

平步青云　擢发难数　睚眦必报 /210

抱薪救火 /212

前倨后恭 /213

悬梁刺股 /215

远交近攻　得寸进尺 /216

见兔顾犬　亡羊补牢　绝长续短 /217

惊弓之鸟 /219

债台高筑 /220

旁若无人 /222

图穷匕见 /223

奇货可居 /224

一字千金 /226

殃及池鱼 /227

刻舟求剑 /228

裹足不前　逐客令 /229

李斯溷鼠 /231

东门黄犬 /232

燕雀安知鸿鹄之志 /233

破釜沉舟 /234

决一雌雄 /235

养虎遗患 /237

运筹帷幄　决胜千里 /238

孺子可教 /239

助纣为虐 /241

独当一面 /242

借箸代筹 /243

高阳酒徒 /244

一抔黄土 /246

厝火积薪 /248

草菅人命　投鼠忌器 /249

先斩后奏 /251

朝令夕改 /252

嵩呼万岁 /253

坐观成败 /254

一钱不值　首鼠两端 /255

死灰复燃 /257

强弩之末 /258

招之不来，麾之不去 /259

重足而立，侧目而视 /260

后来居上 /261

短小精悍 /262

克绍箕裘 /263

疾风劲草 /264

置之度外 /266

推心置腹 /267

失之东隅，收之桑榆 /268

披荆斩棘 /269

前驱之功　精锐之师 /270

差强人意 /271

有志者事竟成 /272

乐此不疲 /273

夺席谈经 /274

诚惶诚恐 /275

召父杜母 /276

白马负经 /278

车水马龙 /280

鲁阳金行 /281

求贤若渴 /282

大腹便便 /283

悬榻留宾 /285

噤若寒蝉 /286

范滂诀母 /287

百折不挠 /289

梁上君子 /290

难兄难弟 /291

慈明无双 /293

万众一心 /294

仰人鼻息 /295

开云见日 /296

挟天子以令诸侯 /297

百举百全　多端寡要 /299

出言不逊 /300

坚壁清野 /301

先礼后兵 /302

望梅止渴 /303

青梅煮酒 /304

乱世奸雄 /306

箭在弦上，不得不发 /307

心怀叵测 /308

挂印封金 /309

过五关，斩六将 /310

方寸大乱 /311

三顾茅庐 /312

如鱼得水 /313

初出茅庐 /314

步步为营 /315

笑容可掬 /316

缓兵之计 /318

畏敌如虎 /319

车载斗量 /320

倩人捉刀 /321

七步成诗 /322

司马昭之心，路人皆知 /323

乐不思蜀 /324

一叶障目 /325

杯弓蛇影 /327

口若悬河 /328

得意忘形　阮籍青眼 /329

时无英雄，使竖子成名 /331

臧否人物 /332

犊鼻高挂　未能免俗　南阮北阮 /333

任达不拘 /334

鹤立鸡群 /335

契若金兰 /336

浑金璞玉 /337

荷锸随身 /338

二陆入洛，三张减价 /339

洛阳纸贵 /340

望尘而拜 /341

如坐针毡 /342

祸从口出 /343

分甘共苦 /344

引咎自责 /345

束之高阁 /346

丰年玉，荒年谷 /347

连枝共冢 /348

标新立异 /349

才高八斗 /350

乘风破浪 /351

出人意表 /352

面壁功深 /353

分道扬镳 /355

宁可玉碎，不能瓦全 /356

韩陵片石 /357

兵藏武库，马入华山 /359

牛角挂书 /360

百忍成金 /361

夺锦之才 /362

伴食宰相 /363

吴带当风 /364

仙风道骨 /365

紫芝眉宇 /367

擒贼擒王 /368

食不下咽 /369

罗雀掘鼠 /370

落井下石 /371

蚍蜉撼大树 /373

耸肩缩颈 /374

摧陷廓清 /375

泰山北斗 /376

春风得意　走马观花 /377

月下老人 /378

搜索枯肠 /379

如人饮水，冷暖自知 /381

断章摘句 /382

如临大敌 /383

开卷有益 /384

不动声色 /385

程门立雪 /387

夜不就席 /388

安乐窝 /389

急流勇退 /390

精忠报国 /391

痛饮黄龙 /393

莫须有 /394

东窗事发 /395

轰轰烈烈 /396

汝人识字 /398

神至之笔 /399

索　引 /401

后　记 /423

河出图，洛出书

〔释义〕

河出图，洛出书：河，黄河。图，河图。洛，洛河。书，洛书。黄河出现河图，洛河出现洛书。

〔出处〕

《周易·系辞上》：河出图，洛出书，圣人则之。

〔故事〕

相传伏羲氏时期，黄河里浮出一匹龙马，它身上的旋毛变成"一六居下，二七居上，三八居左，四九居右，五十居中"的图形，这就是"河图"，伏羲氏根据河图画出八卦，《周易》一书就由此而来；大禹治水之时，洛河里浮出一只神龟，神龟的背上长有纹、圈、点，自然排列成组，这就是"洛书"，大禹对洛书进行解释，就是《尚书·洪范》中的"洪范九畴"。

为了纪念伏羲氏和龙马的伟大功绩，后人将八卦叫作"伏羲八卦"，把伏羲氏驯服龙马的地方叫雷河，把龙马出没的河道叫图河，图河干涸后叫图河故道。现在河南孟津会盟镇，相传即为"龙马负图"之地，建有龙马负图寺，在雷河村旁。其附近还留有马庄（桩）、八卦台等遗迹。

而在洛宁县西长水镇，洛河与其支流玄沪河交汇处，相传是"神龟负书"的地方，存有"洛出书"两块石碑。两碑并排面南而立，正处于洛河上下游的分界线处。

2007年，"八卦符号文化"入选首批河南省非物质文化遗产代表作名录；2009年，"河图洛书传说"入选第二批河南省非物质文化遗产代表作名录；2014年，"河图洛书传说"入选第四批国家级非物质文化遗产代表作名录。

女娲补天

〔释义〕

女娲补天：女娲，传说中上古女帝名。一说是伏羲的妹妹，一说是伏羲的妻子。女娲炼五色石补天。后形容改造天地的雄伟气魄和大无畏的斗争精神。

〔出处〕

《列子·汤问》：天地亦物也，物有不足，故昔者女娲氏炼五色石以补其阙。

〔故事〕

传说在远古的时候，支撑天的四根柱子毁坏了，大地四分五裂；天不能完全覆盖大地，地也不能承载万物。大火燃烧不息，洪水四处泛滥，猛兽吞食百姓，猛禽搏击老弱。这时候，女娲冶炼五色石修补苍天，砍断海中大鳌的脚来做撑起四边天空的栋梁，堆积炉灰来制止不息的洪水，杀死黑龙拯救冀州。于是，善良的百姓有了生路。

女娲挺身而出、救民于水火的传说源自人类渴望征服自然、创造美好生活的愿望。"女娲补天"这个神话故事反映了古代劳动先民与大自然抗争的不屈不挠的精神。

河南济源邵原镇自古就有女娲补天的故事流传，镇北有被斩孽龙的黑龙山、断鳌足立四极的鳌背山、炼石补天的银河峡等神话原型物及古地名、古文物、古遗存。济源的"邵原神话群"2008年入选第二批国家级非物质文化遗产代表作名录。

夸父逐日

〔释义〕

夸父逐日：夸父，古代传说中的人物。夸父拼命追赶太阳。比喻人有大志，也比喻不自量力。

〔出处〕

《山海经·海外北经》：夸父与日逐走，入日；渴，欲得饮，饮于河、渭；河、渭不足，北饮大泽。未至，道渴而死。弃其杖，化为邓林。

〔故事〕

夸父是中国上古时期神话传说中的人物，身材高大，力大无穷，善于奔跑。一次，夸父与太阳赛跑，一直追赶到太阳落下的地方；他感到口渴，想要喝水，就到黄河、渭水喝水。黄河、渭水的水不够，夸父就去北方喝大湖的水。还没赶到大湖，就半路渴死了。夸父丢弃他的手杖，他的手杖化成了邓林，即"桃林"。邓林是地名，位于今大别山附近河南、湖北、安徽三省交界处。

"夸父逐日"表达的是古代先民企图超越有限生命的束缚，对生命永恒的渴求，以及对远大志向的追求。唐柳宗元《行路难》："君不见夸父逐日窥虞渊，跳踉北海起昆仑。"也比喻不自量力。南朝宋释僧愍《戎华论折顾道士夷夏论》："真谓夸父逐日，必渴死者也。"

鼎成龙去

〔释义〕

鼎成龙去：原指黄帝铸鼎后乘龙升天。后指帝王去世。

〔出处〕

《史记·封禅书》：黄帝采首山铜，铸鼎于荆山下。鼎既成，有龙垂胡髯下迎黄帝。黄帝上骑，群臣后宫从上龙七千余人，龙乃上去。余小臣不得上，乃悉持龙髯，龙髯拔，堕黄帝之弓。百姓仰望黄帝既上天，乃抱其弓与龙胡髯号，故后世因名其处曰鼎湖，其弓曰乌号。

〔故事〕

首山，在今河南襄城南，为八百里伏牛山之首，所以叫首山。相传天下有八座名山，三座在蛮夷，五座在中国，首山就是其中之一。当年黄帝铸鼎炼丹，就曾经在这里采铜。荆山，在今河南灵宝阌乡南。相传黄帝采首山之铜后在这里铸鼎。也叫覆釜山。

传说黄帝将大鼎铸造完成之后，天亮时，有龙垂下胡须迎接黄帝。黄帝骑在龙身上，有群臣和后宫嫔妃七千多人跟着骑在龙身上，龙才飞去。龙来迎黄帝升天时，百姓苦苦哀求，死活不让他走，有的牵衣扯袍，有的抱手拽脚，有的脱下了黄帝的金靴，有的拔掉了龙的胡须。后来，人们把黄帝的靴子埋在他铸鼎之地，这里就成了世人拜祖的地方。

今河南灵宝阳平镇有黄帝铸鼎塬，据《史记》《汉书》《水经注》等书记载，是黄帝铸鼎与登仙处。汉武帝曾在此建鼎湖宫纪念黄帝。其中有荆山黄帝陵。这里位于长安古道，函谷关和潼关两座雄关之间，其中建筑屡遭战火毁灭，但历代都曾进行过修复和重建。现已修复献殿、始祖殿等遗迹，并铸造了象征天神、地神、祖宗的天、地、人三尊大铜鼎。

"灵宝黄帝传说"2007年入选首批河南省非物质文化遗产代表作名录。

后羿射日　嫦娥奔月

〔释义〕

后羿射日：后羿射下太阳。比喻英雄为民除害。

嫦娥奔月：嫦娥偷偷吃下西王母赐给丈夫后羿的两粒不死药，成仙后飞到月宫。

〔出处〕

《淮南子·本经训》：尧乃使羿诛凿齿于畴华之野，杀九婴于凶水之上，缴（zhuó）大风于青邱之泽，上射十日，而下杀猰貐（yà yǔ），断修蛇于洞庭，擒封豨（xī）于桑林。

《淮南子·览冥训》：羿请不死之药于西王母，姮娥窃以奔月，怅然有丧，无以续之。

〔故事〕

后羿射日的传说出自《山海经》《尚书·尧典》《十州记》《天问》《淮南子》等著作，以《淮南子》记载最为详细。传说帝俊与羲和生了十个孩子，都是太阳。他们住在东方海外，海水中有棵大树叫扶桑。十个太阳睡在枝条的底下，轮流跑出来在天空执勤，照耀大地。等到尧的时候，十个太阳一同出来玩耍。灼热的阳光晒焦了庄稼,花草树木枯死,老百姓连吃的东西也没有了。猰貐、凿齿、九婴、大风、封豨、修蛇都来祸害人民。于是尧派大羿去为民除害,杀了猰貐、凿齿、九婴、大风、封豨和修蛇,射下天上九个太阳。大羿把灾害一一清除,民众都非常欢喜,推举尧为天子。

在帝尧时代,后羿成为射师,被帝尧封于商丘(今河南商丘),迎娶了帝喾之女嫦娥为妻。后羿后来到西王母那里求取了不死药,还没有来得及吃,嫦娥就偷偷拿来吃掉,飞升成仙,奔入月中成为月精。嫦娥本名"姮娥",汉代人为避汉文帝刘恒的讳,改"姮娥"为"嫦娥"。

"后羿射日"和"嫦娥奔月"的故事是我国家喻户晓的神话传说。

愚公移山

〔释义〕

愚公移山:愚公决心移走太行、王屋两座大山。比喻不畏艰难,做事有毅力,有恒心。

〔出处〕

《列子·汤问》:太行、王屋二山,方七百里,高万仞。本在冀州之南,河阳之北。北山愚公者,年且九十,面山而居。惩山北之塞,出入之迂也。聚室而谋曰:"吾与汝毕力平险,指通豫南,达于汉阴,可乎?"杂然相许。其妻献疑曰:"以君之力,曾不能损魁父之丘,如太行、王屋何?且焉置土石?"杂曰:"投诸渤海之尾,隐土之北。"遂率子孙荷担者三夫,叩石垦壤,箕畚运于渤海之尾。邻人京城氏之孀妻有遗男,始龀,跳往助之。寒暑易节,始一反焉。河曲智叟笑而止之曰:"甚矣,汝之不惠!以残年余力,曾不能毁山之一毛,其如土石何?"北山愚公长息曰:"汝心之固,固不可彻,曾不若孀妻弱子。虽我之死,有子存焉;子又生孙,孙又生子;子又有子,子又有孙;子子孙孙无穷匮也,而山不加增,何苦而不平?"河曲智叟亡以应。操蛇之神闻之,惧其不已也,告之于帝。帝感其诚,命夸娥氏二子负二山,一厝朔东,一厝雍南。自此,冀之南,汉之阴,无陇断焉。

〔故事〕

太行、王屋二山,方圆七百里,高有万仞,原来在冀州南,河阳北。北山愚公,年近九十,因屋前这两座大山阻碍出入,决心把山铲平。智叟笑他愚蠢。愚公说:我死有子,子又有孙,孙又生子,而山不加增,何苦而不平?每天挖山不止。上帝为之感动,派夸娥氏二子把山背走。

"愚公移山"反映了人们变革大自然的雄伟气魄和"人定胜天"的强烈愿望。传说中"愚公移山"的地方在王屋山的南边,这是一条从王屋山主峰延伸下来的南北走向的大山梁。现在这条大山梁中间,确实断开一条很大的山口,远远看去,好像人工开挖的一样。据调查,现在河南济源王屋山一带,有"愚公村""愚公洞"遗迹。群众口头至今还流传着"愚公移山"的各种异文。"愚公移山传说"2007年入选河南省首批非物质文化遗产代表作名录。

玉石俱焚

〔释义〕

玉石俱焚：俱，全，都。焚，烧。美玉和石头一齐烧坏。比喻好坏不分，同归于尽。

〔出处〕

《尚书·胤征》：火炎昆冈，玉石俱焚。天吏逸德，烈于猛火。

〔故事〕

夏朝天子仲康在位的时候，掌管日月运行的羲和的后代在私人封地嗜酒荒乱。胤侯受命率领夏王的军队前去征讨，在大战前作了《胤征》来鼓舞士气。他打了一个比喻，说是火烧昆山的时候，美玉和石头同样都被焚烧。如果官吏作恶，害处比火烧昆山更厉害，善良的人和邪恶的人都会被毁灭。所以，一定要惩处这些恶吏。

夏朝（约前21世纪~前17世纪）是中国史书中记载的第一个世袭制朝代。根据史书记载，禹传位于儿子启，改变了原始部落的禅让制，开创了中国近四千年世袭制的先河。因此中国历史上的"家天下"是从夏朝建立开始的。一般认为，夏朝共传十四代、十七后（夏朝统治者在位时称"后"，去世后称"帝"），延续约五百年，被商朝所灭。后人常以"华夏"自称，使之成为中国的代名词。河南省西部发现的二里头文化具备了属于夏文化的年代和地理位置的基本条件，斟鄩（今河南偃师夏都二里头遗址）是夏朝都城的遗迹。其他中原地区的遗址还包括禹都阳城（今河南登封王城岗遗址）在内的夏朝时期六座规模大、等级高的中心性都邑。

改过不吝

〔释义〕

改过不吝：吝，可惜。改正错误态度坚决，不犹豫。

〔出处〕

《尚书·仲虺之诰》：惟王不迩声色，不殖货利。德懋懋官，功懋懋赏。用人惟己，改过不吝。克宽克仁，彰信兆民。

〔故事〕

商朝的第一位天子商汤打败夏朝最后一个天子夏桀，把他流放到南巢（今安徽巢湖西南），但感觉有点惭愧，恐怕后代把他的行为当作话柄。仲虺于是劝说成汤，只有天生聪明的人才能治理天下。夏桀昏庸，已经失去民心。人民处于水深火热之中,需要像商汤这样能够坚决改正自己过错、宽厚仁爱的君主解救他们。

商朝(约前17世纪~前11世纪),是中国第一个有直接的同时期的文字记载的王朝。商国君主商汤率方国在鸣条之战中灭了夏朝后,以"商"为国号,在亳(位于今河南商丘)建立商朝。之后,商朝国都频繁迁移,直至盘庚迁殷(今河南安阳西北小屯村)后国都才稳定下来,因此商朝又被后世称为"殷"或"殷商"。商朝前后相传十七世、三十一王,延续五百余年。

天作孽,犹可违;自作孽,不可逭

〔释义〕

天作孽,犹可违;自作孽,不可逭:逭(huàn),逃避。自己招来的罪孽或灾祸是逃脱不了的。

〔出处〕

《尚书·太甲中》:王拜手稽首曰:"予小子不明于德,自厎不类。欲败度,纵败礼,以速戾于厥躬。天作孽,犹可违;自作孽,不可逭。既往背师保之训,弗克于厥初,尚赖匡救之德,图惟厥终。"

〔故事〕

太甲是商汤的嫡长孙,商朝的第四位君主。他继位的初期,由四朝元老伊尹辅政,伊尹连续写了《肆命》《徂后》等几篇文章,教导太甲遵照祖先的法制,努力做一位明君。在伊尹的督促下,太甲在继位后的前两年,作为还过得去,但从第三年起就不行了,他任意发号施令,一味享乐,暴虐百姓,又破坏商汤制定的法规,朝政昏乱。伊尹虽然百般规劝,他都听不进去,伊尹只好把他放逐到商汤墓地附近的桐宫(今河南虞城北),让他反省,自己摄政当国,史称"伊尹放太甲"。太甲在桐宫三年,悔过自责。三年后,伊尹把政权还给太甲,太甲也诚恳地检讨自己的错误,说:上天造成的灾祸,还可以回避;自己造成的灾祸,不可以逃脱。以后一定改邪归正。

"天作孽,犹可违;自作孽,不可逭"也写作"天作孽,犹可违;自作孽,不可活",重在强调自省的作用,要从个人身上找原因,以避免灾祸的发生。

任人唯贤

〔释义〕

任人唯贤:贤,有德有才的人。任用德才兼备的人,而不管他跟自己的关系是否密切。

〔出处〕

《尚书·咸有一德》：任官惟贤才，左右惟其人。

〔故事〕

伊尹把政权归还给太甲，准备告老回到他的私邑，告诫太甲要任人唯贤，不能被小人左右。

亲贤臣、远小人，这并不仅仅是君主个人的事情，而关乎国家的安危、社会的稳定和人民的幸福。这六个字背后是无数的血泪教训。按照后代史书的记载，商纣王宠信小人费仲，疏远商容、比干、箕子、微子这些贤人，结果被周武王灭国。

"任人唯贤"强调"贤"字，更强调"唯"字，这对君主有很高的要求，前提是要先能辨别"贤"与"不贤"，然后才是"任"与"不任"的问题。

洞若观火　有条不紊　星火燎原

〔释义〕

洞若观火：洞，透彻。形容观察事物非常清楚，好像看火一样。

有条不紊：紊（wěn），乱。形容有条有理，一点不乱。

星火燎原：一点儿小火星可以把整个原野烧起来。常比喻开始时显得弱小的新生事物有旺盛的生命力和广阔的发展前景，也比喻小乱子可以发展成大祸害。

〔出处〕

《尚书·盘庚上》：予若观火，予亦拙谋作，乃逸。若网在纲，有条而不紊。……若火之燎于原，不可向迩，其犹可扑灭？则惟汝众自作弗靖，民非予有咎。

〔故事〕

盘庚是汤的第十世孙，商朝的第二十位君王。他为避免水患，复兴殷商，率领臣民把国都从奄（在今山东曲阜）迁往殷（在今河南安阳）。此举遇到了来自各方面的反对，盘庚极力解释迁都的好处，前后三次告喻臣民，终于完成了迁都。盘庚很善于谋划，把事情安排得很有条理，对臣下破坏迁都的行为一清二楚；告诫他们要去掉私心，不能傲慢放肆，只知道追求安逸；警告大臣不要散布流言蜚语，相互煽动，恐吓臣民，否则民众的情绪就会像大火在原野上燃烧，使人无法接近，无法扑灭。

殷都，主要指殷墟，即今河南安阳小屯村，是中国第一个有文献记载并为考古发掘所证实的都城遗址。自盘庚迁殷，到帝辛亡国，经历了盘庚、小辛、小乙、武丁、祖庚、祖甲、廪辛、康丁等共八代十二王。这里一直是中国商代后期的政治、经济、文化、军事中心。殷墟遗址包括殷墟王陵遗址、殷墟宫殿宗庙遗址和洹北商城遗址，1961年入选第一批全国重点文物保护单位，2006年入选世界文化遗产名录。殷墟出土的甲骨文是目前已经发现的中国最早的成系统的文字符号。2017年，甲骨文入选世界记忆名录。

高宗刻象　调剂盐梅

〔释义〕

高宗刻象：高宗，即商王武丁。刻其形象以四方，旁求之于民间。后用为求贤之典。

调剂盐梅：盐梅，咸味和酸味。古代的中国人很早就分别用盐和酸梅果作为咸、酸两种最主要的调味品。比喻协调平衡不同的力量或因素。也指治理国家和调解家庭纠纷。

〔出处〕

《尚书·说命》：高宗梦得说……乃审厥象，俾以形旁求于天下。说筑傅岩之野，惟肖。爰立作相。王置诸其左右。……王曰："来！汝说。台小子旧学于甘盘，既乃遁于荒野，入宅于河。自河徂亳，暨厥终罔显。尔惟训于朕志，若作酒醴，尔惟曲糵；若作和羹，尔惟盐梅。尔交修予，罔予弃，予惟克迈乃训。"

〔故事〕

武丁，子姓，名昭，商王盘庚之侄，商王小乙之子。武丁在位时期，勤于政事，任用刑徒出身的傅说及甘盘、祖己等贤能之人辅政，励精图治，使商朝政治、经济、军事、文化得到空前发展，史称"武丁盛世"。武丁去世后，庙号高宗。

商朝从盘庚将商都迁到殷（今河南安阳西北小屯村）以后，只兴旺了很短的一个时期，等到高宗武丁继位时，国力已经很衰落。武丁决定振兴朝纲，可是朝中却找不到一个能协助他改革国政的大臣，为此他一直很忧虑。一天晚上，武丁梦见了一个名叫"说"的圣人，这个人模样像个囚徒，却称自己有好的谋略。武丁笑醒后，命人按梦中模样画成图像，四处寻访，结果在一个叫傅岩的地方找到一个叫"说"的奴隶，把他带回朝中。武丁希望得到"说"的帮助，说："比如做甜酒，你就做酿酒的曲蘖；比如做羹汤，你就做调味的盐和梅。"

"说"给武丁提了不少关于治国理政的建议，武丁便任命"说"为宰相。"说"执政以后，修政行德，使商朝政治、经济、军事和文化都得到了迅速发展。武丁在位五十九年，在"说"的辅佐下，商朝后期达到了极盛，武丁也因此被誉为"中兴明主"。因"说"曾居于傅岩，所以也被称为傅说。

"高宗刻象""调剂盐梅"两个成语主要是表现武丁求贤若渴以及对贤人的要求。武丁、傅说是古代圣君、贤臣的典范，他们的故事因此也被后世津津乐道。

一窍不通

〔释义〕

一窍不通：窍，洞，指心窍。没有一窍是贯通的，比喻一点儿也不懂。

〔出处〕

《吕氏春秋·贵直论·过理》：作为璇室，筑为顷宫，剖孕妇而观其化，杀比干而视其心，不适也。孔子闻之曰："其窍通则比干不死矣。"

〔故事〕

比干是沫邑（今河南淇县）人，是商纣王的叔叔。他批评纣王不修先王典法，听信妇人的话，大祸不远了。纣王很生气地说："我听说圣人的心有七窍，不知道是不是？"就杀了比干，把他的心掏出来观察。孔子听说商纣王的暴行后说："他的心如果通达一窍，比干就不会被杀了。"意思是说商纣王对伦理道德一窍不通，这也是商纣王灭亡的原因。

酒池肉林

〔释义〕

酒池肉林：以酒为池，以肉为林。原指荒淫腐化、极端奢侈的生活，后也形容酒肉极多。

〔出处〕

《史记·殷本纪》：大聚乐戏于沙丘，以酒为池，县肉为林，使男女裸相逐其间，为长夜之饮。

〔故事〕

商纣王是商朝的末代帝王，他杀害忠良，宠信妲己，为了惩罚那些反对他的人，采用了很多酷刑。不仅如此，纣王为了供自己玩乐，还大兴土木，建造了许多华丽的宫室。他下令在沙丘平台用酒装满池子，把各种动物的肉割成一大块一大块挂在树林里，这就是所谓的"酒池肉林"，以便一边游玩，一边随意吃喝。同时又叫裸体男女互相追逐嬉戏，经常彻夜饮酒作乐，生活荒淫糜烂至极。纣王的暴行终于得到报应，最后商朝就在他手里灭亡。

考古专家们在河南偃师商城内发现了规模庞大的石砌水池遗迹，证实商代帝王池苑确实存在。在偃师商城内发现的"池"，经研究与史籍记载相近，是供商代帝王娱乐的池苑。

否极泰来

〔释义〕

否极泰来：否、泰，《周易》中的两个卦名。否，天地不交，闭。泰，天地交，通。极，尽头。逆境达到极点，就会向顺境转化。指坏运到了头好运就来了。

〔出处〕

《周易·泰》：泰，小往大来，吉亨。

《周易·否》：否之匪人，不利君子贞，大往小来。

〔故事〕

周文王，姬姓，名昌，周朝奠基者。其父死后，继承西伯侯之位，故称西伯昌，即后来的周文王。岐周在他的治理下，国力日渐强大。这引起商纣王的不安，因崇侯虎向纣王进谗言，文王被囚禁。在中国古代文化史上，历来就有所谓伏羲画八卦、文王演六十四卦之说。《史记》记载"文王拘而演《周易》"，周文王被拘的地方在羑里，又称羑都，在今河南汤阴北的羑里城遗址。羑里城又称文王庙，属国家重点文物保护单位，有龙山文化和商周文化遗存，是风靡全球的周易文化发祥地。

周文王曾被商纣王拘禁，备受打压，后来周武王灭了商朝，本身就是一个否极泰来的例子。我们也应该看到，"否极泰来"从哲学上来说是一个对事物发展的宏观的规律性的认识。但就个体来说，"否极"之后，"泰"是否就自然而然到来是值得思考的。很多事例表明，一个人不能任由命运摆布，等待自然而然的"否极泰来"，而应不断通过自身努力改变"否"的状态，使形势向"泰"的方向发展。

"周易文化"2007年入选首批河南省非物质文化遗产代表作名录。

顺天应人

〔释义〕

顺天应人：应，适应，适合。顺应天命，合乎人心。旧时常用于颂扬建立新的朝代。

〔出处〕

《周易·革》：天地革而四时成，汤武革命，顺乎天而应乎人，革之时大矣哉。

〔故事〕

汤武革命指的是商朝开国国君商汤灭夏以及周朝周武王推翻商朝纣王的战争。这里所说的"汤",就是商朝的开基者商汤。他曾经领导商部族和其他诸侯反抗夏王朝最后一个统治者桀的残暴统治,运用战争的暴力手段,一举推翻垂死腐朽的夏王朝,建立起新的统治秩序。而"武"则是指周武王,他领导商王朝的诸侯国推翻了商纣王的统治,建立了新的王朝——西周。这两次王朝更迭合称为"汤武革命"。中国古代把改朝换代说成是天命的变革,所以称为"革命"。

"顺天应人"包含了两个重要因素,那就是"天命"及"民心"。根据历史的记载,夏桀和商纣之所以很猖狂,就是认为自己有命、有民;然而,他们的倒行逆施使他们自绝于天,也自绝于民,失去了执政的根基,因而也遭到了"革命"。

白鱼入舟

〔释义〕

白鱼入舟:白鱼跳入船内。本义是殷亡周兴之兆,比喻用兵必胜的征兆,也形容好兆头开始。

〔出处〕

《史记·周本纪》：武王渡河，中流，白鱼跃入王舟中，武王俯取以祭……是时，诸侯不期而会盟津者八百诸侯，诸侯皆曰："纣可伐矣。"武王曰："女未知天命未可也。"乃还师。

〔故事〕

周武王准备讨伐商纣王，八百诸侯在盟津会合。渡河时，有白鱼跳进船里，大家都认为是吉兆，可以进军，但武王认为纣王天命未尽，不可以进攻。两年之后，纣王杀了王子比干，囚禁了箕子，太师疵、少师强抱着乐器逃到了周地。武王这才遍告诸侯，说商纣王有重罪，伐商的时机已到，于是发动了灭商之战。最后纣王兵败自焚，商朝灭亡。

东汉经学家马融解释说，鱼身上有鳞甲，与战士的甲胄有相通之处，可视为军队的象征；而殷商以白色为贵，白色代表了殷商王权。白鱼跳入武王所乘坐的船中，表明殷商的军队将会归附于周，那么天下也将属周。会盟之地盟津，即孟津，是古黄河渡口名，在今河南孟津东北、孟州西南，历代为会盟兴兵的要地。

恶贯满盈　时不可失

〔释义〕

恶贯满盈：贯，穿钱的绳子。盈，满。罪恶之多，犹如穿钱一般已穿满一根绳子。形容罪大恶极已经到该受惩罚的时候了。

时不可失：时，时机，机会。失，错过。抓住时机，不可错过。

〔出处〕

《尚书·泰誓上》：商罪贯盈，天命诛之。予弗顺天，厥罪惟钧。予小子夙夜祗惧，受命文考，类于上帝，宜于冢土，以尔有众，底天之罚。天矜于民，民之所欲，天必从之。尔尚弼予一人，永清四海，时哉弗可失！

〔故事〕

公元前11世纪左右，周部落首领姬发（就是后来的周武王）趁商朝军队征伐东夷，后防空虚之机，率兵讨伐商王帝辛（就是商纣王），很多小的诸侯国纷纷响应，在盟津这个地方不期而会。周武王历数商纣王嗜酒贪色、肆行暴虐、烧杀忠良、解剖孕妇等罪恶，说他罪大恶极，当受惩罚，现在正是灭掉这个暴君的时候。

河南的孟津古时称为"盟津"，得名即因此而来。

离心离德　同心同德

〔释义〕

离心离德：心、德，心志，操守。思想不统一，信念也不一致，指不一条心。

同心同德：同德，指思想统一，信念一致。大家一条心，为一个共同目标而努力。也作一德一心。

〔出处〕

《尚书·泰誓中》：受有亿兆夷人，离心离德。予有乱臣十人，同心同德。……呜呼！乃一德一心，立定厥功，惟克永世。

〔故事〕

周武王驻兵在黄河之北后，诸侯率领他们的军队都与其会合。武王于是巡视军队并且盟誓。他抨击商纣王的罪恶，说他做坏事，整天做还嫌时间不够。说商纣王虽然目前占有天下，人口众多，但是都不一条心；周虽然人少，但是思想和信念都是一样的。武王要求大家齐心协力，为讨伐商纣王这一目标共同努力，救百姓于水火，让天下安定。

"同心同德"与"一德一心""一心一德""同心一德"等意思相近，与"离心离德"意思相反。

自绝于天　奇技淫巧　除恶务本

〔释义〕

自绝于天：因自己的行为而被天命弃绝。

奇技淫巧：奇,奇异,奇巧,有趣的。技,技术,技巧,带有技术性的。淫,过分,极端,沉迷,上瘾。过于奇巧,让人着迷,却又无益的技艺与制品。

除恶务本：铲除恶势力,必须杜绝根本。又作"除恶务尽"。

〔出处〕

《尚书·泰誓下》：今商王受,狎侮五常,荒怠弗敬。自绝于天,结怨于民。斫朝涉之胫,剖贤人之心,作威杀戮,毒痛四海。崇信奸回,放黜师保,屏弃典刑,囚奴正士,郊社不修,宗庙不享,作奇技淫巧以悦妇人。上帝弗顺,祝降时丧。尔其孜孜,奉予一人,恭行天罚。古人有言曰："抚我则后,虐我则仇。"独夫受洪惟作威,乃汝世仇。树德务滋,除恶务本。

〔故事〕

周武王过黄河后,第三次大规模巡视六军,发表演说,指责商王不举行祭天祭社大礼,不享祀宗庙,自绝于上天,结怨于人民,制造新奇的事物来取悦女人，违逆上帝，是万人唾骂的独夫民贼。对于这种人务必要除恶务尽。周武王的第三次盟誓主要还是为了揭露纣王的罪恶，统一思想，激发斗志。

暴殄天物　反戈一击　血流漂杵

〔释义〕

暴殄天物：暴，损害。殄，绝。原指残害灭绝天生万物。后指任意糟蹋东西、不知爱惜。

反戈一击：掉转矛头向自己原来的营垒进攻。比喻掉转头来反对自己原来所属的或拥护的一方。

血流漂杵：杵，捣物的棒槌。血流成河，舂米的棒槌都漂了起来。形容战死的人很多。也泛指流血很多。

〔出处〕

《尚书·武成》：今商王受无道，暴殄天物，害虐烝民，为天下逋逃主，萃渊薮。……癸亥，陈于商郊，俟天休命。甲子昧爽，受率其旅若林，会于牧野。罔有敌于我师，前徒倒戈，攻于后以北，血流漂杵。

〔故事〕

周武王讨伐商纣王的大军一路势如破竹,接连攻克一座又一座商朝城池,来到距商朝都城朝歌(今河南淇县)只有七十里的牧野(今河南新乡北部)。联军在这里召开了誓师大会,列举了商纣王的种种罪状,号召全体将士齐心协力,推翻商王的残暴统治。

据史载,当时周军加上其他方国的军队,总兵力估计不会超过十万。而被纣王驱赶到牧野前线的商军有七十万。仅就军队人数比较,显然是纣王占上风。但致命的是,纣王的部队主要由其他方国的战俘和老年奴隶组成,战斗力很差,他们甚至还盼着周军赶快来解放他们。战斗中,周军的部落联军精神抖擞,如虎入羊群;而商军则军心涣散,甚至反戈一击。结果商军大败,尸横遍野,血流成河。纣王逃回朝歌,知道大势已去,末日不远,就跳火里自焚了。商朝就此灭亡。

土崩瓦解

〔释义〕

土崩瓦解:瓦解,制瓦时先把陶土制成圆筒形,分解为四,即成瓦。比喻事物的分裂,像土崩塌、瓦破碎一样,不可收拾。后比喻彻底垮台。

〔出处〕

《淮南子·泰族训》：武王左操黄钺，右执白旄以麾之，则瓦解而走，遂土崩而下。

〔故事〕

周武王率兵讨伐商纣王，在朝歌（今河南淇县）城外的牧野（今河南新乡北部）进行决战。商纣王无道，兵士不愿意为他作战。战场上，商纣王的士兵拿箭倒着射，把兵器扔在一边，士气很低落。而周武王左手拿着金色大钺，右手挥着白色旌旗，率领军队攻击，势不可挡，所到之处，无不披靡，很快攻破朝歌。商纣王的政权就像瓦片碎裂、泥土倒塌一样，不可收拾，宣告灭亡。

爱屋及乌

〔释义〕

爱屋及乌：因为爱一个人而连带爱他屋上的乌鸦。比喻爱一个人而连带地关心到与他有关的人或物。

〔出处〕

《尚书大传·大战》：太公曰："臣闻之也：爱其人者，兼其屋上之乌。

不爱人者,及其胥余。"

〔故事〕

周武王攻克朝歌之初,同姜太公等人商议如何处置商朝遗留下来的权臣贵族、官宦将士。姜太公说:"我听说,如果喜爱那个人,就连带喜爱他屋上的乌鸦。如果憎恨那个人,就连带厌恶他的仆从家吏。全部杀尽敌对分子,让他们一个也不留,您看怎样?"武王认为不能这样。召公说:"我听说过:有罪的,要杀;无罪的,让他们留下来。大王您看怎么样?"武王认为也不行。周公说:"我看应当让他们各人都回到自己家里,各自耕种自己的田地。"武王听了非常高兴,心中豁然开朗,觉得天下可以从此安定了。后来武王就按周公说的办了。

《诗经·小雅·正月》中有:"民之无辜,并其臣仆。哀我人斯,于何从禄?瞻乌爰止,于谁之屋?"诗中用乌鸦指代亡国的臣子、人民,以乌鸦停在某家屋顶上,比喻臣子、人民归附于新的明君。这一点与出处中的引文相通。按今日的观点,"爱屋及乌"实际上是一种移情的作用,有时也形容过分偏爱或爱得不当。

肉袒面缚

〔释义〕

肉袒面缚：肉袒（tǎn），去衣露体，表示愿受责罚。面缚（fù），两手反绑面对胜利者，表示放弃抵抗。脱去上衣，反缚着手。形容顺从投降。

〔出处〕

《史记·宋微子世家》：周武王伐纣克殷，微子乃持其祭器，造于军门，肉袒面缚，左牵羊，右把茅，膝行而前以告。于是武王乃释微子，复其位如故。

〔故事〕

微子，子姓，宋氏，名启，后世称微子、微子启、宋微子。微子是商王帝乙的长子、商纣王帝辛的长兄。商纣王荒淫残暴，微子作为长兄，多次劝说，但商纣王并不听从他的意见。微子于是就远行了。周武王讨伐纣王，战胜商朝，微子就手持自己的祭器来到军门。他露出右臂，两手绑在背后，左边让人牵着羊，右边让人拿着茅，跪在地上用膝盖向前走，求告周武王。于是周武王释放了微子，恢复了他原来的爵位。周成王让微子管理商地，国名为宋，都城在今天的河南商丘。

宋国故城位于河南商丘睢阳区旧商丘县城南，又称睢阳城旧址。因在古睢水北岸，故称睢阳城。2000年宋国故城被列为省级重点文物保护单位，2006年宋国故城被列为全国重点文物保护单位。商丘睢阳区还有微子祠，由微子祠、先贤堂和微子墓三个院落组成。

永世无穷

〔释义〕

永世无穷：永世，永远。永远没有穷尽。

〔出处〕

《尚书·微子之命》：殷王元子。惟稽古，崇德象贤。统承先王，修其礼物，作宾于王家，与国咸休，永世无穷。

〔故事〕

周武王灭商后，听取周公旦意见采取"以殷治殷"的政策，分封纣王儿子武庚于殷，利用他统治殷民。同时武王派遣他的兄弟管叔、蔡叔、霍叔在殷都附近建立邶（今河南汤阴东南）、墉（今河南卫辉东北）、卫（今河南淇县附近）三国来监视武庚，史称"三监"。武王灭商后不久即病逝，周公旦摄政，引起管叔、蔡叔及其群弟的疑忌，武庚见机拉拢发动叛乱。周王朝面临严峻的形势，周公东征，诛武庚，杀管叔，流放蔡叔，废霍叔为庶民，平定了三监之乱。这之后，周成王册命商纣王之兄微子启担任原殷商王室家族的继承人和宋国的国君，国都在商朝的旧都商丘。

微子，子姓，宋氏，名启，后世称微子、微子启、宋微子。微子是商王帝乙的长子、商纣王帝辛的长兄。周朝初年，子启被周成王封于商之旧都商丘（今河南商丘睢阳区），建立宋国，爵位公爵，特准其用天子礼乐奉商朝宗祀，成为周朝宋国的开国始祖，后世称之为宋微子（汉代因避汉景帝刘启之讳，改启为开）。

周成王任命微子启担任宋国国君之后，由周公代表周成王对微子启进行了训诫。周公回顾了商汤的美好品德，鼓励微子启学习商汤的治国之道，做一个忠实厚道、不玩忽职守的人，护卫周王室统治天下的地位。这样，才能长久地把自己的好运世世代代延续下去。

宋国后来成为诸侯国中很有文化内涵的国家，为诸侯所看重，还产生了一批文化名人，如庄子、惠施等。孔子的祖上是殷商王室的后裔、宋国的贵族，先祖是商朝开国君主商汤。微子启死后，其弟微仲即位，微仲是孔子的十五世祖。

周召分陕

〔释义〕

周召分陕：周，周公。召，召公。陕，即今河南三门峡陕州区一带。喻兄弟协力，忠心事国。

〔出处〕

《史记·燕召公世家》：其在成王时，召公为三公。自陕以西，召公主之；自陕以东，周公主之。

〔故事〕

周武王死后，儿子成王年幼，武王的弟弟周公旦、召公奭辅政。当时，天下很不稳定，周、召二人决定分陕而治。"周召分陕"，就是周公、召公以"陕"为分界线，把周王朝的统治区分为东西两大行政区，周公管理陕的东边，召公管理陕的西边。这样，周公可以把主要的精力用于防备殷商遗民的反叛，稳定东部新发展的领地；召公的责任则是进一步开发黄河中游地区的农业生产，建立巩固的后方，为周王朝进一步开拓疆土解除后顾之忧。"周召分陕"，让周初的权力格局发生了微妙的变化，由周公摄政、大权独握，演变成周、召分别掌控周王朝的关键区域，消除了天下对周公的疑虑，是一个高明的措施。

现在河南三门峡虢国博物馆院内，玻璃钢罩着一个三米多高、大树般粗细的石柱，这就是著名的"周召分陕石"。

无中生有

〔释义〕

无中生有：道家认为，天下万物生于有，有生于无。后来指把没有的说成有。比喻毫无事实，凭空捏造。

〔出处〕

《老子·去用》：天下万物生于有，有生于无。

〔故事〕

老子，字伯阳，谥号聃，又叫李耳，春秋时期陈国苦县（今河南鹿邑东）人，曾经做过周朝都城洛阳管理藏书的官员，是中国伟大的哲学家和思想家、道家学派创始人，被道教尊为教祖。

道家认为世间万物都是从"无"开始的。从"无"生出"有"，又从"有"发展成万物。老子曾说：一个车轮有三十根辐条，可是中间必须空出来，才好安放车轴。中间空出来的地方，看起来什么也没有，可是正因为那儿什么也没有，才有放置车轴的用处。一座房子中间必须留有空间，人才能住进去。这个空间仿佛什么也没有，可是如果没有这个"什么也没有"的空间，房子就不叫房子了。正是这个空间，使房子具有了人们建筑它时所要求的功能。事实上，房子的功能就在这个"无"上。

"无中生有"本来是老子的哲学命题，后来引申为凭空捏造。

齿亡舌存

〔释义〕

齿亡舌存：亡，脱落，不存在。牙齿都掉了，舌头还存在。比喻钢硬的容易折断，柔软的常能保全。

〔出处〕

《说苑·敬慎》：（常枞）张其口而示老子曰："吾舌存乎？"老子曰："然。""吾齿存乎？"老子曰："亡。"常枞曰："子知之乎？"老子曰："夫舌之存也，岂非以其柔耶？齿之亡也，岂非以其刚耶？"

〔故事〕

老子，姓李名耳，字伯阳，春秋末期楚国苦县（今河南鹿邑东）人，中国古代思想家、哲学家、文学家和史学家，道家学派创始人。

老子的老师常枞张开嘴给老子看了看，问他："我的舌头还在吗？"老子说："还在。"常枞又问："我的牙齿还在吗？"老子说："不在了。"常枞又问老子："你知道原因是什么吗？"老子回答说："那舌头所以存在，难道不是因为它柔软吗？牙齿不存在，难道不是因为它刚硬吗？"常枞说："是这样的。世界上的事情都已包容尽了，我还有什么可以再告诉你的呢？"

常枞与老子用"齿亡舌存"为喻，说明世间刚者易折，柔者常能保存。后多用这一成语比喻社会生活中人事关系上的道理。

紫气东来

〔释义〕

紫气东来：紫气，紫色的气。紫气从东边过来。后人以"紫气东来"表示祥瑞。

〔出处〕

《史记·老子韩非列传》：于是老子乃著书上下篇，言道德之意五千余言而去，莫知其所终。

司马贞索隐引汉·刘向《列仙传》：老子西游，关令尹喜望见有紫气浮关，而老子果乘青牛而过也。

[故事]

相传春秋末年，老子骑一头青牛，从洛阳向函谷关而来。函谷关守吏尹喜平日里喜好道学，很有些道根。老子到来之前，尹喜通过观星象、望气，就看见一股紫气从东方飘然而来，于是推算出必定有真人要来。当老子骑牛过关时，尹喜认定老子就是那位真人。老子在函谷关住下后，见尹喜心慈人善，气质纯清，于是取自己思想精华而为尹喜著书，名为《道德经》。

今河南灵宝北函谷关旁有望气台。函谷关左方有太初宫，传为老子过函谷关时的住所和写《道德经》之处。河南灵宝"老子传说"2014年入选第四批国家级非物质文化遗产代表作名录。

临危不惧

[释义]

临危不惧：临，遇到。危，危险。惧，怕。面临着危险从容不迫，毫不畏惧。

[出处]

《邓子·无厚篇》：故临难不惧，知天命也；贫穷无慑，达时序也。

〔故事〕

邓析是今河南新郑人,郑国的大夫,"名辩之学"倡始人。大约与子产同时,名家学派的先驱人物。邓析第一个提出反对"礼制",提倡"法治",是一位具有法家思想萌芽的政治家与思想家。

"临危不惧"原作"临难不惧",本意是面临各种艰难困苦,知道天命,就没有什么可怕的。后来用为"临危不惧",意思是面临着危险从容不迫,毫不畏惧。

执子之手,与子偕老

〔释义〕

执子之手,与子偕老:与你的双手交相执握,伴着你一起垂垂老去。本是叙述战友情,后来多用于爱情的不离不弃。

〔出处〕

《诗经·邶风·击鼓》:击鼓其镗,踊跃用兵。土国城漕,我独南行。……死生契阔,与子成说。执子之手,与子偕老。于嗟阔兮,不我活兮。于嗟洵兮,不我信兮。

〔故事〕

《邶风》,即邶地民歌,《诗经》十五国风之一。邶是周代诸侯国名,姬姓,在今河南淇县以北,汤阴东南一带。后来合并到卫国。

《击鼓》是一篇典型的战争诗,反映了卫国、陈国、宋国等国之间的战争。诗人宣泄了自己对战争的抵触情绪,表达了一个久戍不归的征夫的战友情和对家乡、亲人的思念。这首诗虽然很多人不能完整吟诵,但"执子之手,与子偕老"这个成语却极为深情,为那些用情至深的人所铭记。后来常用作爱情中的誓言,南唐李后主《诔周后文》:"俯仰同心,绸缪是道。执子之手,与子偕老。今也如何,不终往告。"

载驰载驱

〔释义〕

载驰载驱:载,乃,语气词。驰、驱,车马疾行。此成语的意思即车马疾行。

〔出处〕

《诗经·鄘风·载驰》:载驰载驱,归唁卫侯。驱马悠悠,言至于漕。

〔故事〕

《鄘风》，即鄘地民歌，《诗经》十五国风之一。鄘是周代诸侯国名，姬姓，在今河南新乡西南一带。后来合并到卫国。许穆夫人是卫国人，因她嫁给许国穆公，所以称为许穆夫人。许穆夫人的哥哥就是卫懿公，他酷爱仙鹤，导致国库空虚，大臣不满，百姓怨声载道。北狄部落趁机入侵卫国，结果卫懿公被杀，国都被攻破。

许穆夫人得知卫国国破君亡的消息后，悲痛欲绝，急忙回去援救。在她的努力下，齐国给予卫国不少帮助。后来，许穆夫人在她的名篇《载驰》中表达了她回救卫国的坚强意志，也表达了对齐国的感激之情。这首诗在当时广为传诵，后来被孔子收入《诗经》中。许穆夫人也被诗歌评论家命名为文学史上的第一位女诗人。

二三其德　夙兴夜寐　言笑晏晏　信誓旦旦

〔释义〕

二三其德：二三，不专一。谓人心意不专，反复无常。

夙兴夜寐：夙，早。兴，起来。寐，睡。早起晚睡。形容非常勤奋。

言笑晏晏：晏晏，和悦温柔的样子。说说笑笑，和柔温顺。

信誓旦旦：信誓，表示诚意的誓言。旦旦，诚恳的样子。誓言说得真实可信。

〔出处〕

《诗经·卫风·氓》：桑之落矣，其黄而陨。自我徂尔，三岁食贫。淇水汤汤，渐车帷裳。女也不爽，士贰其行。士也罔极，二三其德。三岁为妇，靡室劳矣；夙兴夜寐，靡有朝矣。言既遂矣，至于暴矣。兄弟不知，咥其笑矣。静言思之，躬自悼矣。及尔偕老，老使我怨。淇则有岸，隰则有泮。总角之宴，言笑晏晏。信誓旦旦，不思其反。反是不思，亦已焉哉！

〔故事〕

《卫风》，即卫地民歌，《诗经》十五国风之一。卫是周代诸侯国名，姬姓。地域大致在黄河北岸，太行山脉东麓的今河南鹤壁、安阳、濮阳附近。《氓》是一首弃妇自诉婚姻悲剧的长诗。诗中的女主人公以无比沉痛的口气，回忆了恋爱生活的甜蜜，以及婚后被丈夫虐待和遗弃的痛苦。感情悲愤，态度决绝，有着强烈的感情色彩，也为后人留下了当时风俗民情的宝贵资料。

《尚书·咸有一德》："德唯一，动罔不吉；德二三，动罔不凶。"因用"二三其德"表示不专一，此处意在指斥丈夫的始乱终弃。"夙兴夜寐"描绘的是自己的勤苦持家，《诗经·大雅·抑》："夙兴夜寐，洒扫庭内，维民之章。"也作"夙兴夜处"，《仪礼·士虞礼》："曰哀子某哀显相，夙兴夜处不宁。""言笑晏晏""信誓旦旦"主要描写两个人青梅竹马的美好爱情，"言笑晏晏"后多形容言谈举止和悦闲逸。

孔武有力

〔释义〕

孔武有力：孔，甚，很。形容人很有力气。

〔出处〕

《诗经·郑风·羔裘》：羔裘豹饰，孔武有力。彼其之子，邦之司直。

〔故事〕

《郑风·羔裘》描写了郑国官员的服饰美和威武勇毅的品格。这两句的意思是穿着豹饰羔皮袄，高大有力为人豪。就是这样一个人，国家司直当得好。"孔武有力"重在赞美官员的外在美和气质美。

《郑风》，即郑地民歌，《诗经》十五国风之一。郑是周代诸侯国，姬姓。春秋时代郑国的统治区主要在今河南的中、西、东部，还包括今山西、山东、安徽、江苏、陕西的一些地方。

不耻下问

〔释义〕

不耻下问：比喻谦虚好学，不介意向不及自己的人请教。

〔出处〕

《论语·公冶长》：子贡问曰："孔文子何以谓之文也？"子曰："敏而好学，不耻下问，是以谓之文也。"

〔故事〕

卫国大夫孔圉（yǔ）聪明好学，更难得的是他非常谦虚。在孔圉死后，卫国国君为了让后代的人都能学习和发扬他好学的精神，特别赐给他一个"文公"的谥号。后人就尊称他为孔文子。

子贡，姓端木，名赐，春秋时卫国人。能言善辩，善于做生意，在孔子七十二门徒中，是最富有的弟子。他不认为孔圉配得上那样高的评价。有一次，他问孔子说："孔圉的学问及才华虽然很高，但是比他更杰出的人还很多，凭什么赐给孔圉'文公'的称号？"孔子听了微笑着说："孔圉非常勤奋好学，脑筋聪明又灵活，而且如果有任何不懂的事情，就算问题很简单，以他的地位或学问应该是能够理解的，但是可能理解得不全面，他都会大方而谦虚地向地位低的人请教,一点都不因此感到羞耻,这就是他难得的地方,因此赐给他'文公'的称号很合适。"经过孔子这样的解释,子贡终于服气了。

孔子之所以对"不耻下问"这种品格赞赏有加,在于向自己地位低的人请教是一件不容易的事,而这个品格也是孔子本身具备的,所以他很有感触和体会。

求仁得仁

〔释义〕

求仁得仁:求仁德便得到仁德。比喻理想和愿望实现。

〔出处〕

《论语·述而》:冉有曰:"夫子为卫君乎?"子贡曰:"诺。吾将问之。"入,曰:"伯夷、叔齐何人也?"曰:"古之贤人也。"曰:"怨乎?"曰:"求仁而得仁,又何怨?"出,曰:"夫子不为也。"

〔故事〕

卫灵公的太子蒯聩因与卫灵公夫人南子交恶,投奔到晋国。卫灵公死后,蒯聩的儿子即位,即卫出公。晋国送蒯聩回卫国,想让他即位。卫国人听说后，就发兵攻击蒯聩，不让他回国。这是一出亲生父子争夺王位的事件。

卫出公八年（前485），孔子来到卫国。冉有不确定孔子是否会帮助卫国国君，就问子贡，子贡也不能确定，就旁敲侧击地向孔子询问伯夷、叔齐的为人。孔子说他们都是古代的贤人。子贡又问他们是否有怨恨。孔子说："他们求仁而得到了仁，为什么有怨恨呢？"子贡就判断出老师不会帮助卫君。

伯夷、叔齐是商末周初孤竹国人，二个人互让君位；又认为周武王讨伐商纣王是以暴力换暴力，耻于吃周朝的粮食，就来到首阳山采集野花野果吃，最后饿死。孔子评价他们是古代贤人，为求仁德，不惜受苦受难，毫无怨言。卫国国君卫出公即位后，父子相争，这件事恰好与伯夷、叔齐两兄弟互相让位形成鲜明对照。这里，孔子赞扬伯夷、叔齐，暗示对卫出公父子违反等级名分的不满。所以子贡判断孔子不会帮助卫君。果然，次年，孔子就返回了鲁国。

"求仁得仁"强调一种修为的自觉性，为了达到理想不惜忍受各种苦难。

过犹不及

〔释义〕

过犹不及：过，过分。犹，像。不及，达不到。事情做得过头，就跟做得不够一样，都是不合适的。

〔出处〕

《论语·先进》：子贡问："师与商孰贤？"子曰："师也过，商也不及。""然则师愈与？"曰："过犹不及。"

〔故事〕

孔子的学生子贡问孔子他的同学子张和子夏哪个更贤明一些。孔子说：子张常常超过礼的要求，子夏则常常达不到礼的要求。子贡又问："子张能超过是不是好一些？"孔子回答："超过和达不到的效果是一样的。"

"过犹不及"是孔子中庸思想的具体说明，意即无论做什么事情必要恰如其分，超过标准与达不到标准效果同样不好。

死生有命，富贵在天　四海之内皆兄弟

〔释义〕

死生有命，富贵在天：旧时指人的生死等一切遭际皆由天命决定。常用作事势所至，人力不可挽回之意。

四海之内皆兄弟：天下的人都像兄弟一样。

〔出处〕

《论语·颜渊》：司马牛忧曰："人皆有兄弟，我独亡。"子夏曰："商闻之矣：'死生有命，富贵在天。'君子敬而无失，与人恭而有礼，四海之内皆兄弟也。君子何患乎无兄弟也？"

〔故事〕

卜商，字子夏，是春秋末年晋国温地（今河南温县）人，也有说是卫国人，总之是河南人。小孔子四十四岁，性格勇武，为人"好与贤己者处"。以"文学"著称，还主张做官要先取信于民，然后才能使其效劳。当时的名人田子方、段干木、吴起、禽滑厘都是他的弟子，魏文侯也尊他为师。

司马牛是孔子的弟子，宋国人，相传是宋国大夫桓魋的弟弟。他哥哥参与宋国叛乱，失败后逃跑，司马牛也被迫离开宋国逃亡到鲁国。

有一次，司马牛见到了他的师兄子夏。司马牛很忧愁地感叹别人都有兄弟，唯独自己没有。子夏就说："我听说过：'生死命中注定，富贵由天安排。'君子只要认真谨慎没有过失，对人恭敬而有礼貌，天下的人都是兄弟呀。君子何必忧愁没有兄弟呢？"

子夏说"死生有命，富贵在天"，可能是听孔子说的，但这不代表他们是天志论者或宿命论者，其实是因为他们对宇宙及社会现象不能很好地理解，所以孔子对"六合之外，存而不论"，不谈论不知晓的现象。因此，子夏说"死生有命，富贵在天"，并非真的相信万事都有天命决定，可能只是借以自我安慰罢了。

"四海之内皆兄弟"中的"兄弟"与司马牛所说的"兄弟"含义显然不同。但子夏希望司马牛抛弃狭隘的血缘关系，让自己成为一个君子，那就什么也不用害怕，自然也会有很多有着共同思想的"兄弟"。

名正言顺

〔释义〕

名正言顺：名，名分，名义。顺，合理，顺当。原指名分正当，说话合理。后多指做某事名义正当，道理也说得通。

〔出处〕

《论语·子路》：子路曰："卫君待子而为政，子将奚先？"子曰："必也正名乎！"子路曰："有是哉，子之迂也！奚其正？"子曰："野哉，由也！君子于其所不知，盖阙如也。名不正，则言不顺；言不顺，则事不成；事不成，则礼乐不兴；礼乐不兴，则刑罚不中；刑罚不中，则民无所措手足。故君子名之必可言也，言之必可行也。君子于其言，无所苟而已矣。"

〔故事〕

孔子因不满鲁定公沉迷酒色，带领学生来到卫国，又因为卫灵公言而无信，就留下子路一人，带领其他学生离开卫国。卫出公继位后，让子路去请孔子来卫国辅政。子路问孔子到卫国帮助治理国家，打算先从哪些事情做起。孔子回答说首先要从正名分做起。子路认为这种做法不合时宜。孔子批评子路粗野，说："君子对于他所不知道的事情，总是采取存疑的态度。名分不正,说起话来就不顺当合理;说话不顺当合理,事情就办不成;事情办不成,礼乐也就不能兴盛;礼乐不能兴盛,刑罚的执行就不会得当;刑罚不得当,百姓就不知怎么办好。所以,一定要定下一个名分,才能够把事情说明白,说出来的才能够行得通,不能马马虎虎,随便发号施令。"

"正名"是孔子"礼"的思想的组成部分。"名"是社会秩序、规范、礼制的具体法则,"正名"的具体内容是"君君、臣臣、父父、子子",正是针对当时社会"君不君、臣不臣、父不父、子不子"等乱象而发。孔子认为,只有维护好君、臣、父、子之间的名分,即"名正",才可以做到"言顺",继而指导人们去正确行动。

行己有耻 言必信,行必果 斗筲之人

〔释义〕

行己有耻:行己,立身行事。一个人行事,凡自己认为可耻的就不去做。

言必信,行必果:信,守信用。果,果断,坚决。说了就一定守信用,做事一定办到。

斗筲之人:斗,容器,一斗容十升。筲(shāo),竹器,容一斗两升。斗、筲都是容量很小的容器。形容人的器量狭小,见识短浅。

〔出处〕

《论语·子路》：子贡问曰："何如斯可谓之士矣？"子曰："行己有耻，使于四方，不辱君命，可谓士矣。"曰："敢问其次。"曰："宗族称孝焉，乡党称弟焉。"曰："敢问其次。"曰："言必信，行必果，硁硁然小人哉！抑亦可以为次矣。"曰："今之从政者何如？"子曰："噫！斗筲之人，何足算也！"

〔故事〕

子贡问孔子怎样才可以叫作士。孔子说：他们在做事时有知耻之心，出使外国各方，能够完成君主交付的使命，可以叫作士。子贡又问次一等的士。孔子说：宗族中的人称赞他孝顺父母，乡亲们称赞他尊敬兄长。子贡又问再次一等的士。孔子说：他们说到一定做到，做事一定坚持到底，不问是非地固执己见，但也可以说是再次一等的士了。子贡问现在的执政者怎么样。孔子说：他们都是些器量狭小的人，不能算数。

先秦对士有很多分类，孔子观念中的士，首先是国士，他们对自己的行为、活动保持羞耻意识，这里所说的"耻"，还指保有自省的意识，如此，才能在出使国外时不辱使命，即在思想上具备高尚的道德品质，在行为上可以处理复杂的国政。其次是志士，即道德模范，孝敬父母、尊敬兄长。再次是义士，"小人"，即普通人。他们不问是非黑白，只管贯彻自己的言行，不能深入地思考事情应不应当做，算不上道德高尚的君子。他们与"行己有耻"的士是有很大差距的。需要注意的是，"言必信，行必果"今天一般理解为诚实守信，言行一致，说到做到，是明显的褒义词，与孔子的原话是有很大不同的。"斗筲之人"后又作"斗筲之器""斗筲之辈""斗筲小人"等，均指器量狭小、才识短浅的人，有时也用作自谦之语。

君子固穷

〔释义〕

君子固穷：君子，有教养、有德行的人。固穷，安守贫穷。君子能够安贫乐道，不失节操。

〔出处〕

《论语·卫灵公》：在陈绝粮，从者病，莫能兴。子路愠见曰："君子亦有穷乎？"子曰："君子固穷，小人穷斯滥矣。"

〔故事〕

孔子一行在陈国（今河南淮阳一带）断了粮食，随从的人都饿病了。子路很不高兴地来见孔子，问君子是否也有穷得毫无办法的时候。孔子说：君子虽然穷困，但还是坚持着；小人一遇穷困就无所不为了。

"君子固穷"的"穷"，不仅指贫穷，还指处境恶劣。在面对穷困潦倒的局面时，君子与小人就有了显而易见的不同：君子会安贫乐道，小人则会想入非非，胡作乱为。孔子的学生颜回，不以贫困累其心智，"一箪食，一瓢饮，在陋巷，人不堪其忧，回也不改其乐"，因此，孔子连连称赞颜回"贤哉"。

陈国是春秋时十二诸侯国之一。当时诸侯兼并，战争频繁，陈国也筑城自卫。今淮阳县城即陈国国都陈城，后也曾是楚国都城。现存城墙宽二十多米，高出地面五米多。故城为方形，周长近五千米。南门外路西有弦歌台，相传是孔子困陈处。

一以贯之

〔释义〕

一以贯之：贯，贯穿。原指孔子用一个根本性的东西贯穿在他的全部学说之中，后来指用一个根本性的事理贯通始终。

〔出处〕

《论语·卫灵公》：子曰："赐也！女以予为多学而识之者与？"对曰："然，非与？"曰："非也。予一以贯之。"

〔故事〕

孔子问子贡："你以为我是学习得多了，才获取很多知识的吗？"子贡认为是。但孔子否认自己是通过记忆各种零散知识而达到博学多识的，他是用一个根本性的东西把知识贯穿始终，通过举一反三、触类旁通获得知识的。

这里，孔子讲到"一以贯之"是他能够学问渊博的根本所在。那么，这个"一"指什么？文中没有讲明。但根据后人的研究，那应该是他的"礼"。因为儒家源于古代专门负责办理丧葬事务的神职人员，熟悉各种风俗礼仪，所以"礼"是儒家的核心理念，也是孔子学习知识、评价事物的核心理念。

无为而治

〔释义〕

无为而治：无为，无所作为。治，治理。自己无所作为而使天下得到治理。原指舜当政的时候，沿袭尧的主张，不做丝毫改变。后泛指以德化民。

〔出处〕

《论语·卫灵公》：子曰："无为而治者，其舜也与？夫何为哉？恭己正南面而已矣。"

〔故事〕

孔子说，能够无所作为而治理天下的人，大概只有舜。他什么也不用做，只是庄严端正地坐在朝廷的王位上罢了。

"无为而治"是道家所称赞的治国方略，符合道家思想的一贯性。这里，孔子也赞赏无为而治并以舜为例加以说明。这表明，主张积极进取的儒家十分留恋上古的法度礼治，认为只要施行仁政，以德化民，就可以把国家治理好。当然，无为而治并非毫不作为，而是不施刑罚，用德政治民。

工欲善其事，必先利其器

〔**释义**〕

工欲善其事，必先利其器：器，工具。比喻要做好一件事，准备工作非常重要。

〔**出处**〕

《论语·卫灵公》：子贡问为仁。子曰："工欲善其事，必先利其器。居是邦也，事其大夫之贤者，友其士之仁者。"

〔**故事**〕

子贡问孔子实施仁政的方法。孔子告诉子贡，一个做手工或工艺的人，要想把工作完成，做得完善，应该先把工具准备好。那么实施仁政用什么工具呢？住在这个国家，想对这个国家有所贡献，必须结交上流社会乃至政坛上的仁人志士，和这个国家社会上的各种贤达人士交朋友。换句话说，就是要先了解这个国家的国情，有了良好的社会关系，然后才能得到有所贡献的机会，完成实施仁政的目的。

"工欲善其事，必先利其器"是从比喻角度的一种引申，认为只有做好充分的准备，做事才能顺利，才会有好的结果。

己所不欲，勿施于人

〔释义〕

己所不欲，勿施于人：欲，希望。勿，不要。施，施加。自己不愿意的，不要强加给别人。

〔出处〕

《论语·卫灵公》：子贡问曰："有一言而可以终身行之者乎？"子曰："其恕乎！己所不欲，勿施于人。"

〔故事〕

子贡问孔子有没有一个字可以终身奉行。孔子说：那应该就是"恕"这个字，自己不愿意的，不要强加给别人。

"忠恕之道"是孔子的发明，对后人影响很大。孔子把"忠恕之道"看成处理人己关系的一条准则，这也是儒家伦理的一个特色。"忠"意味着"己欲立而立人，己欲达而达人"，即自己要站得住，同时也使别人站得住；自己要事事行得通，也要使别人事事行得通。但这一点未必人人都能做到。

而"恕",即"己所不欲,勿施于人",则谁都可以做得到。它强调的是设身处地、推己及人、尊重别人,不能以自我为中心。

往者不可谏,来者犹可追

〔释义〕

往者不可谏,来者犹可追:往者,过去的所作所为。谏,挽回,规劝。来者,未来的事。犹,还。追,努力争取,赶上。过去的不能挽回弥补,未来的还是能赶得上的。后多用作鼓励之词。

〔出处〕

《论语·微子》:楚狂接舆歌而过孔子曰:"凤兮凤兮,何德之衰!往者不可谏,来者犹可追。已而,已而!今之从政者殆而!"

〔故事〕

孔子从今南阳方城回上蔡的路上遇到楚国的狂人接舆,他唱着歌从孔子的车旁经过,他唱道:"凤呀!凤呀!为什么你的德行竟如此衰败?已往的事情不可挽回,未来的事情还来得及。算了吧,算了吧!眼下从政的人物都很危险!"这是讽刺孔子积极从政不合时宜,既然事不可为,不如早日归隐。从此也可以看出孔子为了施行仁政,知其不可为而为之的精神境界。

"往者不可谏"透露出"成事不说，遂事不谏，既往不咎"的意思，以前的挫败已无法挽回，如果吸取教训，未来还是大有希望的，即"来者犹可追"。东晋陶渊明《归去来兮辞》："悟已往之不谏，知来者之可追；实迷途其未远，觉今是而昨非。"就是化用了这一典故。

子路问津　指点迷津

[释义]

子路问津：津，渡口。子路打听渡口的位置。

指点迷津：针对事物的困难处，提供解决的方向、办法或途径。

[出处]

《论语·微子》：长沮、桀溺耦而耕。孔子过之，使子路问津焉。

[故事]

孔子师徒前往楚国负函（在今河南信阳），找不到渡口，碰到当时隐居在这里的高士长沮和桀溺。于是，孔子派子路前去向两位隐士请教渡口的位置。两位高士劝他们：既然无法改变乱世，最好避开乱世，做个隐士。后来，在一位农夫的指点下，他们终于找到了渡口，过了河。

"子路问津"实际上隐喻孔子师徒正在探寻人生渡口和救世道路。孔子带领弟子周游列国,希望在诸侯国施行仁政,然而处在乱世之中,一直不能如愿。路上遇到的这两位隐士不赞同孔子的行为,为孔子"指点迷津",主张既然生在乱世之中,不如不问世事,以避乱世。由此可以看出儒家和道家对出世、入世问题的观念差异。

后人为了纪念孔子及其弟子路过这里,便把子路"问津"的河流叫子路河,"问津"处所在的乡镇叫子路镇,还把一个村子命名子路村,一条街道命名子路街。子路河、子路镇、子路村、子路街都是因"子路问津"这个典故而得名。

今天,子路问津的遗存有两个地方:一是河南新蔡"问津处",位于新蔡县城南五公里的关津乡关津集南首,至今还有依稀可见"问津处"三字的古碑一座,为明代万历年间所立。二是河南罗山"问津处",位于罗山子路镇子路湖畔。明、清两代子路河边的乡绅文人先后为"子路问津处"立过三块石碑。

四体不勤,五谷不分

〔释义〕

四体不勤,五谷不分:四体,四肢。五谷,古时指稻、黍、稷、麦、菽,今泛指各种农作物。不参加劳动,不能辨别五谷。形容脱离生产劳动,缺乏生产知识。

〔出处〕

《论语·微子》：子路从而后，遇丈人，以杖荷蓧。子路问曰："子见夫子乎？"丈人曰："四体不勤，五谷不分，孰为夫子？"植其杖而芸。

〔故事〕

孔子五十五岁至六十八岁之间周游列国，希望得到诸侯的聘请以施行仁政。他周游的列国主要是在现在河南的境内，如卫国（今河南鹤壁、安阳、濮阳一带）、宋国（今河南商丘一带）、郑国（今河南新郑一带）、陈国（今河南淮阳一带）、蔡国（今河南上蔡一带）等。有一天，他们在山野行走，子路跟在后面，掉了队，恰好遇见一个老农在田里锄草，就问他是否看见自己的老师。老农向子路望了一眼，冷冷地说：既不劳动，又无生产知识，哪里配称什么老师！

"四体不勤，五谷不分"是对那些不懂农活的人的一种讽刺，站在农民的角度自然可以说，但人在社会这个大组织中是按照各自际遇各有分工的，不能强求一个人什么都会。

学而优则仕

〔释义〕

学而优则仕：优，通"悠"，有余力。学习了还有余力，就去做官。后来指学习成绩优秀然后可以提拔当官。

〔出处〕

《论语·子张》：子夏曰："仕而优则学，学而优则仕。"

〔故事〕

子夏说：做官还有余力的人，就可以去学习；学习有余力的人，就可以去做官。

子夏的这句话集中概括了孔子的教育方针和办学目的。做官之余，还有精力和时间，那他就可以去学习礼乐等治国安邦的知识，来辅助做官；学习之余，还有精力和时间，他就可以去做官从政。"学而优则仕"很清晰地谈到"学"与"仕"的关系问题，可以说"学而优则仕"是中国传统社会知识分子的人生道路。教育与行政相连接，知识分子成为社会的重要支柱，而知识分子的人生价值也在济世救民的仕途中得以实现。后来"学而优则仕"多用来指学习成绩优秀才能去做官，因此士子为做官而发愤学习、参加科考等，与原意已有较大不同。

君子之过

〔释义〕

君子之过：品行高尚的人犯错误就像日食和月食，别人看得很清楚，只要改正，别人仍然敬仰他。

〔出处〕

《论语·子张》：子贡曰："君子之过也，如日月之食焉。过也，人皆见之；更也，人皆仰之。"

〔故事〕

子贡说：君子的过错好比日食、月食一样。他犯了过错，大家都看得见；他改正了过错，大家依然敬仰他。

日食、月食时，太阳、月亮虽然暂时好像被黑影遮住了一样，但最终却掩盖不了太阳、月亮的光辉。君子有过错也是同样的道理。有过错时，暂时有污点，有阴影；承认错误并改正错误，君子原本的人格光辉又焕发了出来，仍然不失为君子。能够及时改正错误本身就是君子的特点之一。与之相对的是"小人"，子夏说："小人之过也必文。"即普通人犯了错误一定加以掩饰。

"君子之过"反映了子贡对君子犯错误的一种态度,君子和普通人一样都会犯错,但君子犯了错不会掩饰,而是及时改正。

子路治蒲

〔释义〕

子路治蒲:一方面指子路善于治理,另一方面指子贡善于学习。

〔出处〕

《孔子家语·辨政》:子路治蒲三年,孔子过之,入其境,曰:"善哉由也,恭敬以信矣。"入其邑,曰:"善哉由也,忠信而宽矣。"至庭,曰:"善哉由也,明察以断矣。"子贡执辔而问曰:"夫子未见由之政,而三称其善,其善可得闻乎?"孔子曰:"吾见其政矣。入其境,田畴尽易,草莱甚辟,沟洫深治,此其恭敬以信,故其民尽力也。入其邑,墙屋完固,树木甚茂,此其忠信以宽,故其民不偷也。至其庭,庭甚清闲,诸下用命,此其言明察以断,故其政不扰也。以此观之,虽三称其善,庸尽其美乎?"

〔故事〕

子路曾担任卫国执政大夫孔悝的蒲邑(今河南长垣)宰。子路治理蒲邑三年后，有一回，孔子路过，走到蒲邑境内时，称赞子路做到了恭谨敬慎又有信用；走到城中时，又称赞子路做到了忠信宽厚；到了子路办公衙府内，则称赞子路做到了明察决断。

子贡听了很奇怪，请教孔子是如何判断的。

孔子说：走到蒲邑境内，发现耕地都整理好了，杂草都铲除了，田间的水道也加深了，这是因为他恭谨敬慎又有信用，所以百姓才会尽力去做。走到城里时，看到垣墙和屋宇都完好牢固，树木长得很茂盛，这是因为他的政令忠信又宽厚，所以百姓才不苟且马虎。走进他的衙门，那里清静闲暇，下面办事的人都肯效力、服从命令，这是因为他明察一切，又非常果断，所以他的政令没有扰民。

"子路治蒲"反映出孔子判断事物的方式。看子路如何理政绝不是听他说的话或看他写的东西，而是看实际的效果，这对我们很有启发意义。相关的成语还有"蒲邑三善"，即孔子称赞子路治理蒲邑有三善：恭敬、忠信、明察。

招摇过市

〔释义〕

招摇过市：招摇，张扬炫耀。市，闹市，指人多的地方。指在公开场合大摇大摆显示声势，引人注意。

〔出处〕

《史记·孔子世家》：居卫月余，灵公与夫人同车，宦者雍渠参乘，出，使孔子为次乘，招摇市过之。

〔故事〕

春秋时期，卫国国君卫灵公沉迷于享乐，他的夫人南子执掌大权。当时，孔子带着弟子子路、颜回等人周游列国到了卫国。卫灵公表面上表示对孔子很是敬重，实际上根本没有让孔子参政的意思。南子隔着帷帘召见了孔子。和孔子答礼时，她故意让衣服上的佩玉发出叮叮当当的声音挑逗孔子。孔子的弟子子路知道这件事后，认为南子过于轻浮，老师不该和她见面。孔子发誓说自己并不情愿见她，这是出于不得已。

孔子和弟子们在卫国住了一个多月。有一天，卫灵公与夫人南子同坐一辆车子出宫，宦官雍渠陪侍在车右边，让孔子坐在第二辆车子上跟从，大摇大摆地从集市上驰过。孔子忍无可忍，说："我没有见过像喜欢美色一样喜好道德的人。"对卫灵公失望极了。由于卫灵公丝毫不提在卫国施行仁政之事，孔子只好带学生们离开了卫国。

结驷连骑

〔释义〕

结驷连骑：驷（sì），古时一乘车所套的四匹马。骑，骑马的人。随从、车马众多。形容排场阔绰。

〔出处〕

《史记·仲尼弟子列传》：子贡相卫，而结驷连骑，排藜藿，入穷阎，过谢原宪。

〔故事〕

孔子的七十二个弟子中，子贡位至国相，而且做过生意，是最富有的，而原宪却是最贫穷的。孔子去世以后，原宪就跑到低洼积水、野草丛生的地方隐居起来。子贡当时是卫国的国相，出门时车马结队，随从簇拥，很是排场。一天，子贡带着一行人等，拨开丛生的野草，来到偏远简陋破败的小屋，前去看望原宪。原宪整理好破旧的衣帽，迎接子贡。子贡见到原宪的情况，替他感到难堪，说："难道你很困窘吗？"原宪回答说："我听说，没有财产的叫作贫穷，学习了道理而不能施行的叫作困窘。像我，是贫穷，不是困窘。"子贡听了很是惭愧。

今河南浚县有子贡故里，浚县大伾山东南的张庄村北有子贡墓，是县级重点文物保护单位。

闻一知十

〔释义〕

闻一知十：听到一点就能理解很多。形容善于类推。

〔出处〕

《史记·仲尼弟子列传》：赐也何敢望回！回也闻一以知十，赐也闻一以知二。

〔故事〕

子贡口齿伶俐，巧于辞令，孔子常常驳斥他的言辞。孔子问子贡："你和颜回比，谁更加出色？"子贡回答说："我怎么敢指望跟颜回比呢？颜回听到一个道理，能够推知十个道理；我听到一个道理，也不过推导出两个道理。"这也可以看出子贡有自知之明，或者说子贡很谦虚。后用此典形容人聪明、悟性好。

学无常师　温良恭俭让

〔释义〕

学无常师：求学没有固定的老师。指凡有点学问、长处的人都是老师。

温良恭俭让：温和、善良、恭敬、节俭、忍让这五种美德，是儒家提倡待人接物的准则。现也形容态度温和而缺乏斗争性。

〔出处〕

《史记·仲尼弟子列传》：陈子禽问子贡曰："仲尼焉学？"子贡曰："文武之道未坠于地，在人，贤者识其大者，不贤者识其小者，莫不有文武之道。夫子焉不学，而亦何常师之有！"又问曰："孔子适是国必闻其政。求之与？抑与之与？"子贡曰："夫子温良恭俭让以得之。"

〔故事〕

陈亢，妫姓，字子亢，一字子禽，春秋末年陈国（在今河南淮阳及安徽亳州一带）人。齐国大夫陈子车的弟弟、孔子的弟子，小孔子四十岁。有一次，他问子贡孔子是从哪里得来那么广博的学问。子贡说："文王、武王的治国思想并没有完全消失，而是在人间流传，贤能的人记住的是一些重要的部分，一般的人记住的是一些细枝末节，他们的思想无处不在。而先生无论见什么人都注意向他们学习，没有固定的老师。"陈子禽又问，孔子每到一个国家，一定要了解这个国家的政事。这是他请求人家告诉他的呢，还是人家主动告诉他的呢？子贡告诉他："先生是凭借着温和、善良、恭谨、俭朴、谦让的美德获得的。"

"学无常师"是孔子学习的方式，"温良恭俭让"是孔子的学习态度，直到今天，对我们仍有借鉴意义。

从善如登，从恶如崩

〔释义〕

从善如登，从恶如崩：为善像登山一样困难，为恶像山崩一样容易。比喻学好很难，学坏极容易。

〔出处〕

《国语·周语下》：谚曰："从善如登，从恶如崩。"昔孔甲乱夏，四世而陨。玄王勤商，十有四世而兴。帝甲乱之，七世而陨。后稷勤周，十有五世而兴。幽王乱之，十有四世。

〔故事〕

周敬王十年，周卿士刘文公与周大夫苌弘打算帮助周王筑建城墙，为此向晋国求助。当时晋国的政务由魏献子主持，他答应了苌弘的要求，预备邀集诸侯共同建造。卫国大夫彪傒来到周王城，听说了这件事，就对周卿士单穆公说：苌弘、刘文公将不得好死。自从周幽王以来，王室遭到毁坏已经很久了。他们又要来补救，恐怕是不行的。谚语说："行善如登山，作恶如土崩。"幽王扰乱周政以来已经十四代了，能守住现有的家当已经是万幸，周朝不会再兴盛了。

彪傒认为周朝当时的形势已经坏到了极点，不可挽回；也不能帮助它挽回，否则就会产生祸乱。此后，苌弘果然被周敬王杀害，刘文公被周定王灭族。

"从善如登，从恶如崩"讲的是事物向好的方面发展很难，需要长期经营，但要是向坏的方面发展就很迅速。

成周城故址传说在今河南洛阳东郊白马寺东，汉魏雒（洛）阳城故址一带，周成王时周公所建，把商朝遗民迁于此。公元前516年，周敬王因为王子朝之乱由王城迁都到成周城。晋侯联合诸侯的力量，扩大成周城，把城东北的狄泉也包括在内。

伐原示信

〔释义〕

伐原示信：讨伐原邑显示诚信。比喻为树立威信而坚守诚信。

〔出处〕

《国语·晋语》:公伐原,令以三日之粮。三日,而原不降,公令疏军而去之。谍出曰:"原不过一二日矣!"军吏以告。公曰:"得原而失信,何以使人?夫信,民之所庇也,不可失也。"乃去之。及盟门,而原请降。

〔故事〕

周襄王十七年(前635),周王室发生动乱,王子带驱逐周襄王。晋文公出兵平定叛乱,护送周襄王恢复王位。襄王因为晋文公帮助周平叛有功,就将周的阳樊、温、原、攒茅四邑赏赐给晋国。阳樊在今济源承留镇的曲阳村,原在今济源火车站一带。

温、阳樊、攒茅这三地原来都是天子属地,还比较好办。但原邑是原伯贯的封地,原伯祖上世代为天子近臣,如今天子夺他的田赠给晋,原伯就有所抵触。晋文公对其他三地只是派赵衰去收复,唯有原邑是晋文公亲自前去。

晋文公带兵到了原,果然遭到原伯贯率领原邑之人抵抗。晋文公为取信于原邑的人,派狐偃到城中去送信说:"我王命在身,事不由己,明天我军将会起兵攻城,并以三日为限,三日之后如果城池不破,我情愿退兵,从此再不提收原这件事。"到了第三天,原邑的人仍然不投降。当天半夜,晋军的间谍偷偷出城,说原邑的人已经是强弩之末,一两天之内就会投降。军吏告诉了文公,文公说:"诚信是治国之本,如今全军上下都知道我亲口定下三天期限,如果为了一个小小的原邑而失信,我将来怎么能够威服中原呢?"第二天黎明,就下令撤军。原邑的人和原伯贯被晋文公的诚信感动,最后投降。这就是历史上有名的"伐原示信"的故事。

现在济源市有夏都原城,晋文公伐原示信的故事就发生在这里。

多行不义必自毙

〔释义〕

多行不义必自毙：坏事干多了，一定会自取灭亡。

〔出处〕

《左传·隐公元年》：及庄公即位，为之请制。公曰："制，岩邑也，虢叔死焉。他邑唯命。"请京，使居之，谓之"京城大叔"。祭仲曰："都城过百雉，国之害也。先王之制，大都不过三国之一，中五之一，小九之一。今京不度，非制也，君将不堪。"公曰："姜氏欲之，焉辟害。"对曰："姜氏何厌之有，不如早为之所，无使滋蔓！蔓，难图也。蔓草犹不可除，况君之宠弟乎。"公曰："多行不义必自毙，子姑待之。"

〔故事〕

春秋时期，郑国国君郑武公和妻子武姜有两个儿子：大的叫寤生，小的叫共叔段。武姜讨厌大儿子寤生，喜欢小儿子共叔段，多次想立小儿子为太子，被郑武公拒绝。寤生继位后，就是郑庄公。母亲武姜帮共叔段请求把"制"这个地方作为他的封邑。因为"制"这个地方很险要，郑庄公不同意，就答应母亲武姜把共叔段封到京邑。共叔段把京邑修得很高大，不合国家法度，但郑庄公碍于母亲姜氏，不好处理。大臣祭仲建议早点除掉共叔段，郑庄公说："干多了不仁义的事情，必定会自取灭亡，暂且等着看吧。"不久之后，共叔段又把京邑西边和北边的边邑强行划归自己管辖，又开始修造城池，聚集百姓，修整铠甲和武器，准备好步兵和战车，想偷袭郑国国都，就是今天新郑的郑韩故城。武姜打算为他打开城门做内应。郑庄公得知了弟弟和母亲计划的具体日期，命令公子吕率军攻打共叔段，共叔段失败，逃到共地，最终死在他国。

"多行不义必自毙"说明不义的事做得多了就会自掘坟墓，虽然是被别人灭了，但终究还是"自毙"；因此，不能意识到错误，并且毫无敬畏地继续作恶，终究会自食其果。

郑韩故城，是春秋战国时代郑国与韩国的国都遗址，位于今新郑市区周围，双洎河（古洧水）与黄水河（古溱水）交汇处。春秋战国时期，郑国和韩国在此建都，因此称郑韩故城。郑韩故城至今仍然巍峨壮观，有世界上同期保存最完整的古城垣；北墙外侧有数处地面建筑，是全国最早的新型城墙防御设施。1961年入选第一批全国重点文物保护单位。

其乐融融

〔释义〕

其乐融融：融融，和乐的样子。形容快乐和谐的景象。

〔出处〕

《左传·隐公元年》：公入而赋："大隧之中，其乐也融融！"姜出而赋："大隧之外，其乐也泄泄。"遂为母子如初。

〔故事〕

郑庄公因为母亲跟弟弟共叔段一起阴谋推翻自己，很生母亲武姜的气，就把她安置到颍（今河南登封西南），并且发誓不到黄泉永不见面。事后，他又后悔说这样的话。颍考叔就给郑庄公出了个主意，让他既不违反誓言，又能恢复母子之情。那就是建个隧道，在里边见母亲武姜。郑庄公听从了颍考叔的话，照着做了。郑庄公进入隧道，赋诗说："隧道当中，心中快乐融和！"武姜走出隧道，赋诗说："隧道之外，心中快乐舒畅！"于是，母子和好如初了。

"其乐融融"表示郑庄公母子之情的融洽，后多用来描述场面愉快融洽。又作"融融泄泄"。

周郑交质　言不由衷

〔释义〕

周郑交质：周王室和郑国交换质子。

言不由衷：原作"信不由衷"，指双方协定并非出于内心诚意。后指说话不是出于内心，心口不一。

〔出处〕

《左传·隐公三年》：郑武公、庄公为平王卿士。王贰于虢，郑伯怨王，王曰"无之"。故周、郑交质。王子狐为质于郑，郑公子忽为质于周。王崩，周人将畀虢公政。四月，郑祭足帅师取温之麦。秋，又取成周之禾。周、郑交恶。君子曰："信不由中，质无益也。明恕而行，要之以礼，虽无有质，谁能间之？……"

〔故事〕

郑武公曾护送周平王东迁至洛阳，因此被任为周王室的卿士，武公之子庄公也继承此职。东迁后周王室势力衰弱，强大的诸侯国并不真心辅佐，周平王想分权给虢公以牵制郑庄公，因此招致庄公的怨恨。平王不愿与郑国撕破脸，否认此事，并与郑国交换质子以证互相信任：周平王的儿子狐在郑国做人质，郑庄公的儿子忽在周王室做人质。平王死后，周王室准备让虢公掌管政务，于是，郑国大夫祭仲率兵抢了周属地温邑的麦子，到了秋天，又抢了王都洛阳的稻谷。从此，周王室与郑国结下仇恨。君子评论此事说："订立盟约如果不是发自诚心，交换人质也没有用。依忠恕之道而行，以礼法约束，即使没有人质，谁又能离间呢？"

周平王出尔反尔，对臣下失信；郑庄公与周平王交换人质，违背了君臣之礼。没有诚信之心，又不依礼行事，自然难以维持关系。这样的做法是不可取的。

大义灭亲

〔释义〕

大义灭亲：大义，正义，正道。亲，亲属。为了维护正义，对犯罪的亲属不徇私情，使其受到应得的惩罚。

〔出处〕

《左传·隐公四年》：君子曰："石碏，纯臣也，恶州吁而厚与焉。'大义灭亲'，其是之谓乎！"

〔故事〕

卫庄公有三个子：大儿子姬完、二儿子姬晋、三儿子州吁。三儿子州吁最受庄公的宠爱，无恶不作，成为卫都朝歌（今河南淇县）的大害。卫国大夫石碏，为人耿直，体恤百姓疾苦，但他的儿子石厚，不听父亲的教导，经常与州吁一起为非作歹。后来州吁和石厚合谋害死了新君卫桓公姬完，自立为君。石碏趁州吁和石厚请他出来共掌国政时，设计让陈国逮捕了他们，并派人接回姬晋即位，就是卫宣公，又请大臣议事。大臣们都说："州吁是首恶，应该杀掉。石厚只是从犯，可以免罪。"石碏正色说："州吁犯罪，都是我这个坏孩子酿成的,从轻发落他,难道是让我徇私情,抛大义吗?"大家都不吭声了,最后石碏派人杀了石厚。

石碏"大义灭亲"的做法之所以得到后人的赞许,在于他是为"大义"而付出了"灭亲"的代价,把国家利益置于个人利益之上。这个"大义"必须是能为人们所接受的,否则"灭亲"之举就不值得歌颂了。当然,随着时代和观念的变化,"义"的内容也在不断变化,应有所取舍。

不自量力　冒天下之大不韪

〔释义〕

不自量力:量,估量。不能正确估计自己的力量,指做力不能及的事情。

冒天下之大不韪:冒,冒犯。不韪(wěi):不是,错误。去干普天下的人都认为不对的事情。指不顾舆论的谴责而去干坏事。

〔出处〕

《左传·隐公十一年》:郑、息有违言。息侯伐郑,郑伯与战于竟,息师大败而还。君子是以知息之将亡也。不度德,不量力,不亲亲,不征辞,不察有罪,犯五不韪,而以伐人,其丧师也,不亦宜乎?

〔故事〕

春秋时期，郑国（今河南新郑一带）与息国（今河南息县县城西南青龙寺一带）发生了争执。息国与郑国是同姓之国，息国的国君不通过谈判协商解决争端，却贸然出兵，向郑国发动战争。郑国被迫应战，同息国在国境内作战，最后息国以失败告终。

事后，一些有见识的人分析说息国犯了五条过错："不度德，不量力，不亲亲，不征辞，不察有罪。"意思是：不估计自己的威德是否比对方高，不衡量自己的力量是否比对方强，两国国君出于同姓、本是亲属而不亲爱，对双方争执的言辞不分析是非曲直，不认识自己的错误。犯了这五条错误，还要出师征伐别国，由此可以看出息国快要灭亡了。果然，不久息国被楚国攻灭。

郑、息两国虽然都很小，但息国的人力与物力比郑国要少得多，军力也要弱得多，却贸然发动战争，所以说息国的确是"不自量力"。"不自量力"也作"自不量力"或"不自量"，均指不能正确估计自己的力量，做了力不能及的事情。息国的国君犯了天下公认的大错，其结果当然是悲剧性的。因此形成"冒天下之大不韪"一语，一般用作贬义，突出强调的是对普遍共识的违背，必然咎由自取。有时也反其意而用之，作褒义。

今河南息县县城西南青龙寺一带有息国故城，大部分城墙已被毁，但城垣基础依稀可辨。1963年被列为省级文物保护单位。

暗箭伤人

〔释义〕

暗箭伤人：放冷箭伤害人。比喻用阴险的手段暗中攻击或陷害别人。

〔出处〕

《左传·隐公十一年》：秋七月，公会齐侯、郑伯伐许。庚辰，傅于许，颖考叔取郑伯之旗蝥弧以先登。子都自下射之，颠。

〔故事〕

春秋时，郑国的郑庄公得到鲁国和齐国的支持，计划讨伐许国。许国是一个小国，在今河南许昌一带。郑庄公检阅部队，发派兵车。老将军颖考叔与青年将军公孙子都产生了矛盾，公孙子都因此怀恨在心。攻打许国都城时，颖考叔奋勇当先，举着大旗爬上了城头。公孙子都眼看颖考叔要立下大功，心里更加忌妒，便暗中对准颖考叔放箭，颖考叔中箭坠城身亡。

"暗箭伤人"指那些心胸狭窄、心理阴暗的人不顾他人的生命，不顾国家的利益进行窝里斗，而置人于死地的行为。所以人们也说"明枪易躲，暗箭难防"。

民不堪命

〔释义〕

民不堪命：堪，忍受。命，政令，法令。人民对暴虐的统治和沉重的负担已到了不能忍受的地步。

〔出处〕

《左传·桓公二年》：宋殇公立，十年十一战，民不堪命。孔父嘉为司马，督为大宰，故因民之不堪命，先宣言曰："司马则然。"已杀孔父而弑殇公，召庄公于郑而立之，以亲郑。以郜大鼎赂公，齐、陈、郑皆有赂，故遂相宋公。

〔故事〕

宋殇公好战，即位以后，十年之中发生了十一次战争，百姓苦不堪言。当时孔父嘉做司马，华父督做太宰。孔父嘉的妻子容貌美丽，华父督喜欢她的美貌，欲占为己有，于是先宣传说这些战争都是孔父嘉造成的。后来，华父督攻打孔父嘉，杀死他并抢夺他的妻子。宋殇公得知后大怒，华父督害怕，于是弑殇公，从郑国迎回公子冯继位，是为宋庄公。

"民不堪命"从最底层的状况反映出国家的政治已经达到崩溃的边缘。

据《国语》记载,周厉王暴虐成性,人民公开议论他的过失,召公也告诫他说:"民不堪命矣!"厉王杀死议论的人,使人民不敢开口说话,然而人民最终忍无可忍,共同反叛,将周厉王赶出都城。可见,人民的力量是强大的,作为国家的统治者,应当保民、爱民,如果"民不堪命",那这个国家离灭亡就不远了。

齐大非偶

〔释义〕

齐大非偶:齐国强大,不是郑国匹配的对象。后常借为辞婚之语,形容男女门第不相当。

〔出处〕

《左传·桓公六年》:公之未昏于齐也,齐侯欲以文姜妻郑大子忽,大子忽辞。人问其故,大子曰:"人各有耦,齐大,非吾耦也。"《诗》云:"自求多福。"在我而已,大国何为?

〔故事〕

齐僖公有女,名叫文姜,嫁给了鲁桓公。此前,齐僖公想将她嫁给郑国世子姬忽,即后来的郑昭公,姬忽拒绝了。人们问他原因,姬忽说:"人人都有自己的配偶，齐国强大，不是郑国的配偶。比起依靠别人，靠自己更有福报，要大国做什么呢？"

齐国是大国，郑国是小国，如果两国联姻，郑国在需要的时候可以得到齐国的帮助。姬忽不同意这门婚事，是觉得两国实力相差比较大，依附大国容易丧失自主权，不如更有志气一点，靠自己奋发图强。

辞婚者经常用"齐大非偶"一词表示自己的门第势位卑微，不敢高攀。如《南史·垣护之传》："齐高帝辅政，使褚彦回为子晃求闳女，闳辞以齐大非偶，帝虽嘉其退让，而心不能欢。"

爱鹤失众

〔释义〕

爱鹤失众：因为爱好养鹤失去民心。比喻因小失大。

〔出处〕

《左传·闵公二年》：冬，十二月，狄人伐卫，卫懿公好鹤，鹤有乘轩者，将战，国人受甲者，皆曰："使鹤。鹤实有禄位，余焉能战？"公与石祁子玦，与宁庄子矢，使守，曰："以此赞国，择利而为之。"与夫人绣衣，曰："听于二子。"渠孔御戎，子伯为右，黄夷前驱，孔婴齐殿。及狄人，战于荥泽。卫师败绩，遂灭卫。

〔故事〕

卫国的国君卫懿公有个特别爱好，就是喜欢养鹤。卫懿公按品质、体姿将鹤封为不同官阶，享受相应俸禄；卫懿公出游，这些鹤也分班侍从，各依品第，乘载于华丽的车中。

齐桓公曾率军攻打卫国，以周天子的名义责备卫懿公，但卫懿公还是不改正错误。他好鹤荒政、人心离散的消息传到北狄，北狄率军突袭卫国。卫懿公闻讯大惊，让士兵打仗，士兵说："派那些鹤去打仗好了！它们都享受大夫的俸禄，而我们穷得连饭都吃不饱，怎么有力气打仗呢？"卫懿公无奈，只好亲自迎战，结果惨死在乱刀之下，国都也被攻破。

"爱鹤失众"主要是想说明国君玩物丧志，就可能亡国丧身。这样的君主在中国历史上还有不少，只不过所玩之物可能不同，但结局都一样。

假道灭虢　辅车相依　唇亡齿寒

〔释义〕

假道灭虢：假，借。道，道路。虢，春秋时诸侯国，在今山西平陆及河南三门峡一带。泛指用借路的名义灭亡这个国家。

辅车相依：辅，颊骨。车，齿床。颊骨和齿床互相依靠。比喻两者关系密切，互相依存。

唇亡齿寒：嘴唇没有了，牙齿就寒冷。比喻双方休戚相关，荣辱与共。

〔出处〕

《左传·僖公五年》：晋侯复假道于虞以伐虢，宫之奇谏曰："虢，虞之表也。虢亡，虞必从之。晋不可启，寇不可玩，一之为甚，其可再乎？谚所谓'辅车相依，唇亡齿寒'者，其虞、虢之谓也。"

〔故事〕

春秋时期，晋侯第二次向虞国（今山西平陆北）借路去攻打虢国。虞国大夫宫之奇劝阻虞公说，虢国是虞国的外围，虢国灭亡了，虞国也一定跟着灭亡。他引用当时的俗话"颊骨和齿床互相依靠，嘴唇没有了，牙齿就寒冷"，来比喻虞、虢两国之间的紧密关系。虞公不听从宫之奇的劝阻。结果，当年晋国灭掉虢国后，回师途中突然发动进攻，灭掉了虞国。虞公没有洞察当时的形势和人心的险恶，结果亡国。

"假道灭虢"后来从具体事例上升为一种战术，是兵书《三十六计》中的一计。"辅车相依""唇亡齿寒"利用人的身体部位比喻命运的紧密关联，很是贴切。

河南三门峡北部的上村岭一带有虢国墓地，墓葬总数在五百座以上（含车马坑和祭祀坑）。以早、中、晚三个年代划界，分四个墓葬群。虢国墓地是我国迄今为止发现的唯一一处规模宏大、等级齐全、排列有序、保存完好的春秋时期大型邦国公墓，属全国重点文物保护单位。

予取予求

〔释义〕

予取予求：予，我。原指从我这里取财物，从我这里求财物。现用来表示任意求取，取索无厌。也指随心所欲。

〔出处〕

《左传·僖公七年》：初，申侯，申出也，有宠于楚文王。文王将死，与之璧，使行，曰："唯我知女，女专利而不厌，予取予求，不女疵瑕也。后之人将求多于女，女必不免。我死，女必速行。无适小国，将不女容焉。"既葬，出奔郑，又有宠于厉公。

〔故事〕

春秋初，申国（封地在今河南南阳东南）被楚国攻灭，国君申侯被楚文王留在楚国当大夫。申侯这个人很贪，又善于谄媚，楚文王对他很宠信。凡是申侯要的东西，楚文王总是满足他。后来，楚文王生了重病，怕自己死后别人不能容忍申侯，就把一块价值连城的白璧给他，并且说："只有我最了解你，你贪得无厌，永远也不会知足。在我这里任意索取，我从不怪罪你。但我死后，别人就未必会这样了。所以你赶快离开楚国，越快越好。你不要到小国去,小国不会容纳你的。"申侯知道不离开楚国不行了,收受了白璧后,就前往郑国了。

"予取予求"体现出的是一种肆无忌惮、贪得无厌的行为,包含着强烈的贬义。

假仁纵敌

〔释义〕

假仁纵敌:假,假装。纵,放任。假施仁义,放纵敌人。后指姑息养奸,酿成祸患。

〔出处〕

《左传·僖公二十二年》:冬十一月己巳朔,宋公及楚人战于泓。宋人既成列,楚人未既济。司马曰:"彼众我寡,及其未既济也请击之。"公曰:"不可。"既济而未成列,又以告。公曰:"未可。"既陈而后击之,宋师败绩。公伤股,门官歼焉。国人皆咎公。公曰:"君子不重伤,不禽二毛。古之为军也,不以阻隘也。寡人虽亡国之余,不鼓不成列。"

〔故事〕

宋、楚两国在泓水(春秋时宋国境内河流名,在今河南柘城西北)一带交战。当时宋军已提前到达河边布好阵势,而楚军仍在渡河。楚国人多势众,两国实力悬殊,宋国很难取胜。宋国执政大臣司马子鱼建议趁楚军正抢着渡河,秩序混乱,宋军全面出击,一定会取得胜利。但宋襄公认为那样不仁义,不是君子所为。过了很长时间,楚军全体渡过了泓水。子鱼又建议趁楚军还没有布好阵势,首尾不能呼应,难以发挥战斗力,宋军抓住战机,一鼓作气冲上去,还可以取胜。可是固执、拘泥的宋襄公还是不肯发兵。等到楚军完全排好阵势,准备向宋军发动猛攻时,宋襄公才下令攻击。由于实力悬殊,加上宋军贻误战机,结果宋军大败,宋襄公的大腿也受了重伤。宋国人纷纷谴责他假装仁义,才放纵了敌人。宋襄公振振有词地为自己辩解,认为宋军是仁义之师。

"假仁纵敌"说明宋襄公利用仁术打仗是不懂兵法。宋襄公想效仿齐桓公称霸中原,出兵征伐郑国,楚国救郑,方与宋国开战,宋襄公既想称霸,又想表现自己仁的一面,以取得道德的制高点,但显然错估了形势。

东道主

〔释义〕

东道主:东边道路上的主人。泛指接待或宴客的主人。

〔出处〕

《左传·僖公三十年》：若舍郑以为东道主，行李之往来，共其乏困，君亦无所害。

〔故事〕

秦、晋两国围攻郑国，郑文公在危急之际派烛之武去游说秦穆公。烛之武对秦穆公说：郑国与秦国并不相邻，中间隔着一个晋国，如果郑国灭亡了，只会使晋国的版图扩大。晋国强大，势必会对秦国造成威胁。如果保存郑国，那么以后秦国到东方远行的使者，若在东边道路上缺吃少用，郑国会供应所需物品。这对秦国没有任何坏处。秦穆公听了这番话非常赞成，与郑国订立盟约并派兵帮其把守，自己则率军而还。

郑国在秦国之东，接待秦国出使东方的使节，故称"东道主"，后泛指接待宾客的当地主人。日常生活中，以酒食请客的人称为"东道主"，请客也叫"做东道"。

厉兵秣马

〔释义〕

厉兵秣马：厉，通"砺"，磨。兵，兵器。秣，喂牲口。磨好兵器，喂饱战马。形容准备战斗，也比喻事前做好准备工作。

〔出处〕

《左传·僖公三十二年》：杞子自郑使告于秦，曰："郑人使我掌其北门之管，若潜师以来，国可得也。"……秦师遂东。

《左传·僖公三十三年》：及滑，郑商人弦高将市于周，遇之。以乘韦先，牛十二犒师，曰："寡君闻吾子将步师出于敝邑，敢犒从者，不腆敝邑，为从者之淹，居则具一日之积，行则备一夕之卫。"且使遽告于郑。郑穆公使视客馆，则束载、厉兵、秣马矣。

〔故事〕

春秋时期，晋、秦围郑，郑国的烛之武向秦穆公陈说利害，使其放弃了攻打郑国的打算，秦国与郑国结盟，秦穆公带兵回国，派杞子、逢孙、杨孙三人领军驻守郑国，帮助郑国守卫国都。后晋军也班师回国。过了两年，杞子秘密报告秦穆公，说他已经掌握了郑国国都北门的钥匙，如果秦国进攻郑国，他将做内应。秦军出兵，却正好被郑国的商人弦高碰到。弦高一面谎称自己代表郑国前来慰问秦军，一面派人向郑穆公报告。

郑穆公接到了弦高的报告后，急忙派人到杞子、逢孙、杨孙三人住的地方查看，果然发现他们已经"束载、厉兵、秣马"，即人人扎束停当，兵器磨得雪亮，马喂得饱饱的，完全处于一种作为内应的作战状态。郑穆公派人驱逐了杞子、逢孙、杨孙三个人。秦军得知此消息后，知道郑国已有准备，取胜无望，就撤军了。

"厉兵秣马"也作"秣马厉兵"，表达一种昂扬的战斗姿态。

华而不实

〔释义〕

华而不实：华，开花。花开得好看，但不结果实。比喻外表好看，内容空虚。也指表面上很有学问，实际腹中空空的人。

〔出处〕

《左传·文公五年》：晋阳处父聘于卫，反过宁，宁嬴从之，及温而还。其妻问之，嬴曰："以刚。《商书》曰：'沉渐刚克，高明柔克。'夫子壹之，其不没乎。天为刚德，犹不干时，况在人乎？且华而不实，怨之所聚也，犯而聚怨，不可以定身。余惧不获其利而离其难，是以去之。"

〔故事〕

春秋时，晋国大夫阳处父在卫国聘问，回国时路过宁邑（今河南获嘉徐营镇宣阳驿村），住在一家客店里。店主姓嬴，看见阳处父相貌堂堂，举止不凡，十分钦佩，感觉找到了可以跟随的人。征得阳处父的同意后，他离别妻子，跟着阳处父走了。刚刚走到温（今河南温县西南），店主就改变了主意，和阳处父分手回家了。店主妻子感到很疑惑，店主就说："阳处父本性过于刚强，恐怕不能善终，而且言过其行，像花开而不结果一样，将招致怨恨。如果触怒他人，无法保全自身。我怕跟他一去，不仅得不到富贵，反倒可能遭受祸害，所以打消了原来的主意。"后来，阳处父因为劝说晋襄公任赵盾为中军将，招致狐射姑的怨恨，晋襄公死后，狐射姑派人将阳处父杀死。

"华而不实"表现在人身上那就是仪表不凡，侃侃而谈，却没有真才实学，有外在的"华"而无内在的"实"，不值得信任和依赖。

无以复加　畏首畏尾　鹿死不择音　铤而走险

〔释义〕

无以复加：不可能再增加，指某事在程度上达到了极点。

畏首畏尾：前也怕，后也怕。形容胆子小，疑虑重重。

鹿死不择音：音，通"荫"，指庇荫的地方。比喻只求安身，不择处所。亦比喻情况危急，无法慎重考虑。

铤而走险：铤，急走的样子。走险，奔赴险处。指在无路可走的时候采取冒险行动。

〔出处〕

《左传·文公十七年》：寡君即位三年，召蔡侯而与之事君。……今大国曰："尔未逞吾志。"敝邑有亡，无以加焉。古人有言曰："畏首畏尾，身其余几。"又曰:"鹿死不择音。"小国之事大国也,德,则其人也;不德,则其鹿也,铤而走险,急何能择?……居大国之间而从于强令,岂其罪也。大国若弗图,无所逃命。

〔故事〕

春秋时期,晋文公继位后,开创了晋国称霸中原的局面,而后晋国声势略减,到了晋灵公时期,楚国强盛,实力已经超过晋国。很多诸侯归附于楚国,但仍畏惧晋国,不敢完全与之脱离。宋国内乱时,晋国邀卫、郑、陈等国伐宋讨乱,会于扈地(今河南原阳原武镇西北),因郑国心向楚国,不肯接见郑伯。

郑大夫子家写了一封书信,历数郑国服侍晋国的诚心,说郑国已经竭尽全力,唯有等待被晋国灭亡,不能再增加什么了。又引用古人的话说:怕头怕尾,中间剩下的身子也没有多少;鹿在临死前,无暇选择庇荫的地方。如果晋国对郑国不能以德相待,郑国便不会像人一样恭顺,而会像鹿着急时慌不择路,因为无路可走而采取冒险行动。

在这封信中,"无以复加"表明郑国服侍晋国已经竭尽全力,到达顶点了,不可能再增加。"畏首畏尾"说明郑国长存畏惧之心,已是疑虑重重。"鹿死不择音"比喻郑国夹在晋、楚两个大国之中,只求安身,已无法选择归附于谁。如果晋国逼迫,事态紧急,郑国即使知道冒险,也将"铤而走险",归附于楚国。

这封信既委婉又强硬,晋国只好派人到郑国去修好。

各自为政

〔释义〕

各自为政：为政，管理政事，泛指行事。各自按自己的主张办事，不互相配合。借以比喻不考虑全局，各搞一套。

〔出处〕

《左传·宣公二年》：郑公子归生受命于楚，伐宋。宋华元、乐吕御之。……华元杀羊食士，其御羊斟不与。及战，曰："畴昔之羊，子为政，今日之事，我为政。"与入郑师，故败。

〔故事〕

郑国公子归生接受楚国命令攻打宋国。宋国华元、乐吕带兵抵御。华元任主帅，两军交战之前，他为了鼓舞士气，就杀羊犒劳将士，忙乱中忘了给他的马夫羊斟分一份，羊斟便怀恨在心。交战的时候，羊斟对华元说："分发羊肉的事你说了算，今天驾战车的事，可就得由我说了算。"然后故意把战车赶到郑军的阵地里去。结果，华元轻易被郑军活捉了。宋军失掉了主帅，惨遭失败。当时人评论说："羊斟不像个人，由于私怨，使国家战败、百姓受害。"

"各自为政"主要批评的是为了个人利益而不顾全体利益，私心作怪，不能同心协力。

杀敌致果

〔释义〕

杀敌致果：致，使得到。果，果敢除敌。勇敢杀敌，建立功勋。

〔出处〕

《左传·宣公二年》：狂狡辂郑人，郑人入于井，倒戟而出之，获狂狡。君子曰："失礼违命，宜其为禽也。戎，昭果毅以听之之谓礼，杀敌为果，致果为毅。易之，戮也。"

〔故事〕

郑国与宋国在大棘（今河南柘城西北）这个地方开战。宋国有个战士叫狂狡，迎战郑国人，那个郑国人在逃跑途中掉进井里。狂狡就把戟柄放下井去拉他上来。结果那个人出井后反而俘虏了狂狡。当时人们评论说："战争中，发扬果敢刚毅的精神杀死敌人才是礼。如果反过来，就要被杀戮。"

"杀敌致果"主要讲的是各种事情都有自身的规则，战争的规则就是取得战果。这个例子结合宋襄公的假仁纵敌，似乎说明宋国的礼乐教化确实不同于其他国家。

问鼎中原

〔释义〕

问鼎中原：问，询问。鼎，古代煮东西的器物，三足两耳。传说夏禹铸造九鼎，代表九州，作为国家权力的象征。夏、商、周三代以九鼎为传国重器，得天下者则据有九鼎。中原，本指黄河中下游一带，此指疆域或领土。问鼎中原，比喻企图夺取天下。

〔出处〕

《左传·宣公三年》：楚子伐陆浑之戎，遂至于雒，观兵于周疆。定王使王孙满劳楚子，楚子问鼎之大小轻重焉。

〔故事〕

春秋时期，周室衰微。楚庄王熊旅借伐陆浑（今河南嵩县东北）戎的机会，把楚国大军开到东周的首府洛阳南郊，举行盛大的阅兵仪式，意在炫耀武力，伺机挺进中原。即位不久的周定王敢怒而不敢言，只得以礼待兵，派善于应对的王孙满出面去慰劳楚子。楚庄王见了王孙满，就问周天子的鼎的大小、轻重。言外之意，要与周天子比权量力。王孙满则委婉地说：一个国家的兴亡在于是否有德,不在于鼎的大小、轻重。当初夏禹有德,天下诸侯都拥戴他,各地贡献铜材,夏禹才能铸成九鼎以象征万物。后来夏桀昏乱,鼎就转移给了商;商纣暴虐,鼎又转移给了周。如果天子有德,鼎虽小却重得难以转移;如果天子无德,鼎虽大却是轻而易动。周朝的国运还没有完,鼎的轻重是不可以问的。王孙满以此暗示楚国德行有限,还没有资格问鼎。从此以后,人们就将企图夺取政权称为"问鼎"。当时周天子在中原,"问鼎中原"即表示要统治天下。

筑室反耕　易子而食,析骸以爨　尔虞我诈

〔释义〕

筑室反耕:筑,建造。反,通"返",归返。指部队做长久驻扎的打算。

易子而食,析骸以爨:易,交换。子,指儿女。析,拆开。骸,尸骨。爨(cuàn),烧火煮饭。指被围日久,粮尽柴绝的困境,交换子女当饭吃,拆开尸骸当柴烧。形容战乱或灾荒时期百姓的悲惨生活。

尔虞我诈:尔,你。虞、诈,欺骗。表示彼此互相欺骗。

〔出处〕

《左传·宣公十五年》:夏五月,楚师将去宋。申犀稽首于王之马前,曰:"毋畏知死而不敢废王命,王弃言焉。"王不能答。申叔时仆,曰:"筑室反

耕者，宋必听命。"从之。宋人惧，使华元夜入楚师，登子反之床，起之，曰："寡君使元以病告，曰：'敝邑易子而食，析骸以爨。虽然，城下之盟，有以国毙，不能从也。去我三十里，唯命是听。'"子反惧，与之盟，而告王。退三十里。宋及楚平，华元为质。盟曰："我无尔诈，尔无我虞。"

〔故事〕

楚国的申舟出使齐国，他遵照楚庄王的旨意，经过宋国时没有向宋国借道，这是无视宋国的领土主权，宋国人于是就杀了申舟。很快，楚庄王发兵攻打宋国，打了九个月都没有攻破，楚军就准备撤退。楚庄王曾许诺，如果宋国杀了申舟，就出兵伐宋为其报仇，申舟的儿子申犀责备楚庄王食言，楚庄王很尴尬。

楚臣申叔时正为楚王驾车，就向楚庄王建议建筑房舍，分兵归田，以表示长期屯兵的打算，迫使宋国人屈服。宋国人害怕楚国军队在这里长期驻扎，就派华元夜里进入楚军军营，把子反从床上拉起来，告诉他说："我们的国君让我以实情相告，敝国人现在是交换着儿女杀了吃掉，把尸首拆开来烧火做饭。尽管这样，如果楚国要宋国无条件投降，签订屈辱盟约，那么宋国宁可亡国，也不答应。现在楚国如果退兵三十里，那么宋国就听楚国的。"子反很害怕，就与华元定了盟约，并报告了楚庄王。楚军退兵三十里。宋国和楚国讲和，以华元为人质，盟誓说："我不骗你，你不欺我。"

"筑室反耕"是古代围师久留的办法，后因以表示长期屯兵，没有去意，多用于军事谋略方面。"易子而食，析骸以爨"也省作"易子析骸"，多形容断粮乏食时的极端困境或惨状。"尔虞我诈"是从"我无尔诈，尔无我虞"来的，本来整句表示不欺骗，结合成一个词后词义正好相反，含有贬义，形容彼此互相玩弄。

鞭长莫及

〔释义〕

鞭长莫及：及，到。马鞭子虽长，但不能打马肚子，即便有力量,也不能用在不应该用的地方。后来比喻虽然愿意去做，但是力量达不到。

〔出处〕

《左传·宣公十五年》：楚子伐宋。宋人使乐婴齐告急于晋。晋侯欲救之。伯宗曰："不可！古人有言曰虽鞭之长，不及马腹。"

〔故事〕

楚国的申舟出使齐国，经过宋国时不借道，当时执掌宋国国务的华元为了维护国家的尊严，把申舟杀了，并且准备迎击楚国的"问罪之师"。楚庄王果然立刻发兵，但打了九个月，楚军还是没有取胜，双方相持不下。宋国派大夫乐婴齐去晋国请求出兵援助。当时晋景公倒是愿意出兵，但是大夫伯宗却不敢得罪强大的楚国，他对晋景公说："古话说'鞭子虽然长，不打马肚子'，我们哪里管得着楚国的事儿？不如暂不出兵，等楚国国势衰退以后再说。"晋景公就只派了一位大夫到宋国去安慰一番，并没有给予任何实际的援助。

"鞭长莫及"的原意表示客观上能打到马肚子,但主观上不要打马肚子,因为会伤害马,不划算。但后来"鞭长莫及"的意思变成主观上要打马肚子,但客观上够不着。比喻愿意去做,但是力量达不到。

从善如流

〔释义〕

从善如流:从,听从。善,好的,正确的。如流,像流水一样,比喻迅速。形容听取正确的意见及接受善意的规劝像流水那样畅快而自然。

〔出处〕

《左传·成公八年》:晋栾书侵蔡,遂侵楚,获申骊。楚师之还也,晋侵沈,获沈子揖初,从知、范、韩也。君子曰"从善如流",宜哉!

〔故事〕

晋国的栾书攻打蔡国,蔡国向楚国求救。楚国派公子申和公子成率军救蔡国。晋国大将赵同和赵括向栾书请战,准备率兵攻打援蔡的楚军。这时,栾书的部下知庄子、范文子、韩献子却建议收兵回国。栾书采纳了他们的建议。军中有人对此持异议,认为辅佐栾书的有十一个人,只有知庄子等三个人主张收兵,而主战的人占多数,因此应按多数人的想法行事。栾书回答:"正确的意见才能代表多数。知庄子他们是贤人,他们的正确意见便能代表多数人的想法。"于是,他下令退兵回国。过了两年,栾书率兵攻下了蔡国后,又进攻楚国,楚国败退,晋国俘获了楚国的申骊。知庄子、范文子、韩献子等人分析了具体情况后,又建议栾书暂时不要继续攻打楚国,而去攻打沈国(今河南平舆北),栾书又一次采纳了他们的建议,又俘获了沈国国君揖初。栾书能正确听取部下的意见,当时的人就称赞栾书从善如流。

"从善如流"有一个关键的前提,就是如何判断出哪个建议是"善"的。栾书的判断就很特别,虽然十一个人中有八个人主战,只有三个人主张收兵,但他听从了这三个人的意见。因为他的理念是"正确的意见才能代表多数",而不是人数多就代表正确意见。而这个前提是提建议的这三个人都是"贤人",他们提的意见应该是"善"的。他不止一次听取他们的意见,所以才说他从善如流。

蔡国(前1046~前447年),周朝封国,建都蔡(今河南上蔡西南),始封君主是周武王弟弟叔度,因叔度跟随武庚反叛,被周公放逐。蔡叔度死后,周公封他的儿子蔡仲(名胡)于蔡,重建蔡国。上蔡县是联合国地名专家组命名的"千年古县",1996年,蔡国故城被国务院公布为第四批全国重点文物保护单位,也是河南省"十大古城"之一,这里有始建于西周时期全国保存较为完好的蔡国故城墙,有古烽火台和现存建筑最早的古瓮城遗址。

甚嚣尘上

〔释义〕

甚嚣尘上：甚，很。嚣，喧嚷。人声喧嚷，尘土飞扬。原形容军中正忙于准备的状态。后来形容消息普遍流传，议论纷纷。现多指某种言论十分嚣张。

〔出处〕

《左传·成公十六年》：楚子登巢车以望晋军，子重使大宰伯州犁侍于王后。王曰："骋而左右，何也？"曰："召军吏也。""皆聚于军中矣！"曰："合谋也。""张幕矣。"曰："虔卜于先君也。""彻幕矣！"曰："将发命也。""甚嚣，且尘上矣！"曰："将塞井夷灶而为行也。""皆乘矣，左右执兵而下矣！"曰："听誓也。""战乎？"曰："未可知也。""乘而左右皆下矣！"曰："战祷也。"

〔故事〕

春秋时期，郑国背晋亲楚，晋国军队袭击郑国，郑国向楚国请求援助，楚共王亲率大军支援郑国。晋、楚两军在鄢陵（今河南鄢陵西北）相遇。这天一大早，楚军就逼近晋军摆开阵势。楚共王登上巢车，瞭望晋军。楚共王观察，伯州犁在旁边解说晋军的各种战前准备：召集军官、谋议、在先君的神主前占卜、发布命令、填井平灶、宣布号令、战前祈祷等。

"甚嚣尘上"本指晋军准备填井平灶，乱哄哄的，喧哗得很厉害，而且尘土都飞扬起来了。现在多指某种言论十分嚣张，含有贬义。

好整以暇

〔释义〕

好整以暇：好，喜欢。整，严整。以，而且。暇（xiá），不急迫。意为既严整有序又从容不迫。用于形容军队，也可用于个人。

〔出处〕

《左传·成公十六年》：栾鍼见子重之旌，请曰："楚人谓夫旌，子重之麾也。彼其子重也。日臣之使于楚也，子重问晋国之勇。臣对曰：'好以众整。'曰：'又何如？'臣对曰：'好以暇。'今两国治戎，行人不使，不可谓整。临事而食言，不可谓暇。请摄饮焉。"公许之。使行人执榼承饮，造于子重，曰："寡君乏使，使鍼御持矛。是以不得犒从者，使某摄饮。"子重曰："夫子尝与吾言于楚，必是故也，不亦识乎！"受而饮之。免使者而复鼓。

〔故事〕

晋、楚两军在鄢陵（今河南鄢陵西北）交战，晋国的栾鍼见到楚国子重的旌旗，请求晋厉公派使者去见子重，因为此前他出使楚国时，子重问起晋国军队的勇武表现在哪里，他回答说晋国军队的勇武表现在"喜好整齐，按部就班，从容不迫"。可两国兴兵，不派遣使者，不能说是按部就班；临到事情不讲信用，不能说是从容不迫。所以，栾鍼请晋厉公派人代替自己给子重进酒。晋厉公答应了，派遣使者拿着酒器和酒，到了子重那里，子重就说："他老人家一定是记着当初他说的那番话。"接酒就饮，把使者打发走，继续击鼓作战。

"好整以暇"用在个人身上，主要强调从容的姿态。

非异人任

〔释义〕

非异人任：异人，别人。任，承担。不是别人的责任。指某事应由自己负责。

〔出处〕

《左传·襄公二年》：郑成公疾，子驷请息肩于晋。公曰："楚君以郑故，亲集矢于其目，非异人任，寡人也。若背之，是弃力与言，其谁昵我？免寡人,唯二三子!"

〔故事〕

在晋楚争霸战争中,介于两强之间的郑国成为双方争夺的焦点,因而连年遭受两国的交互攻击,致使郑处于晋来降晋、楚来附楚的被动状态。郑国先是与晋国结盟,后背叛晋国,与楚国结盟。晋国兴师伐郑,郑成公向楚国求救,在晋、楚鄢陵之战中,楚军大败,楚共王被晋军射中眼睛。

后来,郑成公生病,子驷请求与晋国结盟,与楚国绝交。郑成公说:"楚国国君因为郑国的缘故,眼睛被箭射中。受到这样的灾祸,是为了我!如果现在背弃他,这是丢弃了人家的功劳和我们自己的誓言,还有谁来亲近我?使我免于毁盟的过错,就看你们几位了。"

说出"非异人任",说明郑成公是很感恩、很有担当、很讲究信用的。后用"非异人任"表示责任不能推诿,要自己负责。

众怒难犯

〔释义〕

众怒难犯:众人的愤怒难以抵挡。

〔出处〕

《左传·襄公十年》:"子孔当国,为载书,以位序,听政辟。大夫、诸司、门子弗顺,将诛之。子产止之,请为之焚书。子孔不可,曰:'为书以定国,众怒而焚之,是众为政也,国不亦难乎?'子产曰:'众怒难犯,专欲难成,合二难以安国,危之道也。不如焚书以安众,子得所欲,众亦得安,不亦可乎?专欲无成,犯众兴祸,子必从之。'乃焚书于仓门之外,众而后定。"

〔故事〕

子孔欲专郑国国政,制定盟书,要求官员各守其职,听从执政者的命令。大家纷纷表示不愿顺从。于是子孔想杀掉他们。子产出来劝阻他,并要求他烧掉这个盟约。子孔不同意,说:"制定盟书是为了治国,众人反对就烧掉它,这样就成了众人为政,国家就无法治理了。"子产说:"众人的愤怒是难以触犯的,专权的愿望也很难成功。两个问题交织在一起是十分危险的。不如烧掉誓约,使大家安定下来,你继续执政,众人疑虑也可以平息。专权独断不能成事,触犯众人就要惹祸,你一定要焚毁誓约。"子孔同意了,便在郑国城外焚毁誓约,大家的不满也就平息下来。

不贪为宝

〔释义〕

不贪为宝：表示以不贪为可贵、崇高，也表示廉洁奉公。

〔出处〕

《左传·襄公十五年》：宋人或得玉，献诸子罕。子罕弗受。献玉者曰："以示玉人，玉人以为宝也，故敢献之。"子罕曰："我以不贪为宝，尔以玉为宝，若以与我，皆丧宝也。不若人有其宝。"稽首而告曰："小人怀璧，不可以越乡。纳此以请死也。"子罕置诸其里，使玉人为之攻之，富而后使复其所。

〔故事〕

乐喜，字子罕，春秋时宋国的贤臣。在宋平公时任司城（即司空，因宋武公名司空，改名为"司城"。主管建筑工程，制造车服器械，监督手工业奴隶），位列六卿。宋国有个人得到一块美玉，把它献给子罕，子罕却不接受，说："我以'不贪'这个品德为宝，而你以这块玉为宝。你要是把这块玉给了我，那我们都失去自己的宝物了。我们都还是继续各自拥有自己的宝物吧。"最终也没有接受，并让玉工为献玉的人雕琢玉石，使他富有后归乡。

"不贪为宝"可以说是千古名言,这不但是一个官员应有的品格,而且可以保证一个官员能够善始善终,保命保身。后以此典形容清廉不贪,操守高尚。

区区小事

〔释义〕

区区小事:区区,小,少。形容很小很少的事。

〔出处〕

《左传·襄公十七年》:子罕曰:"宋国区区,而有诅有祝,祸之本也。"

〔故事〕

宋国的皇国父做太宰,给宋平公建造一座台,妨碍了农业收割。子罕请求等待农事完毕以后再建造,平公不答应。筑城的人唱歌谣称颂子罕,讽刺宋平公。子罕听到了,亲自拿着竹鞭,巡行督察筑城的人,鞭打那些不勤快的人,唱歌的人就停止不唱了。有人问他什么缘故,子罕说:"宋国虽小,既有诅咒,又有歌颂,这是祸乱的根本。"子罕的原意是,在一个小国中,君主因为祸害人民而被民众讽刺,一个官员因为维护民众利益而被称颂,会造成社会分裂和祸乱。

"区区小事"一词,形容很小很少的事。但"区区"一词却有多种意思,既可以形容数量少或不重要,也可以用作自称的谦辞,还可以表示真情实意。

班荆道故

〔释义〕

班荆道故:班,铺开。道,叙说。用荆铺在地上坐在上面谈谈过去的事情。形容老朋友在路上碰到了,坐下来谈谈别后的情况。

〔出处〕

《左传·襄公二十六年》:初楚伍参与蔡太师子朝友,其子伍举与声子相善也,伍举娶于王子牟,王子牟为申公而亡,楚人曰,伍举实送之,伍举奔郑,将遂奔晋,声子将如晋,遇之于郑郊,班荆相与食,而言复故。

〔故事〕

楚国的伍参和蔡国的太师蔡子朝是好朋友,伍参的儿子伍举和蔡子朝的儿子蔡声子也互相友好。伍举的妻子,是王子牟的女儿。王子牟受封于申(楚国地名,在今河南南阳北),所以称为申公。申公犯了罪,偷偷逃跑了。当时有人造谣说申公王子牟畏罪潜逃,是他女婿伍举通风报信的。谣言一传,伍举害怕起来,赶快躲避到郑国,但觉得还是不可靠,准备再逃到晋国去。恰巧蔡声子因公被派到晋国去,经过郑国,在郑国都城的郊外碰见了伍举。他乡遇故知,双方都出乎意料,当然非常高兴。因为郊外途中相遇,没有坐具,所以铺设荆条,席地而坐。他们边吃东西边谈起过去互相交往的种种情景来。

"班荆道故"主要是形容老朋友相逢,不拘客套礼节,随便坐下叙旧。又作"班荆道旧",或省作"班荆"。

宾至如归

〔释义〕

宾至如归:宾,客人。至,到。归,回到家中。客人到这里就像回到自己家里一样。形容招待客人热情周到。

〔出处〕

《左传·襄公三十一年》:侨闻文公之为盟主也,宫室卑庳,无观台榭,以崇大诸侯之馆……宾至如归,无宁灾患?不畏寇盗,而亦不患燥湿。

〔故事〕

子产,春秋时期著名政治家、思想家。姬姓,公孙氏,名侨,字子产,又字子美，谥成。曾当过多年国相，执掌郑国政权，开展小国外交，周旋于晋、楚两强之间，郑国以治。

公元前542年，子产辅佐郑简公出访晋国，并带去许多礼物。晋平公借口为鲁国国丧致哀，没有迎接郑伯。子产就命令随行的人员，把晋国宾馆的围墙拆掉，然后赶进车马，安放物品。晋平公派大夫士文伯到宾馆责问子产，子产回答说：郑国是小国，带着从全国搜罗来的奇珍异宝，向大国进献贡品。国君既不接见，也不告诉接见日期。过去晋文公做盟主，自己住的宫室低小，接待诸侯的宾馆却造得很高大。宾客来了事事都有人照应，晋文公也会很快接见他们。宾客到了这里，就像回到自己家里一样，没有灾患。不怕抢劫偷盗，也不担心干燥潮湿。可是现在晋国国君住的宫殿有好几里大，宾馆却像奴隶住的屋子。门口进不去车子，接见又没有确切的日期。怕礼物损坏，只好拆掉围墙。晋平公感到很惭愧，马上接见郑伯，隆重宴请，赠送丰厚礼物，并重新建造宾馆。

子产墓位于今河南省郑州、许昌两市下辖的新郑、长葛、禹州三地交界处的陉山山顶。现存墓高五米，底边周长约一百米，用红石块堆成，顶圆底方。墓门朝向郑国都城，以示不忘郑国；隧道封其后而空其前，表示内无珍宝。墓东侧建有子产庙。每年春天，周围群众都要到山顶子产墓前举行祭祀活动，至今香火不断。2016年，子产墓入选为河南省第七批省级文物保护单位。

包藏祸心

〔释义〕

包藏祸心：包藏，隐藏，包含。祸心，害人之心。心里怀着害人的恶意。

〔出处〕

《左传·昭公元年》：小国无罪，恃实其罪。将恃大国之安靖己，而无乃包藏祸心以图之。

〔故事〕

郑国大夫公孙段把女儿嫁给楚国的公子围，用结亲的方式与楚国建立友好关系。但是，公子围在副手伍举的陪同下带了许多兵马到郑国去迎亲，意图一举吞并郑国。执政大夫子产识破了他们乘机侵袭的险恶用心，就不让公子围等人住进城里的馆舍，并派子羽对公子围说要在城外举行迎亲仪式。公子围很不满意，子羽就说："我们郑国是小国，没有罪过；希望依赖大国而不加防备，那才是小国的罪过。本想通过联姻让自己得到安宁，可楚国作为大国却怀着害人的心来打我们的主意，这是行不通的。"并警告说如果郑国这次上当，将来各国诸侯都会对楚国严加防备。伍举知道郑国有了防备，否认有入侵郑国的意图，因此仍要入城，但是请求倒转弓袋子进入国都，以示未携带武器，郑国才同意了。

"包藏祸心"主要形容外表不露声色，暗中害人。

数典忘祖

〔释义〕

数典忘祖：数（shǔ），数着说。典，指历来的制度、事迹。谈论历来的制度、事迹时，把自己祖先的职守都忘了。比喻忘本，也比喻对于本国历史的无知。

〔出处〕

《左传·昭公十五年》：籍谈不能对。宾出，王曰："籍父其无后乎！数典而忘其祖。"

〔故事〕

平王东迁后，周王朝的势力渐趋衰落，一些较为强大的诸侯国开始对周王室不敬起来。有一次，周王室的王后去世，晋国以荀跞和籍谈为使节前去吊唁，却并没有带什么贡品。葬礼结束后，周景王设宴款待两个人，宴席中所用的酒壶是鲁国进贡的，于是故意问道："各诸侯国都会进贡一些物品给王室，为什么独独晋国没有？"籍谈回答说："晋国没有得到过王室的赏赐和照顾，所以没有东西可用来贡献。"景王听了颇不以为然，细数从晋国祖先开始，周朝王室曾经赠予的种种赏赐，并批评籍谈说："你的高祖孙伯黡掌管晋国的典籍，用来主持国家大事，所以称为籍氏。等辛有的第二个儿子董到了晋国，晋国才有董氏的史官。你是司典的后代，怎么忘了呢？"籍谈听了无话可说。客人退出去以后，周景王说："籍谈的后代恐怕不能享有禄位了吧！举出了典故却忘记了祖宗。"后来就用"数典忘祖"比喻忘掉自己本来的情况或事物的本源，含有贬义。

宽猛相济

〔释义〕

宽猛相济：宽，宽容。猛，严厉，猛烈。济，相辅而行。指政治措施要宽和严互相补充。

〔出处〕

《左传·昭公二十年》：仲尼曰："善哉！政宽则民慢，慢则纠之以猛。猛则民残，残则施之以宽。宽以济猛，猛以济宽，政是以和。"

〔故事〕

郑国的国相子产生了病，去世前他对将会接替他的太叔说：只有有德行的人才能用宽和的方法执政，差一等的人不如用严厉的方法，就像人不怕水而怕火是一样的道理，用宽和的方法治理国家是很难的。太叔执政后不忍心严厉，用宽和的方法施政，结果郑国的盗贼很多，聚集在崔苻的湖沼中。他很后悔没有听从子产的话，就派兵攻打那里的盗贼，把他们全部杀掉，盗贼才有所收敛。孔子总结说：施政宽和，百姓就怠慢，百姓怠慢就得用严厉的措施来纠正；施政严厉，百姓就会受到伤害，百姓受到伤害就得用宽和的方法抚慰。宽和用来调节严厉，严厉用来调节宽和，政事就和谐了。

"宽猛相济"启发我们，凡事都有两面，必须相互调剂，才能和谐。古人很早就认识到了这一点，并且一直注意并提倡在相反的两个方面之间寻求平衡。按照传统的观点，失去平衡，偏重一方面，忽视另一方面，事情就会出毛病。阴阳调和，刚柔相济，事情就会顺利发展，兴旺发达。

先声夺人

〔释义〕

先声夺人：声，声势。夺，动摇。人，人心。先张扬自己的声势以压倒对方，也比喻做事抢先一步。

〔出处〕

《左传·昭公二十一年》：冬十月，华登以吴师救华氏。齐乌枝鸣戍宋。厨人濮曰："《军志》有之：'先人有夺人之心，后人有待其衰。'盍及其劳且未定也伐诸？若入而固，则华氏众矣，悔无及也。"从之。

〔故事〕

宋国的司马华费遂有三个儿子：华豸区、华多僚和华登。华多僚得到国君宋元公的信任，就经常在元公面前说两个弟兄的坏话。华登被迫逃亡到国外，华豸区杀了华多僚并召集逃亡的人一起反叛宋国。元公请齐国的乌枝鸣帮助守卫城池。

这年冬天，逃亡在外的华登带领吴国的一支军队前来支持华豸区攻打宋国。眼看华登的队伍快要来到，厨邑大夫濮对乌枝鸣说：先向敌人进攻可以摧毁敌人的士气，后向敌人进攻要等待他们士气衰竭。他建议趁华登的军队很疲劳，还没有安定而进攻他们。乌枝鸣听从了他的建议。结果，宋国和齐国的联军击败了吴军，俘虏了两个将领。

"先声夺人"表示要先造成声势，扬己声威，以破坏敌人的士气，常用于斗争。

中流砥柱

〔释义〕

中流砥柱：中流，水流的中央。砥柱，山名，在今河南三门峡东，屹立于黄河激流中，矗立如柱，故名。黄河激流中的砥柱山。比喻坚强的、能起支柱作用的人或集体。

〔出处〕

《晏子春秋·谏下二四》：古冶子曰："吾尝从君济于河，鼋衔左骖以入砥柱之中流。当是时也，冶少不能游，潜行逆流百步，顺流九里，得鼋而杀之。"

〔故事〕

齐景公的勇士古冶子夸耀自己的勇力，说："我曾和君王一起渡过黄河，有大鼋咬住左边拉车的马潜入砥柱山下的暗礁激流中，那时我还不会游泳，就潜入水中逆水前进，又顺流走了九里，捉到大鼋并杀了它。"

砥柱山，又称底柱山、三门山。据《尚书》《水经注》《元和志》等书记载，上古时期，这座山堵塞了黄河河道，河水不能畅通。夏禹治水时，凿宽山两侧的河道，使河水分流而过，而山就像一根高大的石柱矗立在黄河激流之中，由此得名"砥柱山"。或说夏禹凿山时，有二石见于水中，矗立如柱，河水至此分为三派，于是又叫三门山。三门峡的名称由此而来。黄河流经此地，水流凶险，船只经过时常有触礁遇难的事故，但河水直冲砥柱山时，砥柱山巍然屹立，毫不动摇。因此，古人便用"中流砥柱"来比喻在艰难险恶动荡的环境中起巨大支持作用的力量和人物。

人弃我取

〔释义〕

人弃我取：别人抛弃，我拾起来。原指商人廉价收买滞销物品，待涨价卖出获利。用来表示不跟别人争，仍然有好处。后来指自己志趣、见地与他人不同。

〔出处〕

《史记·货殖列传》：白圭，周人也。当魏文侯时，李克务尽地力，而白圭乐观时变，故人弃我取，人取我与。

〔故事〕

白圭是战国时期洛阳人，名丹，字圭。魏文侯时，他主张采取"人弃我取,人取我与"的办法,经商致富。在丰收时收进粮食,出售丝、漆;蚕茧出产时,收进帛、絮,出售粮食。他认为,经商必须要掌握时机,运用智谋,如同伊尹、吕尚伐谋,孙、吴用兵,商鞅行法一样。景德四年(1007),宋真宗封白圭为商圣;民间称他为人间财神,并设神牌供奉。

河南洛阳东北邙山葛家岭有白圭墓,汉代一些富商在此为他建庙,名叫商祖庙。现存宋代白居易五世孙白慕圣立的"商圣白圭之墓"巨碑一通,碑楼为明代白良辅所修,有《重修治生祖碑记》。

任重致远

〔释义〕

任重致远:指负载沉重而能到达远方。后比喻抱负远大,能闯出新的前景,做出宏伟的业绩。

〔出处〕

《墨子·亲士》:良弓难张,然可以及高入深;良马难乘,然可以任重致远;良才难令,然可以致君见尊。

〔故事〕

墨子,名翟,战国初期宋国(今河南商丘)人,一说鲁阳(今河南鲁山)

人,一说滕国(今山东滕州)人。他是墨家学派的创始人,也是战国时期著名的思想家、教育家、科学家、军事家。墨子学说在当时影响很大,与儒家并称"显学"。在当时的百家争鸣中,有"非儒即墨"之称。

墨子认为国君要做到亲士用贤,除了要有爱士之心外,还必须具备宽容、体谅的态度,广泛吸纳各色人才,让他们各抒己见,各显其能。所以他说:良弓不容易张开,但可以射得高没得深;良马不容易乘坐,但可以载得重行得远;好的人才不容易驾驭,但可以使国君受人尊重。这三句话的意思一样,指好的器物或者才高之人都有难易驾驭的一面,但如能使用,均能发挥很大的功用。

"任重致远"也作"致远任重",指只有良马才能负重又能进行长距离的艰苦跋涉。比喻才干卓越,可任大事。含有褒义,多用于鼓励勤奋进取。

2013年,中国民协经过考察论证,认为鲁山县是中国古代伟大思想家墨子故里,决定命名鲁山县为"中国墨子文化之乡",并在鲁山建立"中国墨子文化研究中心"。

功成名遂

〔释义〕

功成名遂:遂,成就。功绩建立了,名声也有了。

〔出处〕

《墨子·修身》：名不徒生，而誉不自长。功成名遂，名誉不可虚假，反之身者也。

〔故事〕

墨子认为，品行是为人治国的根本，君子必须以品德修养为重。这个根本树立得不牢固，就不能成就功业。

墨子举例说，源头浑浊的江河，水流不会清澈；行为不诚实的人，名声必然败坏。名声不会无缘无故地产生，赞誉也不会自己增长。功绩建立了，名声自然也就有了，但名誉不能是虚假的，必须要反躬自律，用内在修为做支撑。出力多而自夸功劳，虽然劳苦但却不可取；心里明白而不多说，努力做事而不夸说自己的功劳，才能名扬天下。总之，君子需身体力行，才能得到名声和荣誉。

"功成名遂"主要是说"名"来自"功"，而"功"的根本是修身，否则就会功不成，名不就。后以"功成名遂"指功绩与名声都已取得，李白《杂曲歌辞·悲歌》中便有："范子何曾爱五湖，功成名遂身自退。"又作"功成名就"。

苍黄翻覆

〔释义〕

苍黄翻覆：苍黄，青色和黄色。翻覆，反复无常。比喻变化不定，反复无常。

〔出处〕

《墨子·所染》：子墨子言见染丝者而叹曰："染于苍则苍，染于黄则黄。所入者变，其色亦变。五入而已，为五色矣。故染不可不慎也！"

〔故事〕

墨子见人染丝，感叹说：用青色染丝就变成青色，用黄色染丝就变成黄色。染料变了，丝色也随之而变。放入五种染料，丝就呈现五种颜色。

墨子以染丝为喻，认为治国处世如同染丝一样。对国家来说，国君周围之人对他的影响与国家治乱关系密切；对个人来说，交友得当是个人荣辱成败的关键。譬如，舜被许由、伯阳所染，禹被皋陶、伯益所染，汤被伊尹、仲虺所染，武王被太公、周公所染。这四位君主因为所染得当，所以能称王于天下，功盖四方，为天下人所称赞。人性就像丝，一定要谨慎选择所染的颜色。

后用"苍黄翻覆"比喻变化无常。南朝齐孔稚珪《北山移文》:"岂期终始参差,苍黄翻覆,泪翟子之悲,恸朱公之哭,乍回迹以心染,或先贞而后黩,何其谬哉!"

以人为镜

〔释义〕

以人为镜:把别人的成败得失作为自己的借鉴。

〔出处〕

《墨子·非攻中》:古者有语曰:"君子不镜于水而镜于人。镜于水,见面之容;镜于人,则知吉与凶。"

〔故事〕

春秋末期,中原霸主晋国内部四分五裂,实权被智氏、范氏、中行氏、赵氏、韩氏、魏氏六家把持,不断互相攻伐。智氏的智伯瑶先后灭了范氏和中行氏,又会合韩康子和魏桓子的兵马,进攻赵襄子。这时,韩康子和魏桓子商议,认为赵氏现在的命运,就是他们两家将来的命运。只有赵氏、韩氏、魏氏三家联合起来,共同打败智伯瑶,才能保证自己的安全。于是韩、魏两家与赵氏里应外合，内外夹击打败了智伯瑶，三家共同瓜分了智氏的土地，壮大了自己，后来都成为战国七雄。

墨子引此事例评论说：有才德的人，不以水为镜子，而是以人为镜子。因为以水为镜子只能照见自己的面容，而以人为镜子才能知道怎样做对自己有利，怎样做对自己不利。如果现在有人认为攻战有利，为何不把智伯瑶失败的事当作借鉴呢？这件事情的不吉而凶，已经可以知道了。

后来还有"以铜为镜，可以正衣冠；以古为镜，可以知兴衰"的说法，是同一个道理。"以人为镜"有时也作"以人为鉴"，鉴是古代的盛水器，有时盛水当镜子用。

避毁就誉

〔释义〕

避毁就誉：回避诋毁而追求称誉。

〔出处〕

《墨子·耕柱》：子墨子曰："去之苟道，受狂何伤！古者周公旦非关叔，辞三公，东处于商盖，人皆谓之狂，后世称其德，扬其名，至今不息。且翟闻之：'为义非避毁就誉。'去之苟道，受狂何伤！"

〔故事〕

墨子的学生高石子在卫国做官，卫国国君给他的俸禄很优厚，安排他在卿的爵位上。高石子多次给卫君谈论自己的主张，每次都谈得很透彻，但是卫君毫不采纳。于是高石子离开卫国到了齐国，认为卫君肯定以为他非常狂妄。墨子说：假如离开是符合原则的，承受狂妄的指责没有什么不好，行道义不能回避诋毁而追求称誉。

墨子强调，让自己的言行遵循道义，是为人应有的品格，既不是为了避免他人的毁谤，也不是为了沽名钓誉。这重在说明"义"为第一，"利"为第二，宁可舍利取义，不能舍义取利。

以卵投石

〔释义〕

以卵投石：拿鸡蛋去碰石头。比喻不估计自己的力量，自取灭亡。

〔出处〕

《墨子·贵义》：子墨子曰："吾言足用矣，舍言革思者，是犹舍获而攈粟也。以其言非吾言者，是犹以卵投石也，尽天下之卵，其石犹是也，不可毁也。"

〔故事〕

墨子说:"我的言论是完全可以实施的。如果舍弃我的主张,改变思想,就好像放弃收割,去拾取别人的谷穗一样。如果用别人的言论来否定我的言论,像用鸡蛋来砸石头一样,砸尽天下的鸡蛋,石头还是老样子。我的学说是不能否定的。"

墨子以鸡蛋砸石头为喻,强调了自己学说的正确性。"以卵投石"也作"以卵击石",明罗贯中《三国演义》第四十三回:"刘豫州不识天时,强欲与争,正如以卵击石,安得不败乎?"

墨守成规

〔释义〕

墨守成规:墨守,战国时墨翟善于守城,因用"墨守"表示善守者。成规,现成的或久已通行的规则、方法。现指思想保守,守着老规矩不肯改变。

〔出处〕

《墨子·公输》:公输盘为楚造云梯之械,成,将以攻宋。子墨子闻之,起于齐,行十日十夜而至于郢,见公输盘。……子墨子解带为城,以牒为械,公输盘九设攻城之机变,子墨子九距之,公输盘之攻械尽,子墨子之守圉有余。公输盘诎，而曰："吾知所以距子矣，吾不言。"子墨子亦曰："吾知子所以距我，吾不言。"楚王问其故，子墨子曰："公输子之意，不过欲杀臣。杀臣，宋莫能守，可攻也。然臣之弟子禽滑厘等三百人，已持臣守圉之器，在宋城上而待楚寇矣。虽杀臣，不能绝也。"楚王曰："善哉！吾请无攻宋矣。"

《战国策·齐策六》：今公又以弊聊之民，距全齐之兵，期年不解，是墨翟之守也。

〔故事〕

战国时期，楚国要攻打宋国，鲁班（公输盘）为楚国特地设计制造了一种云梯，准备攻城时用。宋国人墨子得到这个消息，急忙赶到楚国去劝阻。墨子竭力说服楚王和鲁班不要攻打宋国，楚王不听，并说已做好了攻城器械，想在实战中试试它的威力。

墨子说："那好，咱们就当场试试吧。"说着，解下衣带，围作城墙，用木片作为武器，让鲁班同他分别代表攻守两方进行演练。鲁班多次使用不同方法攻城，都被墨子挡住了。鲁班攻城的器械已经使尽，而墨子守城的计策还绰绰有余。鲁班不肯认输，说道："我有办法对付你，但是我不说。"墨子说："我知道你要怎样对付我，但是我也不说。"楚王听不懂，问是什么意思。墨子说："公输子是想杀了我。他以为杀了我，就没有人帮宋国守城了。他哪里知道，我的门徒三百人，早已守在那里等着你们去进攻。"楚王叹了一口气，无奈地说："好吧，我们取消攻打宋国的计划。"

后世依其事形成"墨守"一词，原指墨子守城有一定之规，但这里"守"一般不再指守城，而是指守旧规矩。后多用作固执而不知变通之意。又因为墨子善守，后来就把牢守称为"墨守"。

白虹贯日

〔释义〕

白虹贯日：白色的长虹穿日而过。实际上这不是虹而是晕，是一种大气光学现象。古人认为是君王蒙难或精诚感天的天象。

〔出处〕

《战国策·魏策四》：夫专诸之刺王僚也，彗星袭月；聂政之刺韩傀也，白虹贯日；要离之刺庆忌也，仓鹰击于殿上。

《史记·鲁仲连邹阳列传》：昔者荆轲慕燕丹之义，白虹贯日，太子畏之。

〔故事〕

聂政、荆轲是战国时期著名的刺客。聂政是韩国轵（今河南济源东南）人，为躲避仇家，与母亲、姐姐到齐国生活，以屠狗为业。韩国大臣严仲子奉事韩哀侯，与国相韩傀（即侠累）结怨，怕韩傀杀他，便周游列国，寻求可以为他报仇的人。他来到齐国，听说聂政这个人，便与其交往。聂政感于严仲子的知遇之恩，在母亲去世后，只身前往韩国刺杀韩傀，事成后毁容自杀。

荆轲是卫国朝歌人，爱好读书、击剑，慷慨任侠，游历到燕国后，与燕国处士田光先生友善。燕太子丹在秦国做人质，不受善待，心有怨恨，于是逃回燕国，而秦国出兵蚕食各诸侯国，已迫近燕国。太子丹震惧，欲令人刺杀秦王，田光先生推荐了荆轲。荆轲以秦国叛将樊於期之头及燕督亢地图进献秦王，伺机行刺，可惜刺秦王不中，失败被杀。

聂政刺韩傀及荆轲刺秦王时，都有白色长虹贯穿太阳的传说。白虹不是七色的虹，据学者考证，它属于日晕、幻日之类的大气光学现象。在一定大气条件下，太阳周围会显出内侧红色的同心大光圈，即日晕，有时太阳两侧同一高度似乎还各有一个太阳，即幻日，一条明亮的白色水平线贯穿它们，这就是长虹贯日。所以，白虹实际上就是幻日环，古人称为"弥"，这种景象大多出现在天寒时节。聂政刺韩傀，据说在三月，而荆轲刺秦王，正值"风萧萧兮易水寒"，都符合"白虹贯日"的时令。

古代的星占家经常利用日月五星的位置变化以及各种天象来占卜个人、国家的吉凶祸福，"彗星袭月""白虹贯日"等都是非常罕见的天象，往往终生难遇，因此也被赋予特殊的含义。据星占术，日、月是君象，代表君主或执政的卿相，而白色主丧，故白虹是兵象，预示着臣下将加兵于君主。把天象与人事推导出因果关系，这是古人的一种"迷信"，但同时也反映出古代天文学的发达，可做辩证地认识。

河南济源轵城镇坐落在历史悠久的古轵国遗址上。轵城，春秋时期为轵国，战国时期先为韩都，后为魏之重镇。轵城镇古迹颇多，如大明寺、聂政墓、关帝庙、轵国古址等，其中大明寺为国家级文物保护单位。

围魏救赵

〔释义〕

围魏救赵：原指战国时齐军用围攻魏国的方法，迫使魏国撤回进攻赵国的部队而使赵国得救。后指袭击敌人后方的据点以迫使进攻之敌撤退的战术。

〔出处〕

《史记·孙子吴起列传》：其后魏伐赵，赵急，请救于齐。……于是乃以田忌为将，而孙子为师，居辎车中，坐为计谋。田忌欲引兵之赵，孙子曰："夫解杂乱纷纠者不控拳，救斗者不搏撠，批亢捣虚，形格势禁，则自为解耳。今梁赵相攻，轻兵锐卒必竭于外，老弱罢于内。君不若引兵疾走大梁，据其街路，冲其方虚，彼必释赵而自救。是我一举解赵之围而收弊于魏也。"田忌从之，魏果去邯郸，与齐战于桂陵，大破梁军。

〔故事〕

公元前354年，魏惠王想报中山被夺走的旧仇，就派大将庞涓前去攻打赵国。中山原本是东周时期魏国北邻的小国，被魏国收服，后来赵国乘魏国国丧期间伺机将中山强占了。魏将庞涓认为中山不过弹丸之地，距离赵国又很近，不如直接攻打赵国的都城邯郸。魏王听从了这个建议，感觉霸业要从此开始了，就拨了五百辆战车，以庞涓为将，直奔赵国，围住了赵国的都城邯郸。赵王急难中只好求救于齐国，并许诺解围后以中山相赠。齐威王命令田忌为将，孙膑为军师。田忌本来想率军直抵赵国，孙膑说："解开纠缠在一起的绳子就不能攥着拳头，劝架的人不能参与打架。现在两国相争，魏国的精锐部队都在国外，老弱残兵留在国内。您不如领兵奔向魏国都城大梁（今河南开封），占据街路，进攻他空虚的地方，魏国必定放弃赵国回来自救。这样，我们一举两得，既解救了赵国之围，又从魏国谋得了利益。"田忌依计而行。魏军果然离开赵国都城邯郸，齐军在桂陵大破魏军。

"围魏救赵"是兵法三十六计之一，是我国古代宝贵的战争谋略，具有重要的借鉴意义。

南门立木　家给人足

〔释义〕

南门立木：立木，竖木于地上。用具体事实来证明新的法令、制度一定要推行开来。多用于形容取信于民。

家给人足：给，富裕，充足。家家户户丰衣足食。

〔出处〕

《史记·商君列传》：令既具，未布，恐民之不信已，乃立三丈之木于国都市南门，募民有能徙置北门者予十金，民怪之，莫敢徙。……道不拾遗，山无盗贼，家给人足。

〔故事〕

商鞅是战国时期政治家、改革家、思想家，法家代表人物，卫国人，公孙氏，又称卫鞅、公孙鞅。又因为在秦国与魏国的河西之战中立功获封商于十五邑，号为商君，故称之为商鞅。

因为在魏国得不到重用，而秦孝公奋发图强、求贤若渴，商鞅就到秦国帮助变法。变法条令已经准备就绪，还没公布，商鞅担心百姓不相信自己，于是在国都集市的南门竖起一根三丈高的木头，招募能把这根木头搬到北门的人，能做到者赏十金。百姓对此感到奇怪，不敢去搬。商鞅就又说："能搬木头到北门的人赏五十金。"有一个人试着搬了木头，他就立即给了这个人五十金，用来表明不欺骗百姓。最后，商鞅顺利颁布了那些法令。新法推行了十年，秦国百姓都非常高兴，没有人把路上拾的别人丢失的东西占为己有，山林里也没了盗贼，家家户户富裕充足。

"南门立木"成为取信于民的成语典故。

作法自毙

〔释义〕

作法自毙：原指商鞅自己立法反而使自己受害，后泛指自作自受。

〔出处〕

《史记·商君列传》：商君亡至关下，欲舍客舍，客人不知其是商君也，曰："商君之法，舍人无验者，坐之。"商君喟然叹曰："嗟乎！为法之敝一至此哉！"

〔故事〕

商鞅在秦国开始推行新法时，太子带头违反，结果商鞅正好抓住这个典型。但太子是未来的国君，不能用刑，就让太子的老师代他受刑。商鞅为了新法能得以实施，就请示秦孝公，依法严厉地做了处置。太子的两个老师，一个叫公子虔，被割了鼻子，就是劓刑；一个叫公孙贾，被在脸上刺了字，就是墨刑。太子曾为老师说情，但无济于事，遂对商鞅恨之入骨，必欲除之而后快。

孝公在位二十四年驾崩，太子嗣位，史称秦惠文王。公子虔一班人就告发商鞅要造反，派人去逮捕商鞅。商鞅逃跑到边境关口，想住旅店。旅店的主人不知道他就是商鞅,说:"商君有令,住店的人没有证件店主要连带判罪。"商鞅长长地叹息说:"制定新法的坏处竟然到了这样的地步!"后来,秦惠文王诛灭了商鞅全家。

四分五裂

〔释义〕

四分五裂:形容不完整,不集中,不团结,不统一。

〔出处〕

《战国策·魏策一》:张仪为秦连横,说魏王曰:"魏地方不至千里,卒不过三十万。……魏之地势,故战场也。魏南与楚而不与齐,则齐攻其东;东与齐而不与赵,则赵攻其北;不合于韩,则韩攻其西;不亲于楚,则楚攻其南。此所谓四分五裂之道也。"

〔故事〕

战国后期,秦国经过商鞅变法后日益强大,其他诸侯国害怕秦国强大,就采取合纵的办法联合抗秦。秦惠王任用魏国人张仪为相,到各国宣扬连横的策略,离间六国,威胁和引诱六国依附秦国。

张仪游说魏襄王,先从大梁的地形说起,说魏国的领土方圆不到一千里，士兵不超过三十万人。四周地势平坦，与四方诸侯交通便利，没有高山深川的阻隔。魏国离郑国、陈国很近，四边与楚国、韩国、赵国、齐国相邻，魏国士兵要守卫四方边界，需要不少于十万的兵力。就地势来说，魏国原本就是适合作战的地方。如果魏国向南亲近楚国而不亲近齐国，那齐国就会进攻魏国的东面；向东亲附齐国而不亲附赵国，那赵国就会由北面来进攻魏国；不和韩国联合，那么韩国就会攻打魏国西面；不和楚国亲善，那南面就会危险了。这就是人们所说的四分五裂的地理位置。

张仪接着又指出合纵办法不靠谱，秦国最想削弱的是楚国，而不是魏国，魏国最好与秦国结盟，攻打楚国。

魏襄王被张仪说动，表示愿意做秦国东方的藩臣，给秦王修建行宫，接受秦国的封赏，春秋两季贡献祭品，并献上河外的土地。

三人成虎

〔释义〕

三人成虎：三个人谎报街市上有老虎，听的人就信以为真。比喻说的人多了，人们就会把谣言当作事实。

〔出处〕

《战国策·魏策二》：庞恭与太子质于邯郸，谓魏王曰："今一人言市有虎,王信之乎?"王曰:"否。""二人言市有虎,王信之乎?"王曰:"寡人疑之矣。""三人言市有虎,王信之乎?"王曰:"寡人信之矣。"庞恭曰:"夫市之无虎明矣,然而三人言而成虎。今邯郸去大梁也远于市,而议臣者过于三人矣。愿王察之矣。"王曰:"寡人自为知。"于是辞行,而谗言先至。后太子罢质,果不得见。

〔故事〕

　　魏臣庞恭要陪太子到赵国去做人质,临行前对魏王说:"现在,如果有一个人说街市上有老虎,大王相信吗?"魏王说:"不相信。"庞恭说:"如果有两个人说街市上有老虎,大王相信吗?"魏王说:"那我就要疑惑了。"庞恭又说:"如果三个人说街市上有老虎,大王相信吗?"魏王说:"那我就会相信了。"庞恭说:"街市上不会有老虎那是很清楚的,但是三个人说有老虎,就像真有老虎了。如今邯郸离大梁比我们到街市远得多,而非议我的人超过了三个。希望您能明察秋毫。"魏王说:"我知道该怎么办。"于是庞恭告辞而去。

　　魏王当时说自己能辨别是非,但最终还是相信了小人的谗言。后来太子结束了人质的生活,庞恭果真没有受到魏王的接见。

南辕北辙

〔释义〕

南辕北辙：辕向南而辙向北。比喻行动和目的相抵触。

〔出处〕

《战国策·魏策四》：魏王欲攻邯郸，季梁闻之，中道而反，衣焦不申，头尘不去，往见王曰："今者臣来，见人于大行，方北面而持其驾，告臣曰：'我欲之楚。'臣曰：'君之楚，将奚为北面？'曰：'吾马良。'臣曰：'马虽良，此非楚之路也。'曰：'吾用多。'臣曰：'用虽多，此非楚之路也。'曰：'吾御者善。'此数者愈善，而离楚愈远耳！今王动欲成霸王，举欲信于天下。恃王国之大，兵之精锐，而攻邯郸，以广地尊名，王之动愈数，而离王愈远耳。犹至楚而北行也。"

〔故事〕

魏王准备进攻赵国的邯郸。季梁听说了，连忙进见魏王说："我今天来上朝的时候，在大路上遇见了一个人，正在驾着他的车向北走，他告诉我说：'我想到楚国去。'我说：'您到楚国去，为什么往北走呢？'他说：'我的马很好。'我说：'你的马虽然很好，但这不是去楚国的路。'他说：'我的路费很多。'我说：'你的路费虽然多，但这不是去楚国的路。'他说：'我的马夫善于驾车。'这几个条件越好，离楚国就越远。如今大王您想要成就霸业，一举一动都要取信于天下，才能树立权威，让天下人臣服。如果仗着自己的国家强大，去进攻邯郸，扩充土地，不仅不能树立威信，而且还会像那个要去南方的人反而向北走一样，只能离目标越来越远。"魏王觉得季梁说得有道理，就停止了攻打邯郸的计划。

与民同乐

〔释义〕

与民同乐：原指君主施行仁政，与百姓休戚与共，同享欢乐。后泛指领导与群众一起游乐，共享幸福。

〔出处〕

《孟子·梁惠王上》：孟子见梁惠王，王立于沼上，顾鸿雁麋鹿，曰："贤者亦乐此乎？"孟子对曰："贤者而后乐此，不贤者虽有此，不乐也。《诗》云：'经始灵台，经之营之，庶民攻之，不日成之。经始勿亟，庶民子来。王在灵囿，麀鹿攸伏，麀鹿濯濯，白鸟鹤鹤。王在灵沼，于牣鱼跃。'文王以民力为台为沼。而民欢乐之，谓其台曰灵台，谓其沼曰灵沼，乐其有麋鹿鱼鳖。古之人与民偕乐，故能乐也。《汤誓》曰：'时日害丧？予及女偕亡。'

民欲与之偕亡,虽有台池鸟兽,岂能独乐哉?"

〔故事〕

梁惠王即战国时魏国国君魏惠王魏䓨(yīng),公元前369至前319年在位。魏国原来的都城在安邑(今山西夏县西北),迫于秦国的压力,迁都大梁(今河南开封),所以魏也被称为梁,魏惠王也被称为梁惠王。梁惠王二十六年(公元前344)召集逢泽(今河南开封东南)之会,自称为王。"惠"是他死后的谥号。

孟子拜见梁惠王,梁惠王正站在池塘边上观赏鸿雁和麋鹿,问孟子贤人是否也对此感到快乐。孟子回答:只有贤人才能感受到这种快乐,不贤的人即使拥有珍禽异兽,也不会真正感受到快乐。周文王曾动用民众的劳力建高台、挖深池,民众乐意去做,干活非常积极,为灵台中有麋鹿、灵沼中有鱼鳖感到十分快乐。古代的贤君与民同乐,所以能享受到真正的快乐。而如夏桀,民众恨不得跟他同归于尽,他纵使有高台美池、奇珍异兽,也不能独自享受。

"与民同乐"是孟子仁政的一部分。他提倡与民同乐是从人性的共通性上来说的,君王喜欢的,人民也喜欢;如果君王为了自己的快乐而剥夺人民的快乐,把自己的快乐建立在人民痛苦的基础上,那么他最终也享受不到快乐。

五十步笑百步

〔释义〕

五十步笑百步：败逃五十步的人讥笑败逃一百步的人。比喻自己跟别人有同样的缺点错误，只是程度上轻一些，却毫无自知之明地去讥笑别人。

〔出处〕

《孟子·梁惠王上》：孟子对曰："王好战，请以战喻。填然鼓之，兵刃既接，弃甲曳兵而走。或百步而后止，或五十步而后止。以五十步笑百步，则何如？"曰："不可，直不百步耳，是亦走也。"

〔故事〕

梁惠王对孟子诉苦，说他对于国家已经够尽心的了。考察邻国的政务，没有哪个国君能像他这样为百姓操心，但是邻国的人口并没有减少，而魏国的人口并没有增多，不知道是什么缘故。孟子给梁惠王打了个比方：打仗时士兵丢盔弃甲，拖着兵器逃跑。有的逃了一百步停下来，有的逃了五十步停下来。逃了五十步的那个人就嘲笑那个逃了一百步的人，说他不中用。梁惠王说：他们同样是逃跑，只不过后面的逃了不到一百步罢了。

他打这个比方的意思是，梁惠王所做的与当时其他国君差不多，只强了那么一点点，没有笑话别人的资格。"五十步笑百步"表达了孟子主张王道，提倡礼乐，反对霸道，反对战争的政治理念。意在说明，只有施行王道，才是正道，才能达到期待的目的。

后用"五十步笑百步"来比喻讥笑别人犯错时，自己亦犯了同样的错误，只是程度轻一点。有时省作"五十笑百"。

揠苗助长

〔释义〕

揠苗助长：揠（yà），拔。把苗拔起，以助其生长。比喻违反事物发展的客观规律，急于求成，反而把事情弄糟。

〔出处〕

《孟子·公孙丑上》：宋人有闵其苗之不长而揠之者，芒芒然归，谓其人曰："今日病矣，予助苗长矣。"其子趋而往视之，苗则槁矣。

〔故事〕

宋国有个人，担心他的禾苗不长，就去把禾苗一棵棵拔高，然后昏昏沉沉地回到家中，对家里人说：今天累极了，帮助禾苗长高了。他的儿子赶忙跑到田里去看，禾苗已经枯死了。

"欲速则不达",做事急于求成,不讲方法,违背事物发展客观规律,纵使有良好的愿望和热情,也只会坏事。宋吕本中《紫微杂说》:"学问功夫,全在浃洽涵养蕴蓄之久,左右采择,一旦冰释理顺,自然逢源矣,非如人强袭取之,揠苗助长,苦心极力,卒无所得也。"又作"拔苗助长"。

二者必居其一

〔释义〕

二者必居其一:居,占。只能在两者中选择其中的一种。

〔出处〕

《孟子·公孙丑下》:陈臻问曰:"前日于齐,王馈兼金一百而不受;于宋,馈赠七十镒而受;于薛,馈五十镒而受。前日之不受是,则今日之受非也。今日之受是,则前日之不受非也。夫子必居一于此矣。"孟子曰:"皆是也。当在宋也,予将有远行,行者必以赆,辞曰'馈赆',予何为不受?当在薛也,予有戒心,辞曰'闻戒,故为兵馈之',予何为不受?若于齐,则未有处也,无处而馈之,是货之也,焉有君子而可以货取乎?"

〔故事〕

孟子带学生周游列国。齐王送他一百金,他推辞不受,而到了宋国却接受七十金,到了薛国又接受了五十金。孟子的学生陈臻对此不解,认为如果先前不接受是对的,则后面接受就是错的;如果后面接受是对的,先前不接受就是错的。这两种情况,必定有一个是错的。

孟子解释说:在宋国时,由于要远行,宋王说送点盘缠,因此就接受了;在薛地时,路上有危险,需要戒备,薛君说送点买兵器的钱,因此也接受了;至于在齐国,则没有任何理由,没有理由却要送钱,这等于是收买,因此就没有接受。所以,他的行为都是正确的。

"二者必居其一"本指在只有两个选择项的前提下,必定有一个是符合条件的选项。这个故事中陈臻的说法实际上是一个"两难推论",属于形式逻辑,缺乏辩证逻辑的灵活性,不能解决具有特殊性的问题。孟子则能具体问题具体分析,不同情况区别对待。用孟子自己的话说,这叫"通权达变"。

一傅众咻

〔释义〕

一傅众咻:傅,教导。咻(xiū),喧闹。一人施教而众人喧扰,不会有成效。形容由于环境的干扰,做事难以取得成绩。也比喻不好的环境对人影响很大。

〔出处〕

《孟子·滕文公下》：孟子谓戴不胜曰："子欲子之王之善与？我明告子。有楚大夫于此，欲其子之齐语也，则使齐人傅诸？使楚人傅诸？"曰："使齐人傅之。"曰："一齐人傅之，众楚人咻之，虽日挞而求其齐也，不可得矣；引而置之庄岳之间数年，虽日挞而求其楚，亦不可得矣。子谓薛居州，善士也。使之居于王所。在于王所者，长幼卑尊，皆薛居州也，王谁与为不善？在王所者，长幼卑尊，皆非薛居州也，王谁与为善？一薛居州，独如宋王何？"

〔故事〕

宋国的臣子戴不胜认为薛居州是善士，想让他住在王宫中，引导君王向善。孟子给戴不胜打了个比方，问："如果有一位楚国的官员，想让他的儿子学说齐国话，那么，是找齐国人来教，还是找楚国人来教呢？"戴不胜回答："当然是找齐国人来教。"孟子说："一个齐国人教他，却有许多楚国人喧哗打扰，即使天天鞭打，逼着他说齐国话，也是办不到的。如果带他到齐国都城临淄的庄街岳里住几年，每天鞭打，逼着他说楚国话，同样办不到。"孟子以此为例，告诉戴不胜：如果君王周围的人都像薛居州一样是善士，君王自然不会做坏事；如若相反，那君王也不会做好事。因此，想靠薛居州一个人引导君王向善，是不会有成效的。

明陈确《答张考夫书》："譬之与释子非佛教，与婆子言无阎王，一傅众咻，只自取困耳。"即用此典。

为渊驱鱼，为丛驱雀

〔释义〕

为渊驱鱼，为丛驱雀：把鱼赶到深渊里，把鸟雀赶到密林里。比喻为政不善，人心涣散，使百姓投向敌方。也指不善于团结的人，把可以依靠的力量赶到对方那里。

〔出处〕

《孟子·离娄上》：孟子曰："桀纣之失天下也，失其民也；失其民者，失其心也。得天下有道：得其民，斯得天下矣；得其民有道：得其心，斯得民矣；得其心有道：所欲与之聚之，所恶勿施，尔也。民之归仁也，犹水之就下、兽之走圹也。故为渊驱鱼者，獭也；为丛驱爵者，鹯也；为汤武驱民者，桀与纣也。"

〔故事〕

孟子认为，桀和纣之所以失去天下，是因为失去了民心，进而失去了老百姓的支持。而获得民心的办法是：满足民众所希望的，摈弃民众所厌恶的。他比喻说：把鱼赶到深池的是吃鱼的水獭，把鸟雀赶到森林的是吃鸟雀的鹯鹰，把老百姓赶给商汤王、周武王的是残害老百姓的夏桀和殷纣王。

"为渊驱鱼，为丛驱雀"表达的是由于自己的失误，导致削弱了自己，增强了对方。《晋书》引作"为川驱鱼，为薮驱雀"，也经常省作"为丛驱雀"或"为渊驱鱼"。清蒲松龄《聊斋志异·恒娘》："朝夕而絮聒之，是为丛驱雀，其离滋甚耳！"

得其所哉

〔释义〕

得其所哉：所，处所，环境。找到了适合他的地方。指得到理想的安置。后用以形容安恬、适意或形容称心如意、得意自在的样子。

〔出处〕

《孟子·万章上》：昔者，有馈生鱼于郑子产，子产使校人畜之池。校人烹之，反命曰："始舍之，圉圉焉；少则洋洋焉，攸然而逝。"子产曰："得其所哉！得其所哉！"

〔故事〕

从前有人向郑国著名的政治家子产赠送活鱼，子产命令管理池沼的小吏把鱼养在水池中。小吏把鱼做熟吃了，却给子产回话说，他把鱼放进水里，鱼儿很快游到水的深处去了。子产说：它算是找到了应该到的地方！

"得其所哉"指得到了合适的处所或位置，唐韩愈《与崔群书》："所以如此云云者，以为足下贤者，宜在上位。托于幕府，则不为得其所。"也用来形容十分得意。瞿秋白《〈鲁迅杂感选集〉序言》："只要看当时段祺瑞、章士钊的走狗'现代评论'派，在一九二七年之后是怎样的得其所哉，就可以知道这中间的奥妙。"

一毛不拔

〔释义〕

一毛不拔：一根汗毛也不肯拔。原指杨朱的极端为我主义。后形容为人非常吝啬自私。

〔出处〕

《孟子·尽心上》：孟子曰："杨子取为我，拔一毛而利天下，不为也。"

〔故事〕

杨朱是魏国人，战国初期伟大的思想家、哲学家。主张"贵己""重生""人人不损一毫"的思想。重视个人生命，反对他人对自己的侵夺，也反对自己对他人的侵夺。所以他反对墨子的"兼爱"，反对孔子的"礼教"。

有一次，墨子的学生禽滑厘问杨朱：如果拔您身上一根汗毛，能使天下人得到好处，您干不干？杨朱说：天下人的问题，绝不是拔一根汗毛所能解决得了的！禽滑厘又问：假如能的话，您愿意吗？杨朱默不作答。

从杨朱总的思想看，他并不是一个极端自私自利的人。他的逻辑是：每个人都有权利保护自身，所谓"古之人，损一毫利天下，不与也；悉天下奉一身，不取也。人人不损一毫，人人不利天下，天下治矣"。也就是说人人自重自爱，各得其所，不侵犯别人利益，也不损害自己利益，天下就得到治理了。所以，他在道德上主张全真保性，轻物贵己。

今用"一毛不拔"表达人的极端吝啬自私。清袁枚《新齐谐·铁公鸡》："济南富翁某，性悭吝，绰号铁公鸡，言一毛不拔也。"

叶公好龙

〔释义〕

叶公好龙：比喻表面爱好某种事物，实际上并不真正爱好，甚至是惧怕、反感。

〔出处〕

《新序·杂事五》：叶公子高好龙，钩以写龙，凿以写龙，屋室雕文以写龙。于是夫龙闻而下之，窥头于牖，拖尾于堂。叶公见之，弃而还走，失其魂魄，五色无主。是叶公非好龙也，好夫似龙而非龙者也。

〔故事〕

叶公是春秋时楚国的贵族，原名沈诸梁，字子高，封于叶（今河南叶县），因称叶公。据说他很喜欢龙，衣带钩、酒器上都刻着龙，居室里雕镂装饰的也是龙。他这样爱龙，被天上的真龙知道了，就从天上下降到叶公家里，龙头搭在窗台上探望，龙尾伸到了厅堂里。叶公一看是真龙，转身就跑，吓得就像失了魂似的，惊恐万状，不能控制自己。由此看来，叶公并不是真的喜欢龙，他喜欢的只不过是那些像龙的东西。

"叶公好龙"的故事为后人附会，历史上真实的叶公辅佐楚惠王，经营方城之外，兴建东西二陂水利工程，平定白公胜之乱，身兼司马、令尹二职，晚年退老于叶。当时修筑的东西二陂至今尚存。孔子周游列国，曾拜访叶公，叶公也曾问政于孔子。后人建叶公祠、叶公问政处碑坊等以示纪念，后墓前祠，历代诗文颇多。今河南叶县有叶公陵园，是春秋时期楚国贵族叶公沈诸梁的墓地。陵园位于叶邑镇旧县村西北部北澧河南岸，是平顶山市外八景之一。

郑卫之音　桑间濮上

〔释义〕

郑卫之音：郑卫，指春秋时的郑国和卫国。指春秋时郑、卫等国的民间音乐。泛指淫靡的音乐或靡丽的文风。

桑间濮上：桑间在濮水之上，是古代卫国的地方。后指淫靡风气盛行的地方。

〔出处〕

《礼记·乐记》：郑卫之音，乱世之音也，比于慢矣！桑间濮上之音，亡国之音也，其政散，其民流，诬上行私而不可止也。

〔故事〕

"郑卫之音"的概念有广义和狭义之分。广义上是指一切非官方的民间音乐，即与正统雅乐相对应的民间俗乐。狭义上主要是指春秋时期在各个诸侯国兴起的以郑国、卫国地区（今河南新郑、鹤壁、安阳、濮阳一带）为代表的民间音乐。实际上它就是保留了商民族音乐传统的"前朝遗声"。由于它表达感情奔放、热烈而大胆，也内含着某种团聚意识，独尊"雅乐"的周王室及其维护者常常对它加以排斥和否定，贬其为"淫乐""亡国之音"。推崇礼乐制度的孔子率先提出了"郑声淫",这里"淫"是"过度"的意思,也就是说"郑卫之音"过度、无节制。

桑间在濮水上,春秋时属于卫国。当时,濮水河畔土地平阔,气候温和,桑树遍野,即桑间濮上。男女聚会其间,边劳动,边对歌,相约馈赠,遂成为男女青年幽会的场所。

古书记载桑间濮上是声色所集,只是因为夏桀、商纣喜欢这里的音乐和舞蹈,就贬其为亡国之音。实际上,濮上不只是丝竹之地、歌谣之乡,还素有矜节好气的任侠遗风,地灵人杰,英雄辈出,如蘧伯玉、商鞅、吕不韦、荆轲、许穆夫人、李悝等。春秋时,吴王公子季札见蘧伯玉等人时曾赞赏说"卫多君子"。

越俎代庖

〔释义〕

越俎代庖:越,跨过。俎(zǔ),古代祭祀时摆祭品的礼器。庖(páo),厨师。主祭的人跨过礼器去代替厨师办席。比喻超出自己的职责,越权办事或包办代替。

〔出处〕

《庄子·逍遥游》:庖人虽不治庖,尸祝不越樽俎而代之矣!

〔故事〕

庄子,名周,是战国时期蒙(今河南商丘东北)人,我国伟大的思想家、哲学家、文学家,道家学说的主要创始人,与道家始祖老子并称为"老庄",他们的哲学思想体系,被思想学术界尊为"老庄哲学"。庄子喜欢通过借寓言故事来说理,这些精彩的寓言故事成为后世许多成语的来源。

传说,尧想把天下让给许由,认为许由这样的贤人已经出现了,自己有很多不足,希望许由来掌控天下。许由却认为,尧治理天下已经很有成效。如果自己代替尧,就是无功受禄,白白获得好名声。自己像鸟兽一样,很容易满足;也希望像鸟兽一样过悠然自在的生活,天下对自己没有什么用。所以他说:"厨师即使不做祭祀用的饭菜,管祭祀的人也不能越位来代替他下厨房做菜。"许由的意思是:各有各的事情要办,你办你的,我办我的。你只管治理你的天下,我只管修养我的身心。你即使不去治理了,我也不能代替你。

许由,字武仲,阳城槐里(在今河南登封箕山一带)人。许由死后葬在箕山,所以箕山也叫许由山。据说帝尧曾多次向他请教,后来想把君位传给他,遭到了他的严词拒绝。他逃到了登封的箕山隐居起来,再也不愿意与世俗社会交往。后来帝尧又派人找到了他,想请他出任九州长官,他就跑到颍水边洗耳,表示不愿意听这种话。许由以淡泊名利的崇高节操赢得了后世的尊敬,被奉为隐士的鼻祖。今天河南省的登封市、许昌市、禹州市、鄢陵县一带,沿颍河流域,还流传着许多有关许由的传说,保存着大批有关许由的遗迹。

鹏程万里　扶摇直上

〔释义〕

鹏程万里：相传鹏鸟能飞万里路程。比喻前程远大。

扶摇直上：扶摇，急剧盘旋而上的暴风。形容上升很快。比喻仕途得意。

〔出处〕

《庄子·逍遥游》：北冥有鱼，其名为鲲。鲲之大，不知其几千里也。化而为鸟，其名为鹏。鹏之背，不知其几千里也，怒而飞，其翼若垂天之云。是鸟也，海运则将徙于南冥。南冥者，天池也。《齐谐》者，志怪者也。《谐》之言曰："鹏之徙于南冥也，水击三千里，抟扶摇而上者九万里，去以六月息者也。"

〔故事〕

庄子形容北海一条名字叫鲲的鱼，形体巨大，不知道有几千里。变化成鸟，名字叫作鹏。鹏的背脊，也不知道有几千里，振翅飞翔起来，翅膀就像挂在天空的云彩。大鹏迁移到南海去的时候，翅膀在水面上拍击，激起的水浪有三千里远，然后趁着上升的巨大旋风飞上九万里的高空，用了六个月的时间从北海飞到南海。

庄子的原意是，大鹏能飞那么远、那么高，是需要凭借风的威力的。但是修养最高、有道德学问的圣人不凭借任何东西，能任顺自然、忘掉自己，达到逍遥的境界。圣人是无意于凭借功劳，也无意于凭借名声的。

"鹏程万里"后来已经脱离原意，比喻前程远大。"扶摇直上"也脱离原意，比喻仕途得意。

庄周梦蝶　栩栩如生

〔释义〕

庄周梦蝶：庄周梦见自己变成了蝴蝶，忘记了自己是庄周，惊醒后一看，自己还是庄周。不知是庄周做梦变成了蝴蝶呢，还是蝴蝶做梦变成了庄周。比喻人生无常或虚幻的事件。

栩栩如生：栩栩，活泼生动的样子。形容非常逼真，如同活的一样。

〔出处〕

《庄子·齐物论》：昔者庄周梦为胡蝶，栩栩然胡蝶也。自喻适志与！不知周也。俄然觉，则蘧蘧然周也。不知周之梦为胡蝶与？胡蝶之梦为周与？周与胡蝶则必有分矣。此之谓物化。

〔故事〕

庄周梦见自己变成了一只蝴蝶,很生动逼真的一只蝴蝶,他感到很愉快和惬意,已浑然不知道自己原本是庄周。突然他从梦中醒过来,惊惶不定之间才知道原来自己是庄周。庄周很疑惑,不知道是庄周梦中变成了蝴蝶呢,还是蝴蝶梦中变成了庄周。但庄周与蝴蝶肯定是有区别的,这叫作物我的交合与转化。

庄子认为,外部事物都会与自身交合,即万事万物最后都是要合而为一的。大道时而化为庄周,时而化为蝴蝶。形态虽然不同,但都是道的一种表现。

"庄周梦蝶"本是一个哲学命题,说的是人不可能确切地区分真实与虚幻和生死物化的观点。同时包含着浪漫的思想感情和丰富的人生哲学思考,成为文人墨客吟咏的题目,如李商隐《锦瑟》诗有"庄生晓梦迷蝴蝶,望帝春心托杜鹃"之句。"栩栩如生"主要表达的是形象逼真,多指绘画、雕刻,也用于形容文学艺术作品。

庖丁解牛　目无全牛　游刃有余

〔释义〕

庖丁解牛:庖丁,厨师。解,肢解分割。一个名叫丁的厨师为梁惠王宰牛。今比喻经过反复实践,掌握了事物的客观规律,做事得心应手,运用自如。

  目无全牛：全牛，整个一头牛。眼中没有完整的牛，只有牛的筋骨结构。形容人的技艺高超，得心应手，已经到达非常纯熟的地步。

  游刃有余：刀刃运转于骨节空隙中，有回旋的余地。比喻工作熟练，有实际经验，解决问题毫不费事。

〔出处〕

《庄子·养生主》：庖丁为文惠君解牛，手之所触，肩之所倚，足之所履，膝之所踦，砉然响然，奏刀騞然，莫不中音。合于桑林之舞，乃中经首之会。文惠君曰："嘻，善哉！技盖至此乎？"庖丁释刀对曰："臣之所好者道也，进乎技矣。始臣之解牛之时，所见无非牛者。三年之后，未尝见全牛也。……良庖岁更刀，割也；族庖月更刀，折也。今臣之刀十九年矣，所解数千牛矣，而刀刃若新发于硎。彼节者有间，而刀刃者无厚；以无厚入有间，恢恢乎其于游刃必有余地矣，是以十九年而刀刃若新发于硎。……"文惠君曰："善哉，吾闻庖丁之言，得养生焉。"

〔故事〕

  一个名叫丁的厨师替梁惠王宰牛，节奏竟然能合乎古乐的节拍。梁惠王大加赞赏，问他为什么这么高明。

  庖丁说：他最感兴趣的是探究事物的规律，不仅仅是技术。刚开始宰牛的时候，对牛体的结构还不了解，看见的无非是整头的牛。三年之后，看到的是牛的内部肌理筋骨，再也看不见整头的牛了。他说，技术高明的厨工每年换一把刀，因为他们是割肉。技术一般的厨工每月换一把刀，因为他们是砍肉。自己的刀用了十九年，宰牛数千头，却如新的一般，因为自己是用刀刃在牛身的空隙中运转，自然绰绰有余。

庄子用"庖丁解牛"的事例说明，世间万物虽然错综复杂，只要适应自然之理，熟悉规律，掌握技艺，就不会蒙受损伤。故梁惠王感叹自己悟到了养生之理。后因以"庖丁解牛"比喻养生之道，或用来赞美技艺高超。"目无全牛"重点讲的是要把握事物的规律，才有精湛的技术。"游刃有余"重点讲的是技术熟练，工作才会毫不费力。

薪尽火传

〔释义〕

薪尽火传：薪，柴。柴虽烧尽，火种仍留传。原比喻形骸有尽而精神不灭。现多比喻师父传业于弟子，一代代地传下去。现在有时候也指某种技艺的传承。

〔出处〕

《庄子·养生主》：指（脂）穷于为薪，火传也，不知其尽也。

〔故事〕

古无蜡烛，以薪裹动物脂肪而燃之，用来取光。庄子认为烛薪可以烧尽，但火种却能一直流传下去，不会熄灭；人虽死了，精神可以不灭。

后用"薪尽火传"比喻学问、技艺、教化等代代相传不绝。《儒林外史》

第五十四回:"薪尽火传,工匠市廛都有韵。"俗又作"薪火相传"或省作"薪传"。

伯玉知非

〔释义〕

伯玉知非:伯玉,即蘧(qú)瑗(yuàn),春秋时期卫国大夫。非,不对。比喻不断反省自己,知道以前不对。

〔出处〕

《淮南子·原道训》:故蘧瑗伯玉年五十而知四十九年非。"

〔故事〕

蘧瑗,姬姓,蘧氏,名瑗,字伯玉。春秋时期卫国大夫,封内黄侯,奉祀于孔庙东庑第一位,是孔子的朋友,也是道家"无为而治"的开创者。病死后,谥成子。

蘧伯玉是一个富于自省精神的人。有一天,蘧伯玉派人来拜望孔子,孔子向来人询问蘧伯玉的近况,来人回答说:"他正设法减少自己的缺点,可却苦于做不到。"来人走后,孔子对弟子说:"这是了解蘧伯玉的人啊。"蘧伯玉每一天都思考前一天所犯的错误,力求使今日的我胜过昨日的我;

他每一年都要思考前一年的不足，到了五十岁那年，仍然在思考以前所犯的过错。所谓"年五十而知四十九年非"。

"伯玉知非"这一成语指为人要谦虚谨慎，时刻反思自己的行为，从而不断进步。

春秋时期的卫国，主要区域在今天的河南省北部和河北省南部一带。关于蘧伯玉故里、蘧伯玉葬地，方志记载不一，有卫辉、长垣、获嘉、濮阳等多种说法。

螳臂当车

〔释义〕

螳臂当车：螳螂举起前肢企图阻挡车子前进。比喻做自身力量达不到的事情，必然失败。

〔出处〕

《庄子·人间世》：颜阖将傅卫灵公大子，而问于蘧伯玉曰："有人于此，其德天杀。与之为无方则危吾国，与之为有方则危吾身。其知适足以知人之过，而不知其所以过。若然者，吾奈之何？"蘧伯玉曰："善哉问乎！戒之，慎之，正女身哉！形莫若就，心莫若和。……汝不知夫螳螂乎？怒其臂以当车辙，不知其不胜任也，是其才之美者也。"

〔故事〕

　　卫灵公请颜阖去做卫国太子蒯聩的师傅。颜阖知道太子蒯聩很不好教育，就向卫国大夫蘧伯玉请教："现在有一个人，他性格凶顽好杀。如果任由他干坏事，那他以后一定会危害国家；如果用法纪对他进行约束，他又会来害我。他总是挑剔别人的毛病而看不到自己的过失。像这样的人，我应该怎样对待他呢？"蘧伯玉告诫颜阖要善于自保，表面上要亲近太子，但又不能放纵他。他说："螳螂奋起它的臂膀去阻挡滚动的车轮，不明白自己的力量全然不能胜任，还自以为才高智盛，很有力量，结果只会被车轮碾得粉身碎骨。你要小心啊！如果你不自量力去触犯他，结局就会跟这只螳螂差不多。"

　　蘧伯玉讲这个故事的用意是说，用美好的道德去说服一个残暴的人，简直就像螳螂举起前腿想挡住车子前进，这是办不到的，注定失败。后用"螳臂当车"比喻不正确估计自己的力量，去做办不到的事。也作"螳臂挡车"。

山木自寇　膏火自煎

〔释义〕

　　山木自寇：山上的树木，因长成有用之材，而被人砍伐。比喻因有用而不免于祸。

膏火自煎：油脂因能照明而致燃烧。比喻有才学的人因才得祸。

〔出处〕

《庄子·人世间》：山木自寇也，膏火自煎也。桂可食，故伐之；漆可用，故割之。人皆知有用之用，而莫知无用之用也。

〔故事〕

庄子认为，山上的树木是因为材质可用而招致砍伐，油脂遭受熔煎是因为它们可以燃烧照明。桂皮芳香，可以食用，桂树因而遭到砍伐；漆树的液汁可用作涂料，所以遭受刀斧割裂。庄子用山木、油脂、桂树、漆树因有用而致祸的例子，说明生活在乱世之中，人们若要远害全身，必须泯灭求取功名之心，虚己顺物，以不材为大材，以无用为大用。这是对其处世哲学的阐释。

"山木自寇""膏火自煎"主要表达的是因有用而得祸。《庄子·外篇·山木》里还有"直木先伐，甘井先竭"的说法，都是一个意思。

相濡以沫　相忘于江湖

〔释义〕

相濡以沫：原指两条鱼因泉水干涸，被迫相互呵气，以口沫濡湿对方来保持湿润。后用来指夫妻感情，也可用于朋友。比喻同在困难的处境里，用微薄的力量互相帮助。

相忘于江湖：原指在江湖中互不相识，自由自在地生活。现多指在尘世中忘却彼此，不通音讯。也指放下对某种情感过于执着的追求，彼此放手。

〔出处〕

《庄子·大宗师》：泉涸，鱼相与处于陆，相呴（xǔ）以湿，相濡以沫，不如相忘于江湖。

〔故事〕

一眼清泉干涸了，里边的鱼都困在陆地上，用湿气来相互滋润，用唾沫来相互沾湿；但却不如在江湖里彼此相忘，自由自在生活。这段话是说，与其大家在生死存亡中互相帮助，备受煎熬，不如大家互不相识而能够自由自在地生活。庄子想传达的意思是：与其要人民在天下无道、黑暗混乱的日子里，彼此共度时艰，守望相助，倒不如活在天下有道的世界里，大家各自互不相干地平静生活。

"相濡以沫"还可以写成"以沫相濡""相濡以泽"等，后来主要讲爱情、亲情、友情的可贵。"相忘于江湖"又作"相忘江湖"，重在表达自由自在的生活状态。

虚与委蛇

〔释义〕

虚与委蛇：虚，假。委蛇，随便应顺。原指无任何心机，只顺随事物的变化待人处世。今指对人虚情假意，敷衍应付。

〔出处〕

《庄子·应帝王》：壶子曰："乡吾示之以未始出吾宗。吾与之虚而委蛇，不知其谁何，因以为弟靡，因以为波流，故逃也。"

〔故事〕

郑国（国都在今河南新郑）有个占卜十分灵验的巫师名叫季咸，他能预知人的生死存亡、祸福以及寿命，所预卜的年、月、旬、日都很准确，仿佛是神人。列子很佩服，甚至认为他比自己的老师壶子的道行更深。壶子就让季咸来给自己看相。连续四天，壶子控制自己的神情，随意显示不同的心境，导致季咸判断失误。壶子是想告诉列子，人的外在形貌是可以操纵的，如果仅仅凭借外在的情绪和表情来判断人的命运常常会有偏差。真正不变的是自己的内心，真正需要修炼和保持的也是自己的内心，而不是外在的各种表象。

斫轮老手　得心应手

〔释义〕

斫轮老手：斫（zhuó）轮，斫木制造的车轮，借指技艺精湛、经验丰富的行家老手。

得心应手：意为心里怎样想，手上就能相应地怎样做。借以形容功夫到家，技艺成熟，做起来很顺手。

〔出处〕

《庄子·天道》：桓公读书于堂上，轮扁斫轮于堂下，释椎凿而上，问桓公曰："敢问：公之所读者，何言邪？"公曰："圣人之言也。"曰："圣人在乎？"公曰："已死矣。"曰："然则君之所读者，古人之糟粕已夫！"桓公曰："寡人读书，轮人安得议乎！有说则可，无说则死！"轮扁曰："臣也以臣之事观之。斫轮，徐则甘而不固，疾则苦而不入，不徐不疾，得之于手而应于心，口不能言，有数存焉于其间。臣不能以喻臣之子，臣之子亦不能受之于臣，是以行年七十而老斫轮。古之人与其不可传也死矣，然则君之所读者，古人之糟粕已夫！"

〔故事〕

齐桓公在堂上读书，正在堂下砍削车轮的轮扁放下木槌和凿子，说齐桓公所读的书全是古人的糟粕。轮扁以自己的职业为例给齐桓公讲道理：砍削车轮时，动作慢了就松缓不坚固，动作快了就涩滞不入木。不慢不快，才能手上顺利，应合于心。但这种技巧嘴里说不出，他的儿子也学不来，所以如今自己老了还在砍削车轮。圣人也是如此，他们所不能言传的东西已经随他们死去，所留下的只是糟粕罢了。这则故事是说精微的道是不可言说的，能够言说的都是粗糙的东西。

后因用"斫轮老手"指称内行人，用"得心应手"指技艺纯熟或做事非常顺手。

望洋兴叹　贻笑大方　夏虫不可语冰

〔释义〕

望洋兴叹：望洋，仰视的样子。仰望海神而兴叹。原指在伟大事物面前感叹自己的渺小。现多比喻做事时因力不胜任或没有条件而感到无可奈何。

贻笑大方：贻（yí）笑，让人笑话。大方，原指懂得大道的人，后泛指见识广博或有专长的人。指让内行人笑话。也作"见笑大方"。

夏虫不可语冰：意思是不能和生长在夏天的虫谈论冬天的冰。比喻人囿于见闻，知识短浅。

〔出处〕

《庄子·秋水》：于是焉河伯始旋其面目，望洋向若而叹曰："野语有之曰'闻道百，以为莫己若'者，我之谓也。且夫我尝闻少仲尼之闻而轻伯夷之义者，始吾弗信；今我睹子之难穷也，吾非至于子之门则殆矣，吾长见笑于大方之家。"北海若曰："井蛙不可以语于海者，拘于虚也；夏虫不可以语于冰者，笃于时也；曲士不可以语于道者，束于教也。"

〔故事〕

黄河发大水，水流巨大，河伯以为天下自己最了不起。当他顺着河流来到北海边，看到大海无边无际，才改变自得的神色，对海神感叹说：如果没有见到大海，就永远不知道自己的渺小无知，就会被有大智慧的人嘲笑。海神说：不能和井底之蛙谈论大海，是因为它受到居所的限制；不能和夏天的昆虫谈论冰，是因为它受到生长时间的限制；不能和孤陋寡闻的人谈论真理，是因为他受到所受教育的限制。如今你知道了自己的不足，就可以跟你谈论大道理了。

"望洋兴叹"多指对方成就、能力远超于自己，或自己不具备达成某事的条件，无可奈何，只能羡慕、慨叹。"贻笑大方"则指被高明的内行嗤笑，含贬义，也作自谦之词。"夏虫不可语冰"又省做"夏虫疑冰""夏虫语冰"等。

井底之蛙

〔释义〕

井底之蛙：生活在井底的青蛙只能看到井口那么大的一块天，借以比喻见识短浅、思路狭窄的人。

〔出处〕

《庄子·秋水》：公子牟隐机大息，仰天而笑曰："子独不闻夫坎井之蛙乎？谓东海之鳖曰：'吾乐与！出跳梁乎井干之上，入休乎缺甃之崖。赴水则接腋持颐，蹶泥则没足灭跗。还虷蟹与科斗，莫吾能若也。且夫擅一壑之水，而跨跱坎井之乐，此亦至矣。夫子奚不时来入观乎？'东海之鳖左足未入，而右膝已絷矣。于是逡巡而却，告之海曰：'夫千里之远，不足以举其大；千仞之高，不足以极其深。……夫不为顷久推移，不以多少进退者，此亦东海之大乐也。'于是坎井之蛙闻之，适适然惊，规规然自失也。……"

〔故事〕

井蛙对东海里的鳖叙说自己的快乐：在井口栏杆上跳跃玩耍，进到井里在井壁砖块破损处休息；跳到水中，井水就漫到腋下并且托起自己的下巴；踏入泥里，泥水就盖住了自己的脚背；回过头看看水中的那些赤虫、小蟹和蝌蚪，没有谁能像自己这样快乐。自己独占一坑水、盘踞一口井，算是最大的快乐了。于是邀请东海里的鳖随时来井里看看。东海的鳖的左脚还没能跨入浅井，右膝就已经被绊住了，于是迟疑了一阵子后，又把脚退了出来，向井蛙讲述东海的广阔与幽深。井蛙大惊失色，不知如何是好。

公子牟以此故事说明公孙龙的才智有限，不足以窥视庄子的思想。后用"井底之蛙"讽刺那些见识短浅却自以为是的人，含有贬义。

鼓盆之戚

〔释义〕

鼓盆之戚：鼓盆，叩击瓦缶。表示对生死的达观态度，也表示丧妻的悲哀。

〔出处〕

《庄子·至乐》：庄子妻死，惠子吊之，庄子则方箕踞鼓盆而歌。惠子曰："与人居，长子老身，死不哭亦足矣，又鼓盆而歌，不亦甚乎！"庄子曰："不然。是其始死也，我独何能无概然！察其始而本无生，非徒无生也而本无形，非徒无形也而本无气。杂乎芒芴之间，变而有气，气变而有形，形变而有生，今又变而之死，是相与为春秋冬夏四时行也。人且偃然寝于巨室，而我噭噭然随而哭之，自以为不通乎命，故止也。"

〔故事〕

庄子的妻子死了，惠施去庄子家吊唁，只见庄子叉开两腿，像个簸箕似的坐在地上，一边敲打着瓦缶一边唱着歌。惠子很不理解，说："妻子死了不哭也就算了，竟然敲着瓦缶唱歌，太过分了。"庄子说："我最初也很伤心，但转念一想，她最初不过是由气息变化成了生命，如今死亡，又要变成气息，这就跟春夏秋冬四季运行一样，是自然规律。况且她脱离了人世间的痛苦，应该是值得祝贺的一件事，所以便不再伤心了。"

"鼓盆而歌"主要表达一种对生死的达观态度。现多用"鼓盆之戚"代指丧妻之痛。

化腐朽为神奇

〔释义〕

化腐朽为神奇：形容把陈旧的、没有生机的东西转变为崭新的、有生机活力的东西。

〔出处〕

《庄子·知北游》：万物一也，是其所美者为神奇，其所恶者为臭腐；

臭腐复化为神奇,神奇复化为臭腐。

〔故事〕

庄子认为:人的诞生,是气的聚合;人的死亡,是气的离散。死与生本质上是同一个东西的不同表现形式,所以对于死亡不必害怕。如果把那些所谓美好的东西看作神奇,把那些所谓讨厌的东西看作臭腐,那么臭腐的东西可以转化为神奇,神奇的东西可以再转化为臭腐。整个天下只不过都是气罢了。这是庄子对大千世界产生、发展的观点。

"化腐朽为神奇"还可写成"化腐为奇""化腐成奇",现在主要指让无用的或是平凡的事物发生惊人的变化。

害群之马

〔释义〕

害群之马:原指危害马群的劣马。现比喻危害社会或集体的人。

〔出处〕

《庄子·徐无鬼》:黄帝将见大隗于具茨之山……适遇牧马童子,问涂焉,曰:"若知具茨之山乎?"曰:"然。""若知大隗之所存乎?"曰:"然。"黄帝曰:"异哉小童!非徒知具茨之山,又知大隗之所存。请问为天下。"……

小童曰:"夫为天下者,亦奚以异乎牧马者哉!亦去其害马者而已矣!"黄帝再拜稽首,称天师而退。

〔故事〕

有一次,黄帝要到具茨山去拜见大隗,走到襄城原野时迷了路。这时恰巧遇到一个牧马少年,黄帝向他问路。没想到少年不但知道去具茨山的路,还知道大隗住在哪里。黄帝感到十分惊奇,觉得这个少年很不一般,于是问他:"那你知道怎样治理天下吗?"在黄帝的再三询问下,少年才说:"治理天下跟牧马有什么两样呢?只要把其中危害马群的劣马除掉就可以了。"黄帝听了大为佩服。

具茨山是中岳嵩山的余脉,位于今河南禹州、新郑、新密交界处。传说这里是黄帝结坛拜将、屯兵驯兽的地方。黄帝被尊称为华夏民族的始祖,所以人们也称这座山为始祖山。具茨山中有远古奇异的岩画、壮观的城堡、神秘的石棺墓葬等,其历史文化内涵极其丰富。

大隗,神名。今有大隗镇,在河南新密东南部,洧水河畔。

蜗角之争

〔释义〕

蜗角之争:比喻为了极小的事物而引起的争执。

〔出处〕

《庄子·则阳》：戴晋人曰："有所谓蜗者，君知之乎？"曰："然。""有国于蜗之左角者，曰触氏；有国于蜗之右角者，曰蛮氏。时相与争地而战，伏尸数万，逐北旬有五日而后反。"君曰："噫！其虚言与？"曰："臣请为君实之。君以意在四方上下有穷乎？"君曰："无穷。"曰："知游心于无穷，而反在通达之国，若存若亡乎？"君曰："然。"曰："通达之中有魏，于魏中有梁，于梁中有王。王与蛮氏，有辩乎？"君曰："无辩。"客出而君惝然若有亡也。

〔故事〕

魏国与齐国曾订立过盟约，但后来齐国背弃了盟约。魏惠王召集群臣商议对策，大臣们有主张对齐国进行讨伐的，也有主张不可讨伐的。惠施听说了这件事，就向魏惠王推荐了戴晋人。戴晋人对魏惠王说：有个建立在蜗牛左触角上的国家叫触氏，有个建立在蜗牛右触角上的国家叫蛮氏。两个国家经常因为争夺土地而掀起战争，今天你胜，明天我胜。相对来说，魏国和齐国在这茫茫宇宙间也不过像蜗牛角那样小，争来争去有什么意思呢？魏惠王思考过后，派使者去齐国和平解决了两国的争端。

后来，从这则典故中引申出不少词语，如"蜗角"比喻微小之地，"蜗名"指微不足道的名利。从其中引申出的成语如"左触右蛮""蜗角斗争""触蛮交争""蛮触相争"等则形容为一些小名小利而争夺。

苌弘化碧

〔释义〕

苌弘化碧：苌弘，周敬王大臣刘文公所属大夫，后蒙冤为人所杀，传说其血化为碧玉。形容刚直忠正，为正义事业而蒙冤抱恨。

〔出处〕

《庄子·外物》：人主莫不欲其臣之忠，而忠未必信，故伍员流于江，苌弘死于蜀，藏其血三年而化为碧。

〔故事〕

传说苌弘是春秋时期周敬王的臣子，他对周敬王忠心耿耿，对国事尽心竭力，但却遭到小人的诬陷，被周敬王猜忌。后来，周敬王把苌弘流放到偏远的蜀地。苌弘悲愤难平，剖腹自杀以表明心迹。苌弘死后，蜀国的人都觉得他是为义而死，就把他的血收藏起来。几年后，人们发现苌弘的血竟然化成了碧玉。其实，苌弘是被周敬王所杀，化碧之事当是后人演义传说。

庄子在引用这个传说时说，做国君的都希望臣子能够效忠自己，但那些尽忠的臣子却未必能够得到好的结果。所以伍子胥在被赐死后漂尸江中，苌弘在被流放后剖腹自杀。庄子在这里是借这些忠义之人的故事，说明为善不必然致福，为恶不必然蒙祸，一切外物如祸福、荣辱等都是没有定准的，纯任自然才可悠游自得。

今多指忠贞之志蒙冤而死或为国献身，精神长存。

捉襟见肘

〔释义〕

捉襟见肘：拉一拉衣襟，就露出胳膊肘。形容衣服破烂。也比喻顾此失彼，穷于应付。引申为处境困难，有时也指能力上的匮乏或欠缺。

〔出处〕

《庄子·让王》：三日不举火，十年不制衣，正冠而缨绝，捉衿而肘见，纳屦而踵决。

〔故事〕

曾子居住在卫国（今河南鹤壁、安阳、濮阳一带）的时候，用乱麻絮做成的袍子已经破破烂烂。他满脸浮肿，手和脚都磨出了厚厚的老茧。三天没有生火做饭，十年没有添置新衣了。正一正帽子，帽带就会断掉；提一提衣襟，胳膊肘就会露出来；穿一穿鞋子，鞋后跟就会开裂。虽然如此穷困,但他并不忧愁,还时常拖着散乱的发带,高声吟咏《商颂》。

庄子评价说:像曾子这样的人,注重培养自己的心志而忘掉形体,注重修养身心而忘掉利禄,致力于大道而不屑于使用心机。

不知天高地厚

〔释义〕

不知天高地厚:不知道天有多高,地有多厚。形容骄狂无知。

〔出处〕

《庄子·让王》:子贡曰:"吾不知天之高也,地之下也。"

〔故事〕

孔子周游列国时,在陈国和蔡国之间遭到围困,七天不能生火做饭,野菜汤里没有一粒米,脸色尽是疲态,可是他还在屋里不停地弹琴唱歌。子路和子贡不理解孔子的行为,认为在走投无路的境况下弹琴唱歌是无耻的行为。孔子说:君子通达于道叫作通,不能通达于道才叫作走投无路。自己通达于道,只不过遇到了乱世。严寒到来,霜雪降临,才看到松柏仍然郁郁葱葱。当前的困难对于自己只是一个考验罢了。子贡感觉到了孔子的高洁和自己的浅薄,说:"我真是不知道天高地厚呀!"

"天高地厚"本来就是一个成语,形容天地的广大,后来形容恩德非常深厚,也比喻事情的艰巨、严重,关系的重大。"不知天高地厚"主要用于形容人的骄狂无知。

怒发冲冠

〔释义〕

怒发冲冠:愤怒得头发直竖,连帽子都被顶起来了。形容愤怒到极点。

〔出处〕

《庄子·盗跖》:孔子不听,颜回为驭,子贡为右,往见盗跖。盗跖乃方休卒徒大山之阳,脍人肝而餔之。孔子下车而前,见谒者曰:"鲁人孔丘,闻将军高义,敬再拜谒者。"谒者入通,盗跖闻之大怒,目如明星,发上指冠,曰:"此夫鲁国之巧伪人孔丘非邪?……"

《史记·廉颇蔺相如列传》:秦王坐章台见相如,相如奉璧奏秦王。秦王大喜,传以示美人及左右,左右皆呼万岁。相如视秦王无意偿赵城,乃前曰:"璧有瑕,请指示王。"王授璧,相如因持璧却立,倚柱,怒发上冲冠。

〔故事〕

盗跖,相传是春秋时鲁国人,鲁大夫柳下惠之弟,尝聚集数千人侵暴诸侯，横行天下，因此被称为盗跖。《庄子·盗跖》虚构了学术权威、道德模范孔子前去游说盗跖，反而被身为巨盗的盗跖训斥的故事，将盗跖塑造成一个神勇有智慧的英雄人物，通篇带有浓郁的小说色彩，文字描写也比较夸张，如"发上指冠"，形象地描写出盗跖对孔子的愤怒。

又据《史记》记载，赵国曾得到著名的美玉和氏璧，秦昭王听说后，表示愿用十五座城池交换这块美玉。蔺相如作为赵国使者，奉命将和氏璧带给秦昭王，但发现秦昭王没有将城池给赵国作为抵偿的意思，于是假装向其指出和氏璧瑕疵的位置，将和氏璧要了回来，并愤怒地揭露秦国欺骗赵国的企图。司马迁也用头发直竖，连帽子都被顶起来来描述蔺相如的愤怒。

后引用"怒发冲冠"表示盛怒，如宋岳飞《满江红》词："怒发冲冠，凭栏处，潇潇雨歇。"

不系之舟

〔释义〕

不系之舟：系（xì），拴、绑、束缚。没有束缚和缆绳捆绑的船。比喻漂泊不定的生涯，也比喻无拘无束的身躯。

〔出处〕

《庄子·列御寇》：巧者劳而知者忧，无能者无所求，食而敖游，泛若不系之舟，虚而敖游者也。

〔故事〕

列御寇受到人们的爱戴，门庭若市。伯昏瞀人感叹说：灵巧的人劳累多，聪慧的人忧患多。没有能耐的人没有什么追求，填饱肚子就随处遨游，像没有缆索系着的小船，在水面上自由自在漂游，这才是精神自由的人。

伯昏瞀人赞同的不是世俗人期待的门庭若市，而是自由自在地生活，人不应该被功名利禄等身外之物所累。

后也用为生活漂泊之典。宋陆游《憩黄秀才书堂》："吾生如虚舟，万里常泛泛。"

屠龙之技

〔释义〕

屠龙之技：屠，宰杀。宰杀蛟龙的技能。比喻技术虽高，但无实用。

〔出处〕

《庄子·列御寇》：朱泙漫学屠龙于支离益，殚千金之家，三年技成，而无所用其巧。

〔故事〕

从前,有个人叫朱泙漫,一心想学一种出奇的本领。他听说支离益会宰龙,于是他就去拜支离益为老师。他整整学了三年,把千金家产都折腾光了,才把宰龙的本领学到手。可是本领学到手又有什么用呢?天下根本没有龙,他那绝妙的本领到哪儿去施展呢?

"屠龙之技"主要表示无用的本领,也写作"屠龙之伎"。唐刘禹锡《何卜赋》:"屠龙之伎,非曰不伟;时无所用,莫若履豨。"

吮痈舐痔

〔释义〕

吮痈舐痔:吮(shǔn),聚拢嘴唇来吸。痈(yōng),毒疮。舐(shì),舔。指为了利益舔吸别人痔疮上的脓血。比喻卑劣地谄媚巴结人。

〔出处〕

《庄子·列御寇》:宋人有曹商者,为宋王使秦。其往也,得车数乘;王说之,益车百乘。反于宋,见庄子曰:"夫处穷闾厄巷,困窘织屦,槁项黄馘者,商之所短也;一悟万乘之主而从车百乘者,商之所长也。"庄子曰:

"秦王有病召医。破痈溃痤者得车一乘，舐痔者得车五乘，所治愈下，得车愈多。子岂治其痔邪？何得车之多也？子行矣！"

〔故事〕

宋国有个叫曹商的人，替宋王出使秦国。出发时，宋王赐给他几乘车。到了秦国，因为他能说会道，秦王一高兴，又赏给他一百乘车辆。曹商回来后，在庄子面前炫耀，挖苦庄子住在偏僻狭窄的巷子里，贫困到自己编织麻鞋，把自己搞得脖颈干瘪，面黄肌瘦。庄子讽刺他说："听说秦王有病，把医生都叫到宫中，规定：吸脓疮、疖子的人可获得车辆一乘，舔痔疮的人可获得车辆五乘。疗治的部位越是低下，获得的车辆就越多。你难道给秦王舔过痔疮？要不怎么获得这么多车辆？你还是离我远点吧。"

"吮痈舐痔"也写作"吮疽舐痔"，比喻用下作手段奉承人。明王世贞《鸣凤记》："附势趋权，不辞吮痈舐痔。"

探骊得珠

〔释义〕

探骊得珠：骊（lí），古指黑龙。意思是在骊龙的颔下取得宝珠。原指冒大险得大利。后常比喻文章含义深刻，措辞扼要，得到要领。

〔出处〕

《庄子·列御寇》：人有见宋王者，锡车十乘，以其十乘骄稚庄子。庄子曰："河上有家贫恃纬萧而食者，其子没于渊，得千金之珠。其父谓其子曰：'取石来锻之！夫千金之珠，必在九重之渊而骊龙颔下。子能得珠者，必遭其睡也。使骊龙而寤，子尚奚微之有哉！'今宋国之深，非直九重之渊也；宋王之猛，非直骊龙也。子能得车者，必遭其睡也。使宋王而寤，子为齑粉夫！"

〔故事〕

有个人去见宋王，宋王赏赐给他十辆车子，那个人便到庄子跟前来显摆。庄子给他讲了一个故事：河边上有一家穷人，靠编织苇席为生。这家的儿子潜入深渊，得到一枚价值千金的宝珠。父亲对儿子说："拿过石块来锤坏这颗宝珠！价值千金的宝珠，必定出自深潭底黑龙的下巴下面，你能轻易获得这样的宝珠，一定是正赶上黑龙睡着了。假如黑龙醒过来，你还想活着回来吗？"讲完故事，庄子对得车的人说："如今宋国之深，好比九重深渊；宋王之猛，好比骊龙。你这次能得几辆车，只不过是宋王偶然打了个盹。一旦宋王醒来，你不落个粉身碎骨才怪呢！"

因千金之珠在凶猛的黑龙颔下，黑龙又处于深渊之中，故得到极难，因此引申为作诗文能扼要、抓住关键，深得命题精髓。

学富五车

〔释义〕

学富五车：五车，指五车书。形容读书多，学识丰富。

〔出处〕

《庄子·天下》：惠施多方，其书五车。其道舛驳，其言也不中。

〔故事〕

惠施是战国中期宋国（今河南商丘一带）人，著名的政治家、辩客和哲学家，名家思想的开山鼻祖和主要代表人物，庄子的同乡和好朋友。惠施又富于自然科学知识，所以庄子说"惠施多方，其书五车"，就是称赞他有多种方术，读书多，博学广闻，知识渊博。但同时，庄子也指出惠施的思想"舛驳，其言也不中"，即他讲的道理深奥而驳杂，言辞也多有不当之处。

多用于赞颂博学，杜甫《题柏学士茅屋》："富贵必从勤苦得，男儿须读五车书。"

大同小异

〔释义〕

大同小异：大体相同，略有差异。

〔出处〕

《庄子·天下》：大同而与小同异，此之谓"小同异"；万物毕同毕异，此之谓"大同异"。

〔故事〕

惠施提出了不少概念，比如说大同和小同相差异，这叫"小同异"；万物完全相同也完全相异，这叫"大同异"。惠施认为"小同异""大同异"等都蕴含着大道理，到处炫耀，天下的辩士也乐于和他辩论。

"大同小异"与"同中有异"有区别："大同小异"通常意在强调"同"的一面，"同中有异"通常意在强调"异"的一面。

杞人忧天

〔释义〕

杞人忧天：杞，周代诸侯国名，在今河南杞县一带。杞国有个人怕天塌下来。比喻不必要的或缺乏根据的忧虑和担心。

〔出处〕

《列子·天瑞》：杞国有人忧天地崩坠，身亡所寄，废寝食者。又有忧彼之所忧者，因往晓之，曰："天，积气耳，亡处亡气。若屈伸呼吸，终日在天中行止，奈何忧崩坠乎？"其人曰："天果积气，日、月、星宿，不当坠邪？"晓之者曰："日、月、星宿，亦积气中之有光耀者，只使坠，亦不能有所中伤。"其人曰："奈地坏何？"晓之者曰："地，积块耳，充塞四虚，亡处亡块。若躇步跐蹈？终日在地上行止，奈何忧其坏？"其人舍然大喜，晓之者亦舍然大喜。

〔故事〕

列子本名列御寇，周朝郑国圃田（今河南郑州东）人，"列子"是后人对他的尊称。他是介于老子与庄子之间道家学派承前启后的重要传承人物，著名的思想家、文学家，有《列子》一书，对后世影响深远。今郑州圃田乡圃田村北有列子祠。

据说杞国有个人担忧天会崩塌，地会陷落，自己无处存身，便整天睡不好觉，吃不下饭。另外有个人为这个杞国人的忧愁而忧愁，就去开导他说："天不过是积聚的气体，没有哪个地方没有空气。人一举一动，一呼一吸，整天都在天空里活动，不用担心天会塌下来。"杞国人说："天如果是气体，那日月星辰不就会掉下来吗？"开导他的人说："日月星辰不过是空气中发光的东西，即使掉下来，也不会伤害到什么。"杞国人又担心地问："如果地陷下去怎么办？"开导他的人说："地不过是堆积的土块罢了，填满了四处，没有什么地方是没有土块的。人行走跳跃，整天都在地上活动，所以不用担心地会陷下去。"杞国人听了这些解释，放下心来，很高兴；开导他的人也放了心，十分欢喜。

"杞人忧天"是广为流传的古老传说，2014年入选第四批国家级非物质文化遗产代表作名录。按照现在的观点，这个成语还表达出"探天问地、善于思考、居安思危、未雨绸缪"的精神和忧患意识。

杞国在夏朝时期就已存在，与同为姒姓封国的缯国（今河南方城一带）为邻，国君都是大禹的后裔。商汤击败夏桀，灭亡夏朝之后，将夏王室姒姓的一些遗族集中到杞国（今河南杞县一带）。周武王灭亡商朝后，寻找夏朝开国君主夏禹的后裔，结果找到东楼公，便将他封到杞地，延续杞国国祚，主管对夏朝君主的祭祀。后来东迁。孔子曾为考察夏礼到访杞国。

朝三暮四

〔释义〕

朝三暮四：原指聪明的人善用手段，愚笨的人不善于辨别事情。后来比喻办事反复无常，经常变卦。

〔出处〕

《列子·黄帝》：宋有狙公者，爱狙，养之成群。能解狙之意，狙亦得公之心。损其家口，充狙之欲。俄而匮焉，将限其食。恐众狙之不驯于己也，先诳之曰："与若芧，朝三暮四，足乎？"众狙皆起而怒。俄而曰："与若芧，朝四而暮三，足乎？"众狙皆伏而喜。

〔故事〕

宋国有一个人，很喜欢猴子，养了一大群，宁可减少全家的口粮，来满足猴子们的口腹。然而过了不久，家里缺乏食物了，他想要限制猴子们吃栎实的数量，但又怕猴子们不听从自己，就先说早上给它们三颗栎实，晚上给他们四颗栎实。猴子们一听，都站了起来，十分恼怒。过了一会儿，他又说给它们早上四颗栎实，晚上三颗栎实。猴子们听后很开心，都服服帖帖了。

"朝三暮四"本意是实质不变,用改换眉目的方法使人上当,比喻用诈术欺骗人。后来用以比喻变化多端,捉摸不定,告诫人们要注重实际,防止被表面假象蒙骗。

蕉鹿自欺

〔释义〕

蕉鹿自欺:蕉,同"樵",柴草。一说蕉叶。寓意为自己欺骗自己。引申为把世事当作梦幻的消极想法。

〔出处〕

《列子·周穆王》:郑人有薪于野者,遇骇鹿,御而击之,毙之。恐人见之也,遽而藏诸隍中,覆之以蕉,不胜其喜。俄而遗其所藏之处,遂以为梦焉。

〔故事〕

有一个郑国人,一天在野外砍柴,忽然看见一只鹿慌慌忙忙地跑过来,他赶上去,一扁担把它打死了。他怕被人发现,就把死鹿藏在一个洼坑里,上面盖上一些柴草,然后若无其事地继续砍柴。后来,他准备把死鹿连同砍的柴草一块挑回去。可是,他却忘了藏鹿的地方,始终没有找到。最后他觉得自己好像根本没有打到过什么鹿,也根本没有把它藏在什么地方,一定是做了这么一个梦罢了。他一路念叨这件事,结果被别人听到,根据他的话找到了鹿,拿了回去。

"蕉鹿自欺"重在表达一个人不顾事实,稀里糊涂,达到了自欺的地步。

野人献曝

〔释义〕

野人献曝:野人,田野之民,农人。曝(pù),晒太阳。村野农夫进献晒太阳取暖的办法。后比喻见识鄙陋或地位低微的人提出的浅陋建议。多作自谦之词,也比喻贡献的不是珍贵的东西。

〔出处〕

《列子·杨朱》:昔者宋国有田夫,常衣缊黂,仅以过冬。暨春东作,自曝于日,不知天下之有广厦隩室,绵纩狐貉。顾谓其妻曰:"负日之暄,人莫知者;以献吾君,将有重赏。"

〔故事〕

从前,宋国有个农夫,经常穿着乱麻絮做的衣服,靠它来熬过冬天,不知道世上还有高房暖屋、丝绵绸缎、狐貉皮裘。到春耕的时候,他下地干活,在日光里晒太阳,感觉很舒服,就对妻子说:晒太阳这么暖和,别人都不知道,如果把这个方法告诉国君,一定会得到重赏。乡里的富人说:从前有个人在乡里的豪绅前大肆吹嘘芹菜如何好吃,豪绅尝了之后,感觉非常难吃,都埋怨那个人。并嘲笑他:你就是这种人!

"野人献曝"主要是表达一个没有见识的人,会把自己认为美好的东西当作普天之下最好的东西,以为别人没有而沾沾自喜。现在有时也用于向别人建议时的客套话。又作"野人献日""野人奏曝"等。章炳麟《记政闻社员大会破坏状》:"人情葆爱其所躬行,而欲施之邻里,野人奏曝,自古而有之。"

寝丘之志

〔释义〕

寝丘之志:寝丘,春秋时楚封邑,在今河南沈丘东南,土地薄瘠,人多不取。志,意向。比喻与世无争,知足知止。

〔出处〕

《列子·说符》:孙叔敖疾,将死,戒其子曰:"王亟封我矣,吾不受也。为我死,王则封汝。汝必无受利地。楚越之间有寝丘者,此地不利而名甚恶,楚人鬼而越人禨,可长有者唯此矣。"孙叔敖死,王果以美地封其子。

子辞而不受,请寝丘,与之,至今不失。

〔故事〕

孙叔敖是春秋时期楚庄王令尹,辅佐楚庄王发展经济,兴修水利,颇有政绩。他为官多年,不受封赏,家无积蓄,死后连棺椁都没有。司马迁《史记》记其为"循吏"第一。

孙叔敖临终前,告诫他儿子:不要接受楚王所封的肥美之地,而要请求楚国与越国之间土地不肥沃、名声很不好的寝丘(今河南沈丘东南)。两国对这块土地都不感兴趣,所以可以长久地拥有它。孙叔敖去世后,楚王果然把肥美的土地封给他的儿子。孙叔敖的儿子听从父亲的嘱咐,坚辞不受,请求换成寝丘,果然保持了很久都没有丧失。

与肥美的土地相比,偏远荒凉之地可以长保,故以"寝丘之志"表达一种知足常乐的思想。南朝齐王俭《褚渊碑文》:"既秉辞梁之分,又怀寝丘之志。所受田邑,不盈百井。"

歧路亡羊

〔释义〕

歧路亡羊:歧路,岔路。亡,丢失。因岔路太多无法追寻而丢失了羊。比喻事物复杂多变,没有正确的方向就会误入歧途。

〔出处〕

《列子·说符》：杨子之邻人亡羊，既率其党，又请杨子之竖追之。杨子曰："嘻！亡一羊何追者之众？"邻人曰："多歧路。"既反，问："获羊乎？"曰："亡之矣。"曰："奚亡之？"曰："歧路之中又有歧焉，吾不知所之，所以反也。"

〔故事〕

杨朱的邻居丢了一只羊，于是带着全家老小，又请杨朱的儿子派人一起去追寻。杨朱不理解地问：丢了一只羊，为什么要这么多人去找？邻居回答说是岔路太多。不久，他们回来了。杨朱问是否找到了羊。邻居说：找不着了！分岔路上又有分岔，大家不知道羊逃到哪一条路上去了。

"歧路亡羊"表面是说岔路太多而失了羊，实际指的是学习的人因为学说太多而无所适从，就难以有所收获。虽然在根本点上可能是一致的，但失之毫厘，谬以千里。所以用"歧路亡羊"比喻因情况复杂多变而迷失方向，走入迷途。清王夫之《读四书大全说·中庸第二五章一》："而诸儒之言，故为纷纠，徒俾歧路亡羊。总以此等区处，一字不审，则入迷津。"

靡靡之音

〔释义〕

靡靡之音：原作"靡靡之乐"。靡靡，柔弱、悲凉、萎靡不振。靡靡之音，指柔弱、颓废、使人萎靡不振的乐曲。

〔出处〕

《韩非子·十过》：乃召师涓，令坐师旷之旁，援琴鼓之。未终，师旷抚止之曰："此亡国之声，不可遂也。"平公曰："此道奚出？"师旷曰："此师延之所作，与纣为靡靡之乐也。及武王伐纣，师延东走，至于濮水而自投。故闻此声者，必于濮水之上。先闻此声者，其国必削，不可遂。"

〔故事〕

韩非是韩国公子（即国君之子），战国末期韩国（辖今山西东南和河南中部）人。中国古代著名的哲学家、思想家、政论家和散文家，法家思想的集大成者。

《韩非子》中记载，春秋末年，卫灵公到晋国访问，走到濮水边时，就住在了临河的驿馆里。半夜，卫灵公忽然听到一阵柔弱的琴声。他觉得这琴声动听而迷人，就让随行的乐师涓把乐谱记录了下来。卫灵公到晋国以后，晋平公设宴款待他。席上，卫灵公让乐师涓献奏濮水边得来的乐曲。一曲未了，晋国的乐师旷按住了琴弦。他说："这首曲子是亡国之音，不可继续弹奏。"晋平公表示疑惑不解。乐师旷说："这是商朝乐师延创作的乐曲，是他专门献给纣王的。武王伐纣时，乐师延向东逃跑，到了濮水，就投河自尽了。自此，水中常有这样的音乐声传出。据说听完了这首曲子的人，他的国家就会逐渐削弱。因此这首曲子绝对不可以听完。"

靡靡之音，现多指颓废的、低级趣味的乐曲。

濮水，古代水名，流经春秋卫地，即所谓"桑间濮上"之濮，又称濮渠水。濮阳、濮州都从濮水得名。

宋人疑邻

〔释义〕

宋人疑邻：比喻带着成见主观用事。

〔出处〕

《韩非子·说难》：宋有富人，天雨墙坏。其子曰："不筑，必将有盗。"其邻人之父亦云。暮而果大亡其财。其家甚智其子，而疑邻人之父。

《列子·说符》：人有亡斧者，意其邻之子。视其行步，窃斧也；颜色，窃斧也；言语，窃斧也；动作态度，无为而不窃斧也。俄而，掘于谷而得其斧。

他日复见其邻人之子,动作态度无似窃斧者。

〔故事〕

宋国有个有钱人,有一天下大雨,他家的墙壁被冲塌了一块儿。他的儿子说道:"不赶快修补起来,一定会有小偷爬进来的。"邻家的老大爷也这样警告他。当天夜里,他家果真被盗贼偷走了大量的财物。这个有钱人的家人都夸他的儿子有先见之明,却怀疑邻家的老大爷可能是个盗贼。

《列子·说符》中也有一个类似的故事:有个人丢了一把斧子,他怀疑是邻居家的儿子偷的。他看那个人走路的样子,像是偷斧子的;看那个人的表情,也像偷斧子的;听他的言谈话语,更像偷斧子的。后来,他在挖山谷的时候发现了斧子。第二天再见到邻居家的儿子,就觉得他的言行举止没有一处像是偷斧子的了。

"宋人疑邻"也作"智子疑邻""邻父之疑"。

千里之堤,溃于蚁穴　讳疾忌医

〔释义〕

千里之堤,溃于蚁穴:千里长的大堤,往往因蚂蚁洞穴而崩溃。比喻小事不慎将酿成大祸。

讳疾忌医:讳,避忌。忌,怕、畏惧。指隐瞒疾病,不愿医治。比喻掩饰缺点、错误，不愿改正。

[出处]

《韩非子·喻老》：有形之类,大必起于小;行久之物,族必起于少。……千丈之堤,以蝼蚁之穴溃;百尺之室,以空隙之烟焚。……扁鹊见蔡桓公,立有间,扁鹊曰："君有疾在腠理,不治将恐深。"桓侯曰："寡人无疾。"扁鹊出,桓侯曰："医之好治不病以为功。"居十日,扁鹊复见曰："君之病在肌肤,不治将益深。"桓侯不应。扁鹊出,桓侯又不悦。居十日,扁鹊复见曰："君之病在肠胃,不治将益深。"桓侯又不应。扁鹊出,桓侯又不悦。居十日,扁鹊望桓侯而还走。桓侯故使人问之,扁鹊曰："疾在腠理,汤熨之所及也;在肌肤,针石之所及也;在肠胃,火齐之所及也;在骨髓,司命之所属,无奈何也。今在骨髓,臣是以无请也。"居五日,桓侯体痛,使人索扁鹊,已逃秦矣,桓侯遂死。故良医之治病也,攻之于腠理。此皆争之于小者也。

[故事]

韩非子说，凡是有形的东西，大的都是由小的发展而来；经历久远的事物，多的一定是从少的发展起来的。小小的蚁穴，积少成多，可以毁掉千里长的大堤；百尺高楼，可能因为从烟囱缝中爆出的火星而被烧毁。所以要慎重地对待细小的漏洞，以避开可能发生的大祸。

韩非子又以蔡桓公之病为例说明这一主张。名医扁鹊发现蔡桓公生了病，提醒他趁病势只在皮肤的纹理之间时赶快医治，蔡桓公没有发现自己生病的征兆，对扁鹊的提醒不以为然，不愿医治。他的病症日渐严重，发展到肌肉里，转移到肠胃中。扁鹊多次劝说，警告蔡桓公他的病势正逐渐加重，需从速医治，蔡桓公都不理睬，甚至嘲笑扁鹊把给没有病的人看病当作功劳。最后，扁鹊发现蔡桓公的病已经深入骨髓，没有办法医治后，立刻逃往秦国。又过了几天,蔡桓公浑身疼痛之时,才明白自己的确生了病,但已经太晚,不久便死去了。可见,良医治病,病在表皮时就加以医治。在刚显露苗头时及时处理,才能避免发生更糟糕的情况。

这两个成语本用作例证,强调要重视细节和小处,后来"讳疾忌医"的故事重点发生变化,用来比喻掩饰自己的缺点和错误,害怕批评,不愿改正。

老马识途

〔释义〕

老马识途:途,路、道路。意为老马认识曾经走过的道路。比喻阅历多的人富有经验,熟悉情况,能起到引导作用。

〔出处〕

《韩非子·说林上》:管仲、隰朋从于桓公而伐孤竹,春往冬反,迷惑失道。管仲曰:"老马之智可用也。"乃放老马而随之,遂得道。

〔故事〕

管仲和大夫隰朋随齐桓公一同前往攻打孤竹国,他们是春天出征的,到凯旋时已是冬天,由于用时较久,途中迷了路。管仲说,老马的智慧可以利用。于是放开老马,让它走在队伍的前面,人们跟着它,终于找到了回去的路。

后也将对某事熟悉、有经验、能为先导的人称为"识途老马"。

滥竽充数

〔释义〕

滥竽充数:滥,失实的、假的。充,冒充。不会吹竽的人混迹在吹竽的队伍里充数。比喻没有真才实学的人混在内行人之中,以次充好。有时候也用来表示自谦,说自己水平不够,只是凑个数而已。

〔出处〕

《韩非子·内储说上》:齐宣王使人吹竽,必三百人。南郭处士请为王吹竽,宣王说之,廪食以数百人。宣王死,愍王立,好一一听之,处士逃。

〔故事〕

齐宣王派人吹竽,一定要三百人一起吹。南郭处士请求为齐宣王吹竽,齐宣王很高兴。官府给他的待遇和那几百人一样。其实,南郭先生并不会吹竽,他是混在乐队中冒充的,只是没有人察觉而已。齐宣王死后,他的儿子齐愍王继承了王位。齐愍王喜欢听他们一个一个地独奏,南郭处士吓得逃跑了。

买椟还珠

〔释义〕

买椟还珠：椟（dú），木匣。珠，珍珠。买来装珍珠的木匣却退还了珍珠。比喻没有眼力，取舍不当。

〔出处〕

《韩非子·外储说左上》：楚人有卖其珠于郑者，为木兰之柜，薰桂椒之椟，缀以珠玉，饰以玫瑰，辑以羽翠。郑人买其椟而还其珠。

〔故事〕

有一个楚国人到郑国去卖珠宝。他用名贵的木兰雕了一只装珠宝的匣子，匣子是用桂椒调制的香料熏制的，上面用珠宝、羽毛点缀。有个郑国人把匣子买了去，却把匣子里面的珠子还给了他。

《韩非子》中以"买椟还珠"为例，说明如果只注意文章的辞令优美，而忘记了其中的义理，就是因文辞影响了实用性。后用这一成语表示舍本逐末，取舍失当。

郑人买履

〔释义〕

郑人买履：履（lǚ），鞋。用来讽刺只信教条，不懂变通，墨守成规的人。

〔出处〕

《韩非子·外储说左上》：郑人有且置履者，先自度其足而置之其坐。至之市，而忘操之。已得履，乃曰："吾忘持度！"反归取之。及反，市罢，遂不得履。人曰："何不试之以足？"曰："宁信度，无自信也。"

〔故事〕

有一个郑国人，想去买一双新鞋子，于是事先量了自己脚的尺码，又随手把量好的尺码放在自己的座位上。到了集市，挑好鞋子才发现自己忘了带上尺码。他急急忙忙回到家中去取尺码。等到他再次返回的时候，集市已经散了，他最终没有买到鞋子。有人问他为什么不用自己的脚去试试鞋子。他回答说："我宁可相信量好的尺码，也不相信自己的脚。"

"郑人买履"也写作"郑人置履"，主要表达不懂通达权变的意义。

郑人争年

〔释义〕

郑人争年：年，年龄。比喻争论的事情既无根据，又无意义。

〔出处〕

《韩非子·外储说左上》：郑人有相与争年者，一人曰："吾与尧同年。"其一人曰："我与黄帝之兄同年。"讼此而不决，以后息者为胜耳。

〔故事〕

郑国有两个人互相争辩，都说自己的年岁大。一个人说："我同唐尧同一年生！"另一个人说："我和黄帝的哥哥同一年生！"两个人就这样争吵不休，谁最后住口就算是谁胜利了。

凭空争论年岁，既无根据，又无标准，所以只是无原则的争执，不能得出任何结果。此寓言故事主要讽刺没有根据或原则的无谓争论。

杀彘教子

〔释义〕

杀彘教子：彘（zhì），猪。把猪杀了，煮熟给孩子吃，以示不欺骗孩子。意谓父母在教育子女时要说话算数，诚实无欺。

〔出处〕

《韩非子·外储说左上》：曾子之妻之市，其子随之而泣，其母曰："女还，顾反，为女杀彘。"适市来，曾子欲捕彘杀之。妻止之曰："特与婴儿戏耳！"曾子曰："婴儿非与戏也。婴儿非有知也，待父母而学者也，听父母之教。今乃欺之，是教子欺也。父欺子而不信其母，非所以成教也。"遂烹彘也。

〔故事〕

曾参的妻子到市集上去，她的儿子跟在后面哭着要去。曾参的妻子哄他先回去，答应他等自己回来了，就给他宰一头猪吃。曾参的妻子从市集上回来后，曾参就要捉一头猪来杀了。曾参的妻子马上阻止他，说自己不过是跟儿子开个玩笑罢了。曾参严肃地说，小孩子可不能跟他开玩笑。小孩子很幼稚，处处向父母学习，听父母的教育。现在欺骗他，这就是教孩子撒谎。做父母的欺骗孩子，孩子就会不相信父母，这不是教育孩子诚实的方法。于是就把猪杀了,煮给儿子吃。

曾子懂得言传身教的道理,明白孩子将父母的言行视为榜样,因此父母在孩子面前,不能言而无信、故意欺骗。"杀彘教子"又作"曾参杀彘""曾参杀猪""杀猪教子"。

酒酸不售

〔释义〕

酒酸不售:酒已经变酸了,依然卖不出去。原比喻奸臣阻拦了有学问、有贤德的人为国家效力,使国君受到蒙蔽。后比喻经营无方或办事用人不当。

〔出处〕

《韩非子·外储说右上》:宋人有酤酒者,升概甚平,遇客甚谨,为酒甚美,县帜甚高,著然不售,酒酸。怪其故,问其所知长者杨倩,倩曰:"汝狗猛耶?"曰:"狗猛则酒何故而不售?"曰:"人畏焉。或令孺子怀钱挈壶瓮而往酤,而狗迓而龁之。此酒所以酸而不售也。"

〔故事〕

宋国有个卖酒的人,量酒的器具很公平,对待顾客很殷勤,卖的酒很好喝,酒幌子挂得也很高。但他家的酒就是卖不出去,结果酒都酸了。卖酒的人弄不明白这是怎么回事,就请教一位有知识的老人杨倩。杨倩问:"你家的狗是不是很凶猛?"卖酒的人问:"狗凶猛和酒卖不出去有什么关系呢?"杨倩说:"因为人们会害怕。有的大人让小孩揣着钱、提着酒壶来买酒,狗就扑上来咬他。这就是酒酸了也卖不出去的原因。"

兵不厌诈 竭泽而渔 焚薮而田

〔释义〕

兵不厌诈:指用兵作战不排斥运用诡变、欺诈的策略或手段克敌制胜,也指用巧妙的手段骗人。

竭泽而渔:泽,池、湖。抽干池水,捉尽池鱼。比喻目光短浅,只顾眼前利益,不做长远打算。

焚薮而田:薮(sǒu),林薮,指山林和湖泽。焚烧山林和湖泽,猎取禽兽。比喻取之不留余地,只顾眼前利益,不顾长远利益。

〔出处〕

《韩非子·难一》:晋文公将与楚人战,召舅犯问之,曰:"吾将与楚人战,彼众我寡,为之奈何?"舅犯曰:"臣闻之,繁礼君子,不厌忠信;战阵之间,不厌诈伪。君其诈之而已矣。"文公辞舅犯,因召雍季而问之,曰:"我将与楚人战,彼众我寡,为之奈何?"雍季对曰:"焚林而田,偷取多兽,后必无兽;以诈遇民,偷取一时,后必无复。"文公曰:"善。"辞雍季,以舅犯之谋与楚人战以败之。

《吕氏春秋·孝行览·义赏》:昔晋文公将与楚人战于城濮,召咎犯而问曰:"楚众我寡,奈何而可?"咎犯对曰:"臣闻繁礼之君,不足于文;繁战之君,不足于诈。君亦诈之而已。"文公以咎犯言告雍季,雍季曰:"竭泽而渔,岂不获得?而明年无鱼。焚薮而田,岂不获得?而明年无兽。诈伪之道,虽今偷可,后将无复,非长术也。"文公用咎犯之言,而败楚人于城濮。反而为赏,雍季在上。左右谏曰:"城濮之功,咎犯之谋也。君用其言而赏后其身,或者不可乎!"文公曰:"雍季之言,百世之利也。咎犯之言,一时之务也。焉有以一时之务先百世之利者乎?"

〔故事〕

晋国和楚国要在城濮交战,楚国联军兵力强,晋国联军兵力弱。晋文公问咎犯怎样用兵才能够取胜,咎犯说:"如果是做仁义的事,那就应该忠诚守信;如果是和敌军开战,那就可以用欺诈的手段迷惑对方。"晋文公又征求雍季的意见,雍季说:"把河流弄干后捕鱼,当然一定有收获,但第二年就没有鱼了;烧毁树林来打猎,也一定有收获,但第二年就没有野兽了。欺诈的计策也是如此,虽然现在可能一时得逞,可是下次再用就不行了,终究不是长久之计。"晋文公没有听从雍季的话,而是采纳了咎犯的策略,以诈术大败楚军。

回国以后,嘉奖有功人员,晋文公首先奖赏雍季,然后才奖赏咎犯。晋文公身边的人问道:"我们之所以能在城濮之战中获胜,靠的是咎犯的计策。君王论功行赏却将雍季放在最前面,这是为什么?"文公回答说:"咎犯的诈术,只是权宜之计,适用于一时战争需要;而雍季的忠信观点,符合长远的利益。我怎么能只看重权宜之计而轻视长远利益呢?"

自相矛盾

〔释义〕

自相矛盾:矛,进攻敌人的刺击武器。盾,保护自己的盾牌。比喻一个人说话、行动前后抵触,不一致。

〔出处〕

《韩非子·难势》:人有鬻矛与盾者,誉其盾之坚,物莫能陷也。俄而,又誉其矛曰:"吾矛之利,物无不陷也。"人应之曰:"以子之矛,陷子之盾,何如?"其人弗能应也。

〔故事〕

楚国有一个卖矛又卖盾的人。他拿起自己的盾夸耀说:"我的盾非常坚固,无论什么矛都无法穿破它。"然后,他又拿起自己的矛夸耀说:"我的矛锐利无比,什么盾都能穿破。"有人问他:"如果用你的矛去刺你的盾,结果会怎么样?"那个人被问得哑口无言。

后来,人们根据这个故事引申出"自相矛盾"这个成语,表示前后不一致,不能自圆其说。

守株待兔

〔释义〕

守株待兔：株，露出地面的树根。比喻希望不经过努力而得到成功的侥幸心理。现也比喻死守狭隘经验，不知变通。

〔出处〕

《韩非子·五蠹》：宋人有耕田者。田中有株，兔走触株，折颈而死。因释其耒而守株，冀复得兔。兔不可复得，而身为宋国笑。

〔故事〕

宋国有个农夫正在地里耕田。突然，他看见有一只野兔从旁边的草丛里慌慌张张窜出来，一头撞在田边的树根上，脖子折断死了。农夫高兴极了，他一点儿力气没花，就白捡了一只又肥又大的野兔。于是，他放下耕地用的农具，守在树根旁边，期待还有野兔撞到上面来。他没能再次得到兔子，却沦为宋国的笑柄。

韩非子说"圣人不期修古，不法常可"，即认为社会在不断发展，治理国家的方法也应该不断变化，不必照搬老办法。因用这一典故比喻不知变通或妄想不劳而获。

鸡鸣狗盗

〔释义〕

鸡鸣狗盗：鸣，叫。盗，偷东西。指微不足道的本领，也指偷偷摸摸的行为。

〔出处〕

《史记·孟尝君列传》：孟尝君使人抵昭王幸姬求解。幸姬曰："妾愿得君狐白裘。"此时孟尝君有一狐白裘，直千金，天下无双，入秦献之昭王，更无他裘。孟尝君患之，遍问客，莫能对。最下坐有能为狗盗者，曰："臣能得狐白裘。"乃夜为狗，以入秦宫藏中，取所献狐白裘至，以献秦王幸姬。幸姬为言昭王，昭王释孟尝君。孟尝君得出，即驰去，更封传，变名姓以出关。夜半至函谷关。秦昭王后悔出孟尝君，求之，已去，即使人驰传逐之。孟尝君至关，关法鸡鸣而出客，孟尝君恐追至，客之居下坐者有能为鸡鸣，而鸡齐鸣，遂发传出。出如食顷，秦追果至关，已后孟尝君出，乃还。

〔故事〕

齐湣王时，孟尝君率领众宾客出使秦国。秦昭王将他留下，想让他当相国。孟尝君不敢得罪秦昭王，只好留下来。

不久，有人劝秦王说："留下孟尝君对秦国不利，他出身王族，在齐国有封地，有家人，怎么会真心为秦国办事呢？即使做事也是先考虑齐国，后考虑秦国。"秦昭王觉得有理，便改变主意，把孟尝君和他的手下软禁起来，只等找个借口杀掉。秦昭王有个最受宠爱的妃子，孟尝君派人去求她救助。妃子答应了，条件是拿孟尝君那一件天下无双的狐白裘做报酬。这可叫孟尝君作了难，因为刚到秦国，他便把这件狐白裘献给了秦昭王。

孟尝君问遍自己的门客，都没有办法。就在这时，居下座的一个门客说自己能把狐白裘找来。原来这个门客最善于钻狗洞偷东西。他借着月光，逃过巡逻人的眼睛，轻易地钻进贮藏室把狐白裘偷了出来。妃子见到狐白裘高兴极了，想方设法说服秦昭王放弃杀孟尝君。秦昭王准备过两天为他饯行，送他回齐国。孟尝君可不敢再等两天，立即率领手下人，变更了出境凭证，改变了姓名，连夜偷偷骑马向东狂奔。

到了函谷关（在今河南灵宝东北，当时是秦国的东大门），正是半夜。按秦国法令，函谷关每天鸡叫才开门，半夜时候，鸡怎么可能叫呢？正好居下座的一个门客会模仿鸡鸣之声。结果他一鸣叫，其他鸡也跟着鸣叫起来。守关的士兵虽然觉得奇怪，但也只得起来打开关门，放他们出去。已经后悔放走孟尝君的秦昭王派人来追，等追到函谷关的时候，孟尝君一行已经逃走。

"鸡鸣狗盗"本是中性词，今作贬义词。

窃符救赵

〔释义〕

窃符救赵：原指信陵君偷盗兵符解救了赵国。后赞扬以国家利益为重、个人生死荣辱为轻的优良品德。

〔出处〕

《史记·魏公子列传》：公子诚一开口请如姬，如姬必许诺，则得虎符夺晋鄙军，北救赵而西却秦，此五霸之伐也。

〔故事〕

魏安釐王二十年，秦昭王已经击破了赵国的长平军，又进兵包围赵国首都邯郸。魏国信陵君的姐姐是赵惠文王弟弟平原君的夫人，多次给魏王和信陵君写信，向魏国求救。魏王派将军晋鄙带领十万部众援救赵国，但却害怕秦国报复，就让军队停留在邺城安营，名义上是救赵，实际上是抱观望的态度。

魏国都城大梁（今河南开封）夷门的守门人侯嬴向信陵君献计说："我听说晋鄙的兵符常放在魏王的卧室内，而如姬最受魏王宠幸，能够随意进出魏王的卧室，如果她做一番努力，就能把兵符偷出来。我听说如姬的父亲被人杀害，如姬悬赏了三年，想求人为她父亲报仇，但没有找到。于是如姬求您，您派门客斩了她仇人的头，献给了她。如姬很想报答您，只是没有机会罢了。您现在只要开口求她，她一定会答应。那么拿到兵符，夺了晋鄙的军权，就可以向北援救赵国，向西打退秦军，这可是王霸的功业！"

信陵君听从了侯嬴的计策，求如姬帮忙。如姬果然盗得兵符给了信陵君。信陵君又听从侯嬴的计策，带着原来隐居在屠市中当屠夫的朱亥一起到邺城，并假传魏王的命令取代晋鄙。晋鄙虽然合上了兵符，但仍然怀疑这件事，想拒绝。朱亥就拿出袖里藏着的四十斤重的铁椎，打死了晋鄙。信陵君于是掌管了晋鄙的军队，他挑选出精兵八万人，进兵攻击秦军。邯郸围解，赵国得以保全。

天下无双

〔释义〕

天下无双：天下找不出第二个。形容出类拔萃，独一无二。

〔出处〕

《史记·魏公子列传》：平原君闻之，谓其夫人曰："始吾闻夫人弟公子天下无双，今吾闻之，乃妄从博徒卖浆者游，公子妄人耳。"

[故事]

信陵君因为窃符救赵，惹怒了魏安釐王，就客留在赵国。他听说赵国有两个有才有德而没有从政的人：一个是毛公，藏身于赌徒中；一个是薛公，藏身在卖茶水、酒、醋的店里。信陵君很想见见这两个人，可是这两个人躲起来不肯见他。信陵君打听到他们的藏身地，就悄悄去同这两个人交往。见面后，彼此都以相识为乐事，很是高兴。

信陵君的姐夫平原君知道了这个情况，就对信陵君的姐姐说："当初我听说夫人的弟弟是个举世无双的大贤人，如今我听说他竟然胡来，跟那伙赌徒、伙计交往，看来只是个无知妄为的人罢了。"信陵君的姐姐把这些话告诉了信陵君。信陵君听后就向姐姐告辞准备离开这里，说："以前我听说平原君贤德，所以背弃魏王而救赵国，满足了平原君的要求。现在才知道平原君与人交往，只是显示富贵的豪放举动罢了，他不是在求取贤士人才。我从前在大梁时，就常常听说这两个人贤能有才，到了赵国，我唯恐不能见到他们。我跟他们交往，还怕他们不要我呢，现在平原君竟然把跟他们交往看作羞辱，平原君这个人不值得结交。"于是就整理行装准备离去。信陵君的姐姐把信陵君的话又告诉了平原君，平原君听了感到很惭愧，就去向信陵君脱帽谢罪，坚决把信陵君挽留下来。

平原君门下的宾客们听到这件事，有一半人离开了平原君归附于信陵君，天下的士人也纷纷投靠到信陵君门下。

平步青云　擢发难数　睚眦必报

〔释义〕

平步青云：比喻境遇突然变好，一下子达到很高的地位。

擢发难数：比喻罪行多到无法计算。

睚眦必报：睚眦，发怒时瞪眼睛，比喻极小的仇恨。像被人瞪了一眼那样极小的仇恨也要报复，形容心胸极其狭窄。

〔出处〕

《史记·范雎蔡泽列传》：于是范雎盛帷帐，侍者甚众，见之。须贾顿首言死罪，曰："贾不意君能自致于青云之上，贾不敢复读天下之书，不敢复与天下之事。贾有汤镬之罪，请自屏于胡貉之地，唯君死生之！"范雎曰："汝罪有几？"曰："擢贾之发以续贾之罪，尚未足。"……范雎于是散家财物，尽以报所尝困厄者。一饭之德必偿，睚眦之怨必报。

〔故事〕

魏国有一个叫范雎的人，是中大夫须贾的门客。须贾陷害范雎，说他私通齐国，范雎差点被宰相魏齐打死，最后靠装死才被门人救出，改名张禄。他通过好朋友郑安平的帮助，见到秦王谒者王稽，随其到了秦国，并逐渐得到秦王的信任，最后做了秦国的宰相，封于应（今河南宝丰西南），号应侯。

范雎主张秦国攻打韩国、魏国。魏王知道后很害怕，就派须贾去求和。须贾最初不知道范雎就是秦国宰相张禄，知道后十分惊恐，赶紧脱掉上衣，光着膀子，双膝跪地行走，托门卫向范雎认罪。他连连叩响头，口称死罪，说："我没想到您靠自己的能力达到这么高的尊位，我不敢再读天下的书，也不敢再参与天下的事了。我犯下了应该煮杀的大罪，请让我退到荒凉野蛮的地区，听凭您决定我的生死！"范雎问："你的罪有几条？"须贾说："拔了我的头发来数我的罪，还不够呢！"

范雎是个有恩报恩、有仇报仇的人。他大摆宴席，当着各诸侯国使者的面，令须贾坐在堂下，面前摆了草料豆子，让两个犯人夹着须贾，像喂马一样喂他。范雎又斥责他，让他向魏王要魏齐的人头，否则就要屠杀大梁城，吓得魏齐逃到赵国平原君家里躲藏起来。不过，范雎对有恩的人，是十分愿意回报的。王稽被任为河东郡守，郑安平被任为将军，都是因为范雎的举荐。他又散尽家财，报答那些因为他遭受困苦的人。简单地说，一顿饭的恩德范雎都会偿还，瞪瞪眼的仇怨他也一定报复。

据《河南通志》记载，尉氏县北六十里有范雎墓，修武县刘范村村头也有范雎墓，附近有不少相关历史遗存。

抱薪救火

[释义]

抱薪救火：薪，柴草。抱着柴草去救火。比喻用错误的方法去消除灾祸，结果使灾祸反而扩大。

[出处]

《史记·魏世家》：苏代谓魏王曰："欲玺者段干子也，欲地者秦也。今王使欲地者制玺，使欲玺者制地，魏氏地不尽则不知已。且夫以地事秦，譬犹抱薪救火，薪不尽，火不灭。"

[故事]

苏代，战国时的纵横家，洛阳人，苏秦的族弟。秦国大败魏、韩、赵三国后，魏安釐王接受魏国大将段干子的建议，要把南阳割给秦国，请求罢兵议和，苏代就对魏安釐王说："侵略者都是贪得无厌的，你想用领土去换取和平，是办不到的，只要你国土还在，就无法满足侵略者的欲望。这好比抱着柴草去救火，柴草一把一把地投入火中，火怎么能扑灭呢？柴草一天不烧完，火是一天不会熄灭的。"

尽管苏代讲得头头是道，魏安釐王认为他说的也有理，但还是听从大臣的意见割地求和。后来秦军再次大举进攻魏国，包围了国都大梁，掘开黄河大堤让洪水淹没了大梁城，魏国最终被秦国灭掉。

前倨后恭

〔释义〕

前倨后恭：倨（jù），傲慢。恭，恭敬。以前傲慢，后来恭敬。形容对人的态度变化很大。

〔出处〕

《战国策·秦策一》：苏秦曰："嫂何前倨而后卑也？"嫂曰："以季子之位尊而多金。"

〔故事〕

苏秦，洛阳人，战国时著名的纵横家。最初，苏秦游说秦王，奏章虽然一连上了十多次，但他的建议始终没被秦王采纳。他的黑貂皮袄已经破了，百斤金币也用完了，不得已只好离开秦国回到洛阳。他腿上打着裹脚，脚上穿着草鞋，背着一些书籍，挑着自己的行囊，形容枯槁，神情憔悴，脸色又黄又黑，面有惭愧之色，一副失魂落魄的样子。他回到家以后，妻子不下织布机，嫂子不给他做饭，甚至父母也不跟他说话。他叹息说："妻子不把我当丈夫，嫂子不把我当小叔子，父母不把我当儿子，这都是我自己的罪过。"

当晚苏秦就开始发奋，钻研姜太公著的《阴符经》。一年后，他说服了赵王。赵王封苏秦为武安君，授以相印，又给他兵车一百辆，锦缎一千匹，白玉一百双，金币二十万两，让他到各国去约定合纵，拆散连横，对抗强大的秦国。

苏秦准备去游说楚威王，路过洛阳。他的父母听说了，赶紧整理房间，清扫道路，准备乐队，备办酒席，到距城三十里远的地方去迎接他；妻子不敢正视他，侧着耳朵听他说话；嫂子跪在地上不敢站起来，像蛇一样在地上爬，对苏秦一再磕头请罪。苏秦问："嫂子为什么以前那样傲慢而现在又这样谦卑呢？"他嫂子回答说："这都是因为小叔子现在地位尊显，钱财又多。"苏秦长叹一声说："一个人如果穷困落魄，连父母都不把他当儿子。然而一旦富贵显赫之后，亲戚朋友都感到畏惧。由此可见，人生在世，权势、名位和富贵，怎么能忽视不顾呢！"

因苏秦为今河南洛阳人，其墓地多集中在洛阳附近。现存苏秦墓有六七处之多，主要在洛阳、巩义等。巩义西南部有村名叫"苏家庄"，苏家庄南原有"三苏冢"，传说为苏秦及两位弟弟之冢。洛阳东郊汉魏故城遗址东南张苏寨寨内有一冢，当地传为苏秦冢，与古籍所载地点大体相符，是省级重点文物保护单位。洛阳东南的太平庄，相传村南也有"苏家冢"，即苏秦墓。

悬梁刺股

〔释义〕

悬梁刺股：股，大腿。将头发系在房梁上，用锥子刺自己的大腿。形容刻苦学习。

〔出处〕

《战国策·秦策一》：(苏秦)读书欲睡，引锥自刺其股，血流至足。

《汉书》：孙敬字文宝，好学，晨夕不休。及至眠睡疲寝，以绳系头，悬屋梁，后为当世大儒。

〔故事〕

苏秦年轻的时候，由于学问不多不深，曾到好多地方做事，但都不受重视。回家后，家人对他也很冷淡，瞧不起他。这对他的刺激很大。所以，他下定决心，发愤读书。他常常读书到深夜。为了防止自己打盹，他想出了一个方法：准备一把锥子，一打瞌睡，就用锥子往自己的大腿上刺一下，有时候血都流到脚上。这样，猛然间感到疼痛，使自己清醒起来，再坚持读书。

东汉时候，有个人名叫孙敬，非常喜爱学习，每天从早到晚读书，常常废寝忘食。读书时间长了，疲倦得直打瞌睡。他怕影响自己的读书学习，就想出了一个特别的办法。古时候，男子的头发很长。他找来一根绳子，一头牢牢地绑在房梁上，一头绑在自己的头发上。当他读书疲劳时打盹了，头一低，绳子就会牵住头发，这样就会把头皮扯痛，马上就清醒了。他就靠这样的方法坚持读书学习。

后人将这两个故事合成"悬梁刺股"这个成语，用来形容发愤读书学习者的状态。

远交近攻　得寸进尺

〔释义〕

远交近攻：联络距离远的国家，进攻邻近的国家。这是战国时秦国采取的一种外交策略。后也指待人处世的一种手段。

得寸进尺：得了一寸，还想再进一尺。比喻贪得无厌。

〔出处〕

《战国策·秦策三》：睢曰："大王越韩、魏而攻强齐，非计也。……王不如远交而近攻，得寸则王之寸，得尺亦王之尺也。"

〔故事〕

战国末期,秦、韩、赵、魏、齐、楚、燕七雄争霸,其中秦国经商鞅变法之后,势力发展最快。秦昭王开始图谋吞并其他六国,以统一天下。昭王三十六年(前271),秦国准备以穰侯领军,越过韩、魏两国讨伐齐国。但当时秦国的策士范雎以为此法不可行,便阻止秦国的进攻,并向昭王献上"远交近攻"的策略。范雎对秦昭王说:"现在齐国势力算是强大,离秦国又很远,攻打齐国,军队必须要经过韩、魏两国,这就已经不符合兵法了。而且如果出兵过少,就难以取胜;出兵过多,又有伤国力。即使打胜了,齐国的土地必须越过韩、魏两国才能到达,距离如此遥远,也很难守住,所以不如采用'远交近攻'的策略,慢慢向外拓展,这样所得的一寸一尺土地,都将稳稳当当地为大王您所拥有,就能逐渐统一天下了。"秦昭王感觉有理,便采用范雎的策略,积极向东侵略,果然在许多战役中取得胜利,迫使另一强国楚国数次迁都,为秦国的统一大业打下基础。

见兔顾犬 亡羊补牢 绝长续短

〔释义〕

见兔顾犬:看见兔子出现了,再回头唤猎狗去追捕。比喻动作虽稍迟,但赶紧想办法,还来得及。

亡羊补牢:亡,逃亡,丢失。牢,关牲口的圈。羊逃跑了再去修补羊圈,还不算晚。比喻出了问题以后想办法补救,可以防止继续受损失。

绝长续短:绝,截断。截取长的,补充短的。比喻用长处补短处。

〔出处〕

《战国策·楚策四》:庄辛对曰:"臣闻鄙语曰:'见兔而顾犬,未为晚也;亡羊而补牢,未为迟也。'臣闻昔汤、武以百里昌,桀、纣以天下亡。今楚国虽小,绝长续短,犹以数千里,岂特百里哉?"

〔故事〕

楚襄王荒淫无度,不管国家政务,宠幸州侯、夏侯、鄢陵君、寿陵君等人,楚大夫庄辛劝说楚襄王赶紧打理国政,远离小人,否则楚国会很危险。楚襄王认为他老糊涂了,不听从他的进谏。于是庄辛离开楚国到了赵国。五个月后,秦国大将白起攻破楚国郢都(今湖北江陵),占据楚国鄢(今河南鄢陵西北)、上蔡(今河南上蔡)、陈(今河南淮阳)等地,楚襄王流亡躲藏到城阳城(今河南信阳平桥区长台关境内)。直到这时,楚襄王才想起庄辛的话,急忙把他请回来,向庄辛道歉并请教。

庄辛说:"臣知道一句俗语:'见到兔子以后再放出猎犬去追并不算晚,羊丢失了才想起修补羊圈也不算迟。'"他鼓励楚襄王,过去商汤王和周武王依靠百里土地使天下昌盛,夏桀王和殷纣王虽然拥有天下,到头来不免身死国亡。现在楚国虽然土地狭小,如果截长补短,还有数千里,不必灰心丧气。

后来,庄辛帮助楚襄王收复了淮北的土地,使楚国没有彻底崩溃,暂时维持下来。

城阳城,位于今河南信阳平桥区长台关境内,又名楚王城,是中国现存的六座楚王城中保存最好、规模最大的一座。2006年,城阳城被列为河南省第一批重点文物保护单位。

"亡羊补牢"不仅有历史记载,还有民间传说。2016年,"亡羊补牢"入选河南省第四批非物质文化遗产代表作名录。

惊弓之鸟

〔释义〕

惊弓之鸟:被弓箭吓怕了的鸟不容易安定。比喻受过惊吓的人碰到一点儿动静就非常害怕。

〔出处〕

《战国策·楚策四》:天下合从,赵使魏加见楚春申君曰:"君有将乎?"曰:"有矣。仆欲将临武君。"魏加曰:"臣少之时好射,臣愿以射譬之,可乎?"春申君曰:"可。"加曰:"异日者,更羸(léi)与魏王处京台之下,仰见飞鸟。更羸谓魏王曰:'臣为王引弓虚发而下鸟。'魏王曰:'然则射可至此乎?'更羸曰:'可。'有间,雁从东方来,更羸以虚发而下之。魏王曰:'然则射可至此乎?'更羸曰:'此孽也。'王曰:'先生何以知之?'对曰:'其飞徐而鸣悲。飞徐者,故疮痛也;鸣悲者,久失群也。故疮未息,而惊心未去也。闻弦音,引而高飞,故疮陨也。'今临武君,尝为秦孽,不可为拒秦之将也。"

〔故事〕

各诸侯国联合起来抵抗秦国,赵国使臣魏加问春申君楚国是否有合适的将领,春申君表示属意于临武君。魏加欲反对此事,便给春申君打了个比方。

他说,更羸是魏国的射箭高手。有一天,更羸与魏王在高台下游玩,抬头看见一只飞鸟,便对魏王说,他可以不射中鸟,就使鸟掉下来。魏王不相信他的射箭技术能够达到这种程度。过了一会儿,有一只大雁从东方飞来。更羸随便射了一箭,大雁就从半空中掉了下来。魏王十分惊讶,大加赞叹。更羸解释说,因为那是一只有伤的大雁!魏王更纳闷了,搞不清更羸是凭什么知道的。更羸回答说:"它飞得慢,叫声又凄厉。飞得慢,是因为旧伤疼痛;叫声凄厉,是因为长久失群。原来的伤口没有愈合,惊恐的心理还没有消除,因此一听见弓弦响声,就惊骇地高飞,以致旧伤破裂,跌落下来。"

魏加以"惊弓之鸟"为喻,说明曾被秦国打败的临武君,不适合担任抵抗秦国的将领。

债台高筑

〔释义〕

债台高筑:债台,比喻负债。形容欠债很多。

〔出处〕

《汉书·诸侯王表序》：自幽、平之后，日以陵夷，至乎院峞河洛之间，分为二周，有逃责（债）之台，被窃铁之言。

〔故事〕

班固《汉书》在回顾周王室的兴衰时说，幽王、平王之后，周室日渐衰微，夹在强大的诸侯国之间，惴惴不安，东周、西周两个政权势力很小，有天子逃难避债的高台，也流布着象征王权的铁钺被偷盗藏匿的传言。

平王东迁之后，周室日衰，到了周赧王在位的时候，周王室的影响力已经非常小，仅限于国都洛阳，而秦国的势力不断向中原地区扩张，已直接威胁到周王室。周赧王听信楚王的话，以天子名义号召各诸侯国协力攻秦，他自己也凑起一支军队，可没有武器和粮饷。于是，周赧王向境内富户借钱，答应日后以战利品偿还。结果，由于诸侯国爽约，伐秦未能成行，周赧王只好灰溜溜地班师，但已无力清偿债务。被要债的逼急了，他只好躲到王宫的一个高台上。唐颜师古注《汉书》云："服虔曰：'周赧王负责（债），无以归之，主迫责（债）急，乃逃于此台，后人因以名之。'刘德曰：'洛阳南宫谡台是也。'"周赧王逃债之台即洛阳南宫的谡台，后人因称其台为"逃债台"。

旁若无人

〔释义〕

旁若无人：身旁好像没有人。形容态度傲慢，不把别人放在眼里；也形容态度自然、镇静自如的样子；还形容很投入，没有感到他人的存在。

〔出处〕

《史记·刺客列传》：高渐离击筑，荆轲和而歌于市中，相乐也，已而相泣，旁若无人者。

〔故事〕

荆轲是战国末期卫国朝歌人。卫国人称呼他庆卿，燕国人称呼他荆卿。荆轲到了燕国以后，和隐居卖狗肉的高渐离成了知己。两个人每天一起在燕市上喝酒，一直要到喝醉后才肯罢休。高渐离也是一名勇士，善于演奏一种名叫"筑"的古乐器。因此他们还常趁着酒兴到闹市上去，高渐离击筑，荆轲高歌。两人越唱越高兴，歌声也越来越激昂。高亢的歌声引来了许多围观的人，而且越聚越多。他们对于人们的指点和围观熟视无睹，一点儿也不在乎。当唱到悲切慷慨处，两人还相对放声痛哭，泪如雨下，就像旁边没有人似的。正是由于这种豪迈和旁若无人的气概，荆轲后来受到了燕太子丹的赏识，被引为上宾、委以刺杀秦王的重任。

今河南淇县境内有荆轲墓。据传，荆轲被害后，尸骨被草草掩埋于咸阳附近，后来朝歌人为其义行壮举所感动，将其尸骨秘密迁回朝歌埋葬。

图穷匕见

〔释义〕

图穷匕见：图，地图。穷，尽。见，现。比喻事情发展到最后，真相或本意显露了出来。

〔出处〕

《战国策·燕策三》：轲既取图奉之。秦王发图，图穷而匕首见。

〔故事〕

燕国太子丹过去曾在赵国做人质，而秦王嬴政出生在赵国，少年时和太子丹要好。等到嬴政被立为秦王，太子丹又到秦国做人质。秦王对待燕太子不友好，所以太子丹就很怨恨，想办法逃回了燕国，并寻求报复秦王的办法。但是燕国弱小，力不能及。此后秦国像蚕吃桑叶一样，逐渐侵吞各国。战火马上就要波及燕国，燕国君臣唯恐大祸临头。

太子丹很忧虑，最后找到荆轲。荆轲答应了太子丹刺杀秦王的请求。

他认为觐见秦王需要带上礼物,那就是秦国叛将樊於期的人头和燕国督亢的地图,这都是秦王想要的。樊於期走投无路才投靠太子丹,太子丹不忍杀害樊於期。荆轲只好自己去说明情况,樊於期听后自杀。太子丹到这个时候也无可奈何,接受了现实。

秦王听到燕国使者荆轲要献樊於期人头和燕国督亢地图,非常高兴,在咸阳宫召见他。荆轲捧着樊於期的首级,助手秦舞阳捧着地图匣子。秦王让荆轲献地图。荆轲取过地图献上,秦王展开地图,图卷展到尽头时,匕首露了出来。荆轲趁机左手抓住秦王的衣袖,右手拿匕首刺杀秦王。

后以此典比喻义士拼死抗争的壮烈行为,也可用作贬义,指阴谋诡计终将败露。

奇货可居

〔释义〕

奇货可居:指把少有的货物囤积起来,等待高价出售。也比喻拿某种专长或独占的东西作为资本,等待时机,以捞取名利地位。

〔出处〕

《史记·吕不韦列传》:吕不韦贾邯郸,见(子楚)而怜之,曰:"此奇货可居。"

〔故事〕

吕不韦，姜姓，吕氏，名不韦，卫国濮阳（今河南濮阳西南）人。战国末年著名商人，后成为著名政治家、思想家，官至秦国相国。主持编纂《吕氏春秋》，汇合了先秦各派学说。

战国时候，商人吕不韦到赵国的京城邯郸做生意。一个很偶然的机会，在路上他发现一个气度不凡的年轻人。有人告诉他说：这个年轻人是秦昭王的孙子，太子安国君的儿子，名叫异人，正在赵国当人质。当时，秦赵两国经常交战，赵国有意降低异人的生活标准，弄得他非常贫苦，甚至天冷时连御寒的衣服都没有。吕不韦知道这个情况后，立刻想到，在异人的身上投资会换来难以计算的利润。他不禁自言自语说："此奇货可居也。"意思是把异人当作珍奇的物品贮藏起来，等候机会，卖个大价钱。

后来，吕不韦用重金把异人赎回秦国，让安国君最宠爱的华阳夫人收异人为嗣子。秦昭王死后，安国君即位，史称孝文王，立异人为太子。孝文王在位不久即死去，太子异人即位为王，即庄襄王。庄襄王非常感激吕不韦拥立之恩，拜吕不韦为丞相，封文信侯，并把河南洛阳一带的十二个县作为其封地，以十万户的租税作为其俸禄。庄襄王死后，太子政即位，即秦始皇，称吕不韦为仲父。吕不韦权倾天下。

今河南偃师首阳山镇大冢头村有吕不韦墓。史载："吕不韦冢在河南洛阳北邙道西大冢是也。民传言吕母冢，不韦先葬，故其冢名吕母。"民间流传今大冢头村的"吕侯冢"，是吕不韦与妻子的合葬墓。总之，洛阳成周城一带是吕不韦的最后归宿地，明清《偃师县志》各种版本都称今首阳山镇大冢头村的大冢是吕不韦墓。

一字千金

〔释义〕

一字千金：增损一字，赏予千金。称赞文辞精妙，不可更改。

〔出处〕

《史记·吕不韦列传》：吕不韦乃使其客人人著所闻，集论以为八览、六论、十二纪，二十余万言。以为备天地万物古今之事，号曰《吕氏春秋》。布咸阳市门，悬千金其上，延诸侯游士宾客有能增损一字者予千金。

〔故事〕

战国时，魏国有信陵君，楚国有春申君，赵国有平原君，齐国有孟尝君，他们都礼贤下士，结交宾客，并在这方面要争个上下高低。吕不韦认为秦国如此强大，在招徕士人方面却不如上述国家，令人羞愧。所以他也遍招文人学士，给他们优厚的待遇，门下食客多达三千人，在人数上已经不少。那时各诸侯国有许多才辩之士，像荀卿那班人，还著书立说，流行天下。于是，吕不韦就命令他的食客也各自将所见所闻记下，综合在一起，成为八览、六论、十二纪，共二十多万言。他自己认为其中包括了天地万物古往今来的事理，所以号称《吕氏春秋》。他把书刊布在咸阳的城门，上面悬挂着一千金的赏金，遍请诸侯各国的游士宾客，若有人能增删一字，就给予一千金的奖励。后因用此典形容诗文精妙，价值极高。

殃及池鱼

〔释义〕

殃及池鱼：比喻无端遭祸。

〔出处〕

《吕氏春秋·孝行览·必己》："宋桓司马有宝珠，抵罪出亡。王使人问珠之所在，曰'投入池中'。于是竭池而求之，无得，鱼死焉。此言祸福之相及也。"

《太平广记》卷四六六引汉应劭《风俗通》："城门失火，祸及池鱼。旧说：'池仲鱼，人姓字也，居宋城门。城门失火，延及其家，仲鱼烧死。'又云：'宋城门失火，人汲取池中水以沃灌之，池中空竭，鱼悉露死。'喻恶之滋，并伤良谨也。"

〔故事〕

据说宋国司马桓魋有颗宝珠，他因罪逃亡在外时，宋国国君派人问他将宝珠藏在了什么地方。桓魋说："扔到了池塘中。"宋国国君想要得到这颗宝珠，于是命人抽干池水，到处寻找也没有找到，反而池塘中的鱼因此无端受祸，都死掉了。

后来，人们对此加以附会，又演化出"城门失火，殃及池鱼"的故事，见于应劭的《风俗通》。应劭做了两种解释：或传宋国城门失火，殃及居住在附近的池仲鱼其人其家，池仲鱼被烧死；或说宋国城门失火，人们取水救火，用尽了池子里的水，池中之鱼因此都死掉了。

不论故事的具体内容是什么，"殃及池鱼""城门失火，殃及池鱼""城门鱼殃"等成语，都用来表示无端受牵连而遭祸害。

刻舟求剑

〔释义〕

刻舟求剑：舟，船。求，寻找。在船上刻记号的下方水中寻找剑。比喻人的眼光未与客观世界的发展变化同步，不懂得根据实际情况处理问题。也比喻办事刻板、拘泥而不知变通。

〔出处〕

《吕氏春秋·慎大览·察今》：楚人有涉江者，其剑自舟中坠于水，遽契其舟，曰："是吾剑之所从坠。"舟止，从其所契者入水求之。舟已行矣，而剑不行，求剑若此，不亦惑乎？

〔故事〕

楚国有个渡江的人,不小心将随身携带的剑从船上掉到湍急的江水中。他立即在船边上刻了个记号,说这儿是自己的剑掉下去的地方。船停了,这个楚国人就从他刻记号的地方下水找剑。船已经前进了,但是剑不会随船前进,像这样找剑,当然是徒劳无功的。

原文中以此故事说明,时代已经变了,如果仍用旧法治理国家,必定是无用的。后用此典形容拘泥成法,不知随情势的变化而改变。

裹足不前　逐客令

〔释义〕

裹足不前:裹,缠。停步不前,好像脚被缠住了一样。指有所顾虑而停止前进。

逐客令:秦始皇颁布的驱逐各国游说之士的命令。后泛称赶走客人为下逐客令。

〔出处〕

《史记·李斯列传》:"今乃弃黔首以资敌国,却宾客以业诸侯,使天下之士退而不敢西向,裹足不入秦,此所谓借寇兵而赍盗粮者也。……"秦王乃除逐客之令。

〔故事〕

李斯是战国时期楚国上蔡（今河南上蔡西南）人，战国末年入秦，初为吕不韦舍人，后任秦始皇客卿，位列三公。主张郡县制、统一文字、统一度量衡、统一货币、修驰道车同轨，也主张销兵器、焚私书、禁私学，都被秦始皇接纳并实施，对后世产生了巨大的影响。

秦始皇在位时，有一位叫郑国的水利专家从韩国来到了秦国，建议在秦国建设水利工程，以灌溉农田，增收粮食，富国强民。秦王同意了。于是，郑国当总指挥，带着人在泾水边开出一条渠。秦国出动了不少人力、物力、财力。三年后修成，秦国果然受益，延伸三百里，能灌溉四万顷良田。这道渠被称为郑国渠，又叫郑渠。

但后来秦国有人说郑国其实是韩国的间谍，修渠的目的是为了消耗秦国的国力，使秦国无力侵略别的国家，秦王非常生气。有的大臣建议把本国之外的人全部驱逐出去。秦王采纳了这个建议，下了逐客令，要把所有客卿都赶走，李斯自然也在被逐之列。李斯于是写了一封信给秦王，这封信就是《谏逐客书》。在信中，李斯说，一个国家要想成为大国，就应该能容纳人才。把所有其他国家来的贤士都驱赶走了，后果难以设想。将来这些人去外面说，秦国不任用本国之外的人，那么，所有贤士就会像被缠住脚一样，不往秦国来了。不能广纳天下贤士，将来怎能建立大业呢？秦王看信后觉得有理，就收回了逐客令。"逐客令"也成为一个成语，后指主人赶走不受欢迎的客人为"下逐客令"。

河南上蔡蔡国故城的西南部有李斯墓，是一个高大的土冢。墓的四周砌有石阶，墓前立有墓碑，上刻"秦丞相李斯之墓"。李斯墓2000年被列为省级文物保护单位。

李斯溷鼠

〔释义〕

李斯溷鼠：溷（hùn），厕所。比喻人热衷名利。

〔出处〕

《史记·李斯列传》：李斯者，楚上蔡人也。年少时，为郡小吏，见吏舍厕中鼠食不洁，近人犬，数惊恐之。斯入仓，观仓中鼠，食积粟，居大庑之下，不见人犬之忧。于是李斯乃叹曰："人之贤不肖譬如鼠矣，在所自处耳！"乃从荀卿学帝王之术。

〔故事〕

李斯年轻的时候，曾在郡里当小吏，看到办公处附近厕所里的老鼠在吃脏东西，每逢有人或狗走来时，就受惊逃跑。后来李斯又走进粮仓，看到粮仓中的老鼠吃的是囤积的粟米，住在大屋子之下，更不用担心人或狗惊扰。于是李斯就慨然叹息道："一个人有出息还是没出息，就如同老鼠一样，是由自己所处的环境决定的。"于是，李斯决定摆脱厕中鼠的地位，要做仓中鼠，拜荀子为师。他学成之后，西游于秦，成为秦相。后用此典表示改变处境以求安逸富贵。

东门黄犬

[释义]

东门黄犬：原指李斯幻想的再次牵黄犬出上蔡东门打猎的美好愿望。后用作为官遭祸、抽身悔迟的典故。

[出处]

《史记·李斯列传》：二世二年七月，具斯五刑，论腰斩咸阳市。斯出狱，与其中子俱执，顾谓其中子曰："吾欲与若复牵黄犬俱出上蔡东门逐狡兔，岂可得乎？"遂父子相哭，而夷三族。

[故事]

秦二世二年（前208）七月，受赵高陷害，李斯被施加五刑，判处腰斩于咸阳。李斯与他的次子一同被押解出狱。临刑前，他对儿子说："我多想再与你一起牵着黄狗出上蔡东门去追逐狡兔啊，可这还有可能吗？"父子俩抱头痛哭，被诛灭三族。

李斯以平民的身份游说诸侯，入秦后利用种种机会，辅佐秦始皇成就帝业，自己也位列三公。他一生追求富贵，担心失去爵禄而与赵高合谋，篡改秦始皇遗诏，害死扶苏、蒙恬等人，又阿谀逢迎，实施严法酷刑，坑害群臣和百姓，最后为赵高所害，可谓咎由自取。其于死前忆及在老家牵着黄狗去猎兔的无忧生活，未尝不是对出仕做官的一种悔恨，故李白有诗云："李斯未相秦，且逐东门兔。"

这一故事又引出"东门犬""悲东门""叹黄犬"等词，皆用此典。

燕雀安知鸿鹄之志

〔释义〕

燕雀安知鸿鹄之志：燕雀，小鸟，比喻见识短浅的人。鸿鹄，天鹅，比喻志向远大的人。见识短浅之人无法理解志向远大之人的思想和行为。

〔出处〕

《史记·陈涉世家》：陈涉少时，尝与人佣耕，辍耕之垄上，怅恨久之，曰："苟富贵，无相忘。"佣者笑而应曰："若为佣耕，何富贵也？"陈涉太息曰："嗟乎！燕雀安知鸿鹄之志哉！"

〔故事〕

陈胜，字涉，阳城（今河南登封东南）人。吴广，字叔，阳夏（今河南太康）人。他们一同在大泽乡（今安徽宿州东南刘村集）率众起兵，成为反秦义军的先驱。陈胜年轻的时候，曾经同别人一起被雇佣耕地。一天，陈胜停止耕作走到田埂上休息,因心情失意而长叹了好久,说:"如果有谁富贵了,不要忘记大家啊。"一起耕作的同伴笑着回答说:"你是个被雇佣耕地的人,哪来的富贵呢?"陈胜长叹一声说:"唉,见识短浅的人怎么会懂得志向远大的人!"

河南永城东北芒砀山主峰西南麓有陈胜墓,坐北向南,为石券土冢。砌石围墓,墓前立有一高大石碑,碑文"秦末农民起义领袖陈胜之墓"为郭沫若亲笔题写。陈胜墓为省级重点文物保护单位。

破釜沉舟

〔释义〕

破釜沉舟:釜(fǔ),古代的一种锅。把饭锅打破,把渡船凿沉。比喻不留退路,非打胜仗不可,也比喻下决心不顾一切地干到底。

〔出处〕

《史记·项羽本纪》:项羽乃悉引兵渡河,皆沉船,破釜甑,烧庐舍,持三日粮,以示士卒必死,无一还心。

〔故事〕

秦朝末年,陈胜、吴广在大泽乡起义反秦后,各地义军蜂起响应。楚国名将项燕之后项梁、项羽叔侄起兵于会稽（今浙江绍兴）并拥立楚怀王之孙熊心为楚王，扩大义军的声势。后秦将章邯击破项梁率领的楚军主力，认为楚军不足为虑，又带领大军北渡黄河，打败当时自称赵王的赵歇，将赵歇与其将领陈馀、丞相张耳围困在巨鹿。

赵军被围困得很急，派人四处求救，燕、齐等援军到达后，见秦军势大，畏缩不敢前进，情势十分危急。楚王任宋义为上将军，项羽为次将，领兵解救巨鹿之围。宋义亦畏战，率军到达安阳后，停留了四十六天而不进兵，且不听劝谏。项羽因趁朝见之机，于营帐中斩杀宋义，取代他成为上将军，而后派人渡过漳河（在今河南、河北两省边境），援救赵国。战事稍有胜利，但巨鹿之围未解，项羽于是率领全部军队渡过漳河，命令士兵凿沉船只，砸破锅碗，烧毁军帐，只带三天的粮食，背水一战。渡河的楚军抱着必死的决心，以一当十，奋勇拼杀，同秦军九次激战，终于大败秦军，逼退章邯。经过这一战，楚军之骁勇名冠诸侯，项羽声威大振，各路诸侯无不归附。

河南内黄楚旺镇，旧有霸王庙碑及宋义墓遗迹，据说就是项羽杀宋义、破釜沉舟之地。

决一雌雄

〔释义〕

决一雌雄：雌雄，比喻高低、胜负。指较量一下胜败高低。

〔出处〕

《史记·项羽本纪》：楚、汉久相持未决，丁壮苦军旅，老弱罢转漕。项王谓汉王曰："天下匈匈数岁者，徒以吾两人耳，愿与汉王挑战决雌雄，毋徒苦天下之民父子为也。"汉王笑谢曰："吾宁斗智，不能斗力。"……项王乃与汉约，中分天下。割鸿沟以西者为汉，鸿沟而东者为楚。

〔故事〕

秦朝灭亡后，反秦的各路诸侯中，最后只剩下西楚霸王项羽、汉王刘邦两股势力相斗，争夺天下。在以荥阳为中心的长期攻伐战中，刘邦占据成皋，在广武西山筑起壁垒，而项羽也在广武西山构筑城堡，双方隔着一道鸿沟，长久相持。楚军兵疲粮缺，急于求战，项羽对刘邦说："天下纷纷乱乱好几年，只是因为我们两人的缘故。我希望跟汉王单独决斗，以定胜负，不让百姓再受苦。"刘邦笑着回绝说："我宁愿斗智，不愿斗力。"二人隔着广武涧对话，刘邦在阵前历数项羽负约、杀义帝等罪行。项羽越听越生气，要求决战，刘邦仍不理睬。后来项羽用暗箭射中刘邦，刘邦避入成皋养伤。后来，汉军绝楚粮道，迫使项羽接受和约，以鸿沟为界中分天下，鸿沟以西为汉，以东为楚。这就是著名的"楚河汉界"。

今河南荥阳东北的广武山上，有两座古城遗址，中隔鸿沟，遥遥相对，即刘邦与项羽当年对垒时所筑的东、西广武城。西城为刘邦所筑，称汉王城；东城为项羽所筑，称霸王城。二城中隔广武涧（鸿沟），即象棋棋盘上所标的界河，河南荥阳也成为中国象棋的策源地。汉霸二王城1986年被列为河南省文物保护单位。

养虎遗患

〔释义〕

养虎遗患：遗，留下。患，祸患。留着老虎不除掉，就会成为后患。比喻纵容坏人干坏事，留下后患。

〔出处〕

《史记·项羽本纪》：汉欲西归，张良、陈平说曰："汉有天下太半，而诸侯皆附之。楚兵罢食尽，此天亡楚之时也，不如因其机而遂取之。今释弗击，此所谓养虎自遗患也。"汉王听之。

〔故事〕

项羽和刘邦在鸿沟约定中分天下后，项羽带上队伍罢兵东归了。刘邦也想撤兵西归，张良、陈平劝说道："我们现在已经占领大半天下，诸侯又都归附。而楚军兵疲粮尽，这正是上天灭亡项羽的时候，不如索性趁此机会把他消灭。如果现在放走项羽，这就是所谓的'养老虎给自己留下祸患'。"刘邦听从了他们的建议，最后击败了项羽。

"养虎遗患"又可用作"养虎留患""养虎伤身"，冯梦龙《东周列国志》第五十六回："今其子乃欲见逐，岂非养虎留患耶？"

运筹帷幄　决胜千里

〔释义〕

运筹帷幄：筹，计谋、谋划。帷幄，古代军中帐幕。在后方决定作战方案，指挥前方作战稳操胜券。也泛指主持大计，考虑决策。

决胜千里：将帅谋划得当，使千里之外的战争取得胜利。形容将帅雄才大略，指挥若定。

〔出处〕

《史记·高祖本纪》：高祖曰："公知其一，未知其二。夫运筹策帷帐之中，决胜于千里之外，吾不如子房。镇国家，抚百姓，给馈饷，不绝粮道，吾不如萧何。连百万之军，战必胜，攻必取，吾不如韩信。此三人，皆人杰也，吾能用之，此吾所以取天下也。项羽有一范增而不能用，此其所以为我擒也。"

〔故事〕

楚汉之争以项羽兵败自刎告终，汉高祖六年正月，刘邦在荥阳登皇帝位，初以洛阳为都城。五月，刘邦在洛阳南宫设宴赏赐群臣。他让大家畅所欲言，谈谈他为什么得天下，项羽为什么失天下。高起、王陵回答说："陛下傲慢而且好侮辱别人,项羽仁厚而且爱护别人。可是陛下派人攻打城池夺取土地,所攻下和降服的地方就分封给人,跟天下人同享利益;项羽却妒贤嫉能,有功的就忌妒人家,有才能的就怀疑人家,打了胜仗不给人家授功,夺得了土地不给人家好处,这就是他失去天下的原因。"高祖说:"你们只知其一,不知其二。谋划得当,使千里之外的战争取得胜利,我比不上张良;镇守国家,安抚百姓,供给粮饷,保证运粮道路不被阻断,我比不上萧何;统率百万大军,战则必胜,攻则必取,我比不上韩信。这三个人都是人中豪杰,我能够重用他们,这就是我能够取得天下的原因。项羽虽然有一位范增却不能信任他,这就是他被我擒获的原因。"

这两个成语经常连用作"运筹帷幄,决胜千里"或"运筹帷幄之中,决胜千里之外",表递进关系。也可单独使用,表示善于用兵,指挥战争。

孺子可教

〔释义〕

孺子可教:孺(rú)子,小孩子。教,教诲。小孩子可以教诲。形容年轻人有出息,可以造就。

〔出处〕

《史记·留侯世家》:良尝间从容步游下邳圯上,有一老父,衣褐,至良所,直堕其履圯下,顾谓良曰:"孺子,下取履!"良愕然,欲殴之。为其老,强忍,下取履。父曰:"履我!"良业为取履,因长跪履之。父以足受,笑而去。良殊大惊,随目之。父去里所,复还,曰:"孺子可教矣。后五日平明,与我会此。"

〔故事〕

张良,字子房,颍川城父(今河南襄城西南)人,原是韩国名门公子,姓姬,后来因为行刺秦始皇未遂,逃到下邳隐匿起来,才改名叫张良。有一天,张良来到下邳附近的桥上散步,在桥上遇到一个穿粗布衣裳的老人。那位老人走到张良面前,直接把一只鞋丢到桥下,然后对张良说:"喂!小伙子!你替我去把鞋捡起来!"

张良很惊讶,想打那老头。但看到老人年纪很大,便忍住了,下桥把鞋捡了起来。老者又叫张良帮他把鞋穿上,张良想着既然已经把鞋取上来了,干脆好人做到底,又恭敬地跪着替老人穿上。老人伸脚穿好鞋,然后笑着转身就走了。

张良更吃惊了,盯着老人离开的背影。那老人走了一段路,返身回来,说:"你这小伙子很不错,值得我指教。五天后的早上,到桥上来见我。"张良听了,连忙答应。

第五天早上,张良赶到桥上。老人已先到了,生气地说:"跟老人约好时间却迟到,怎么回事啊?再过五天,早些来见我!"

又过了五天,公鸡一打鸣,张良就出发赶到桥上。不料老人又先到了,老人说:"又迟到,怎么回事啊?五天后再早点儿来。"

又过了五天,张良刚过半夜就摸黑来到桥上等候。过了一会儿,老人也来了,高兴地说:"小伙子,你这样才对!"

老人说着,拿出一本书交给张良,说:"你要下苦功钻研这部书。钻研透了，以后可以做帝王的老师。十年后有大成就。十三年后，小子你将再见到我，济北谷城山下的黄石就是我。"然后老人就离开不见了。天一亮，张良看那本书，是《太公兵法》。张良觉得这事很奇特，于是常常用功钻研此书。

后来，张良研读《太公兵法》很有成效，成了汉高祖刘邦的重要谋士，为刘邦建立汉朝立下了汗马功劳。可以看出，其"可教"之处，表现在尊老、忍让、好学。

张良曾托病隐居于东昏县，在今河南兰考县北，兰考县西三义寨乡曹新庄火车站南侧有张良墓。

助纣为虐

〔释义〕

助纣为虐：纣，商朝最后一个王，据传是暴君。虐（nüè），残暴。比喻帮助坏人干坏事。

〔出处〕

《史记·留侯世家》：沛公入秦宫，宫室帷帐狗马重宝妇女以千数，意欲留居之。樊哙谏沛公出舍，沛公不听。良曰："夫秦为无道，故沛公得至此。夫为天下除残贼，宜缟素为资。今始入秦，即安其乐，此所谓'助桀为虐'。

且'忠言逆耳利于行,毒药苦口利于病',愿沛公听樊哙言。"沛公乃还军霸上。

〔故事〕

刘邦击破秦军,到咸阳后,秦王子婴投降。刘邦进入秦王宫殿,见宫殿巍峨,珍宝无数,美女成群,就想留在宫中享受。当时的武将樊哙劝他不要因小失大,可是他不听。张良于是劝他说:"因为秦国残暴无道,所以我们能够取得胜利,来到咸阳。我们既然为天下除去暴君,就应该改变秦朝的奢侈和淫靡之风,用艰苦朴素来号召天下。现在您刚刚占领了秦宫,就想像秦王一样享乐,这相当于帮助夏桀一起做坏事。"刘邦认为张良的话有道理,于是撤出咸阳,把军队驻扎在灞上。

夏桀与商纣都是古代著名的暴君,因此"助桀为虐"后世经常作"助纣为虐"。

独当一面

〔释义〕

独当一面:单独负责一个方面的工作。

〔出处〕

《史记·留侯世家》：至彭城，汉败而还。至下邑，汉王下马踞鞍而问曰："吾欲捐关以东等弃之，谁可与共功者？"良进曰："九江王黥布，楚枭将，与项王有郤；彭越与齐王田荣反梁地：此两人可急使。而汉王之将，独韩信可属大事，当一面。即欲捐之，捐之此三人，则楚可破也。"

〔故事〕

有一次，刘邦与项羽在彭城交战，大败而还，撤退到下邑。刘邦非常恼火，对张良说："谁能替我出这口气，我就把关东让给谁，快告诉我，谁能做到呢？"张良说："九江王黥布是西楚的猛将，现在与项羽不和。还有西楚大将彭越和齐国联合，准备背叛项羽。这两个人，可以利用。至于大王的将领，只有韩信可以独当一面。如果大王把关东交给他们三个人，西楚必败。"刘邦立刻按张良的话去做，最后果然打败了项羽。

借箸代筹

〔释义〕

借箸代筹：箸，筷子。筹，过去用以计算的工具，引申为策划。借用筷子来指画当前的形势。后比喻从旁为人出主意，计划事情。

〔出处〕

《史记·留侯世家》：食其（yì jī）未行，张良从外来谒。汉王方食，曰："子房前！客有为我计桡楚权者。"具以郦生语告于子房，曰："何如？"良曰："谁为陛下画此计者？陛下事去矣。"汉王曰："何哉？"张良对曰："臣请借前箸为大王筹之。"

〔故事〕

汉高祖三年（前204），楚、汉争霸时，项羽把刘邦围困在荥阳，刘邦惊恐忧愁，与郦食其商议如何削弱楚国的势力。郦食其建议以刘邦的名义重新封立六国的后裔，这样他们就会甘愿归附，项羽将最终失败。刘邦觉得很有道理，命人赶快刻制印玺，让郦食其巡行各地分封。郦食其还没有动身，张良从外面回来谒见。刘邦正在吃饭，就把这个计划告诉了张良。张良认为这一计划非常不妥，用刘邦面前的筷子当工具，仔细分析了一下形势，陈述了八个不能这样做的原因。刘邦听后，恍然大悟，立即吐出口中的食物，下令销毁已刻好的六国印玺，从而避免了一次重大战略失误。

高阳酒徒

〔释义〕

高阳酒徒：高阳，古乡名，在今河南杞县西南。秦末郦食其即此乡人，对刘邦自称"高阳酒徒"。用以指嗜酒而放荡不羁的人。

〔出处〕

《史记·郦生陆贾列传》：初，沛公引兵过陈留，郦生踵军门上谒曰："高阳贱民郦食其，窃闻沛公暴露，将兵助楚讨不义，敬劳从者，原得望见，口画天下便事。"使者入通，沛公方洗，问使者曰："何如人也？"使者对曰："状貌类大儒，衣儒衣，冠侧注。"沛公曰："为我谢之，言我方以天下为事，未暇见儒人也。"使者出谢曰："沛公敬谢先生，方以天下为事，未暇见儒人也。"郦生瞋目案剑叱使者曰："走！复入言沛公，吾高阳酒徒也，非儒人也。"使者惧而失谒，跪拾谒，还走，复入报曰："客，天下壮士也，叱臣，臣恐，至失谒。曰'走！复入言，而公高阳酒徒也'。"沛公遽雪足杖矛曰："延客入！"

〔故事〕

郦食其，陈留高阳乡人。少时家境贫寒，好读书，当了一名看管里门的下贱小吏。尽管如此，县中的贤士和豪强却不敢随便役使他，县里的人们都称他为"狂生"。刘邦兵临陈留时，访求当地豪杰，郦食其就让人向刘邦推荐自己。刘邦答应见一见郦食其。

这天，郦食其去见刘邦。使者进去通报说郦食其来了，刘邦正在洗脚，就问是个什么样的人。使者说，看举止打扮，像个儒生。刘邦历来对读书人有偏见，曾经往读书人的帽子里尿过尿，一听说郦食其是个儒生，不想见他，就说他正忙着天下大事，没有时间见读书人。使者把刘邦的话传给了郦食其。郦食其十分生气，瞪着眼，按着宝剑呵斥使者说："你告诉沛公，我是高阳的酒徒，不是什么儒生。"刘邦见郦食其非同一般，就召见了他。两人边喝酒边攀谈，很是投机。郦食其随后被封为广野君。

在楚汉战争中，郦食其和他的弟弟郦商为刘邦出谋划策，立下了汗马功劳。后来，郦食其出使齐国，劝齐王田广归汉，齐王放弃战备，准备以七十余城投降刘邦。淮阴侯韩信嫉妒郦食其的功劳，发兵袭击齐国，齐王田广认为自己被郦食其欺骗了，将其烹杀。

今河南杞县高阳镇高阳村西南隅铁底河南岸有郦食其、郦商墓。广野君郦食其墓建于汉高祖十二年（前195），曲周侯郦商墓建于汉文帝元年（前179）。东汉延熹六年（163）墓后建郦生祠，雍丘县令董生命县人苌照作文立碑。清乾隆六年（1741）重修。

一抔黄土

〔释义〕

一抔黄土：一抔，一捧。一捧黄土，借指坟墓。现多比喻不多的土地或没落、渺小的反动势力。

〔出处〕

《史记·张释之冯唐列传》：有人盗高庙坐前玉环，捕得，文帝怒，下廷尉治。释之案律盗宗庙服御物者为奏，奏当弃市。上大怒曰："人之无道，乃盗先帝庙器，吾属廷尉者，欲致之族，而君以法奏之，非吾所以共承宗庙意也。"释之免冠顿首谢曰："法如是足也。且罪等，然以逆顺为差。今盗宗庙器而族之，有如万分之一，假令愚民取长陵一抔土，陛下何以加其法乎？"久之，文帝与太后言之，乃许廷尉当。

〔故事〕

张释之，字季，堵阳（今河南方城）人，西汉法学家。以执法公正不阿闻名，时人称赞"张释之为廷尉，天下无冤民"。

有人偷了高祖庙神座前的玉环，被抓到了，文帝发怒，交给廷尉治罪。张释之按照法律规定的偷盗宗庙服饰器具罪奏报给皇帝，判处其死刑。文帝勃然大怒，认为此人胡作非为，无法无天，竟敢偷盗先帝庙中的器物，把他交给廷尉审理的目的，就是想要给他灭族的惩处，而张释之却按照法律条文把惩处意见报告上来，不能体现自己恭敬奉承宗庙的本意。张释之脱帽叩头谢罪说："依照法律这样处罚已经足够了。况且在罪名相同时，也要区别犯罪程度的轻重不同。现在他偷盗祖庙的器物就要处以灭族之罪，万一有愚蠢的人挖了长陵一捧土（即掘了高祖皇帝的坟墓），陛下用什么刑罚惩处他呢？"过了一些时候，文帝和薄太后谈论起这件事，认为廷尉张释之的判决是恰当的。

"一抔土"的典故即来源于此。后转化出成语"一抔黄土"。

今河南方城县城西北胡岗村旁有张释之墓及张释之祠，为县级重点文物保护单位。

厝火积薪

〔释义〕

厝火积薪：厝（cuò），放置。积薪，积聚的木柴。把火放在柴堆之下。比喻潜伏着极大危机。

〔出处〕

《汉书·贾谊传》：夫抱火厝之积薪之下而寝其上，火未及燃，因谓之安，方今之势，何以异此。

〔故事〕

贾谊，西汉洛阳人，十八岁即以文才出名，二十多岁时，被汉文帝召为博士，迁太中大夫。因议论时政，指陈时弊，为大臣周勃、灌婴等所毁，贬为长沙王太傅，迁梁怀王太傅。曾多次上书，主张重农抑商，建议削弱诸侯王势力，因怀才不遇，三十三岁便忧郁而死。著有政论《陈政事疏》《过秦论》等，为西汉鸿文。

贾谊在《陈政事疏》中说，进言的人都说天下已经安定，治理得很好了，实际不是那么回事。他们不是愚昧无知，就是阿谀奉承，不能真正了解治乱大体。把火放在堆积的木柴之下，自己却在木柴上呼呼大睡，火没燃烧起来,便认为安然无事。这才是国家当时面临的局势。

清《洛阳县志》载,洛阳东北邙山上有贾谊墓,在大坡口道西,即现在的孟津平乐镇新庄村东,俗称贾生墓,孟津县人民政府于 2014 年为其立碑建亭。贾谊墓周围是汉墓集中地,现为全国重点文物保护单位邙山陵墓群的重要组成部分。

草菅人命 投鼠忌器

〔释义〕

草菅人命:草菅(jiān),野草。把人的性命看得像野草一样轻贱,随意加以摧残。多用于形容官吏草率处理案件,使无罪者屈死。也指反动统治者滥施淫威,任意残害人民。

投鼠忌器:想用东西打老鼠,又怕打坏了它旁边的器物。比喻做事有顾忌,不敢放手干。

〔出处〕

《汉书·贾谊传》:故胡亥今日即位而明日射人,忠谏者谓之诽谤,深计者谓之妖言,其视杀人若艾草菅然。……里谚曰:"欲投鼠而忌器。"此善喻也。鼠近于器,尚惮不投,恐伤其器,况于贵臣之近主乎!

〔故事〕

汉文帝三年（前177），开国元勋周勃遭人诬告，被免去丞相之职并治罪。贾谊听到周勃下狱的消息，写了一篇《治安策》呈交汉文帝。他说：夏、商、周都传承了很多代，但是秦朝两代就灭亡了。人的性情相差不是很远，为什么夏、商、周三代政治清明、统治长久，而秦朝没有德政、暴虐残酷呢？原因在于古代的帝王，太子刚生下来，就用礼来教养。到了秦朝就不是这样。赵高辅助秦二世，教他的是刑戮的方法，所以秦二世今天登上帝位，明天就杀人，把忠心进谏的话当成是诽谤，把深远的计谋当成是妖言，把杀人看作割草一样。这是由于他接受的教育不合理的缘故。

贾谊认为，夏、商、周之所以国祚长，是因为讲礼；秦朝之所以国祚短，是因为以法废礼。因此，运用法律处罚大臣要注意礼节，不能伤害到礼。这就是所谓的"投鼠忌器"。"投鼠"就是使用法律进行处罚，"器"就是礼。秦朝"投鼠不忌器"，汉朝需要"投鼠忌器"。

关于"投鼠忌器"，有一个故事。说是有个富人，很喜欢古董，并收藏了很多，其中有一件非常稀有的古董叫玉盂，工艺精美，深受富人喜爱。有天晚上，一只老鼠跳进了这个玉盂，正巧被这个富人看到了，他非常恼火，盛怒之下，便拿了一块石头砸向老鼠。当然，老鼠是被砸死了，可那个珍贵的玉盂也被打破了。富人非常难过，他对自己的鲁莽行为深感后悔。

先斩后奏

〔释义〕

先斩后奏：原指臣子先把人处决了，然后再报告帝王。现比喻未经请示就先做了某事，造成既成事实，然后再向上级报告。

〔出处〕

《史记·张丞相列传》：罢朝，嘉谓长史曰："吾悔不先斩错，乃先请之，为错所卖。"

〔故事〕

晁错，西汉颍川（治今河南禹州）人，文帝时任太常掌故，累迁太子家令，受太子信任，号"智囊"。景帝即位后，任内史，极受宠幸，当时的法令都交由他改定。丞相申屠嘉为人耿直刚正，对晁错虽心有不满，却无能为力。当时，内史府位于太上皇庙内墙外的空地上，门在东边，出入不大方便，晁错贪图捷径，就在太上皇庙南面的外墙上开了一个门，由南面出入。丞相申屠嘉知道后，想以此问责，请求汉景帝诛杀晁错。没想到，晁错的一个门客知道了申屠嘉的意图，赶紧告诉了晁错。晁错很害怕，连夜入宫求见汉景帝，详细说明了此事，算作投案自首。第二天，丞相申屠嘉当堂陈述晁错擅自凿开庙墙为门的事，并请求处死晁错。汉帝景却说："这不是庙墙，而是外墙，原来就有其他官在那里住。再说是我让他这么干的，不算犯法。"申屠嘉极为生气，退朝后对他的长史说："我后悔没有先斩了晁错，然后再上奏，以致被他出卖。"申屠嘉回到家后，气得吐血而死。

今河南禹州烈士陵园西北角有晁错墓，为许昌市第三批文物保护单位。

朝令夕改

〔释义〕

朝令夕改：早晨发布的命令，晚上就改了。形容政令时常更改，使人不知道该怎么办。

〔出处〕

《汉书·食货志》：勤苦如此，尚复被水旱之灾，急政暴虐，赋敛不时，朝令而暮改，当具有者半贾而卖，亡者取倍称之息，于是有卖田宅鬻子孙以偿责者矣。

〔故事〕

这个成语来自晁错的《论贵粟疏》。他谈到当时下层民众的状况十分悲惨，要求国家重视农民、农业。晁错认为，当时的农民十分辛苦，还经常遭受水旱灾害,官府又要急征暴敛,随时摊派,早晨发命令,晚上就改。交赋税的时候,有粮食的人,半价贱卖后完税;没有粮食的人,只好以加倍的利息借债纳税。于是就出现了卖田地房屋、卖子孙来还债的事情。因此,没有比使人民务农,使农民富裕更为迫切的任务了。这就需要轻徭薄赋,政策要有连续性,从上到下真正关心农民的利益,这样社会才会稳定,国家才会发展。

这一成语原作"朝令暮改",今多作"朝令夕改"或"朝行夕改"。

嵩呼万岁

〔释义〕

嵩呼万岁:嵩山山神连呼"万岁"三次。后用来指臣下对皇帝高呼万岁,祝颂皇帝的一种礼仪。也比喻太平盛世。

〔出处〕

《汉书·武帝纪》:翌日,亲登崇嵩,御史乘属,在庙旁吏卒咸闻呼万岁者三。

〔故事〕

元封元年(前110)春,汉武帝登嵩山(在今河南登封西北)时,随从的御史，庙旁的官吏、兵卒都听到三声呼喊"万岁"的声音。后由此延伸出"嵩呼万岁""三呼万岁""山呼万岁"等词，用以祝皇帝长寿或歌颂王朝太平，从此"万岁"也成为皇帝的专用称呼。

坐观成败

〔释义〕

坐观成败：坐在一旁观看人家的成功或失败。比喻袖手旁观。

〔出处〕

《史记·田叔列传》：任安为北军使者护军，太子立车北军南门外，召任安，与节令发兵。安拜受节，入，闭门不出。武帝闻之，以为任安为伴邪，不傅事，何也？任安笞辱北军钱官小吏，小吏上书言之，以为受太子节，言"幸与我其鲜好者"。书上闻，武帝曰："是老吏也，见兵事起，欲坐观成败，见胜者欲合从之，有两心。安有当死之罪甚众，吾常活之，今怀诈，有不忠之心。"下安吏，诛死。

〔故事〕

任安，荥阳人，年轻时比较贫困，曾经做过大将军卫青的舍人，后来升迁为益州刺史。征和二年（前91），朝中发生了巫蛊之祸，江充诬陷太子刘据谋逆，刘据不得已发兵诛杀江充等人。当时，任安担任北军使者护军，负责京城和皇宫的保卫工作，刘据召见任安，把符节给他，命他调动北军。任安虽然接受了符节，但并未发兵，还把军门关上不再出来了。然而，北军中一个管钱粮的小官，因曾被任安鞭打，趁机上书武帝，说任安自称"很荣幸能收到符节"。汉武帝本就疑惑任安附和太子，见了奏书，说："这是个老于世故的官吏，他是想要坐观成败，看到谁胜利就附和顺从谁。像这样的有二心之人，留他不得。"于是，任安被问罪腰斩。

一钱不值　首鼠两端

〔释义〕

一钱不值：一个铜钱都不值。比喻毫无价值。

首鼠两端：首鼠，踌躇。在两者之间犹豫不决又动摇不定。比喻瞻前顾后，畏首畏尾。

〔出处〕

《史记·魏其武安侯列传》：夫无所发怒，乃骂临汝侯曰："生平毁程不识不直一钱，今日长者为寿，乃效女儿咕嗫耳语。"……武安已罢朝，出止车门，召韩御史大夫载，怒曰："与长孺共一老秃翁，何为首鼠两端？"

〔故事〕

灌夫是汉初颍阴（今河南许昌）人。父亲灌孟，本姓张，在颍阴侯灌婴家做门客，后来就改姓灌。在汉景帝讨伐吴、楚等七国叛乱时，灌夫父子立下大功。灌夫勇名，传遍天下，大将军、魏其侯窦婴很赏识他。汉武帝时，窦婴势力衰落，与失意的灌夫意气相投。

武帝的舅舅武安侯田蚡做了丞相，势力很大。在田蚡续娶燕王女儿做夫人的贺宴上，灌夫向田蚡敬酒，田蚡不肯喝满杯，灌夫很不高兴；又向临汝侯灌贤敬酒，灌贤只顾与程不识交头接耳说话，没有离开席位。灌夫借以泄怒，就骂灌贤："你平日里诋毁程不识不值一个小钱，我是长辈，向你敬酒，你站都不站起来，还学什么女儿家咬他的耳朵说话。"骂罢愤然离去。田蚡恼怒，弹劾灌夫骂座毁辱大臣，立即下令把他逮捕下狱，并把灌家人全部拘禁，准备满门处死。窦婴上书求见汉武帝，说灌夫酒醉得罪丞相，罪不至死，况且曾经有功。田蚡却说灌夫横行霸道、无法无天、欺压良民、排斥皇族、罪大恶极。窦婴一怒之下，揭露田蚡贪污舞弊等种种劣迹。田蚡转过来又肆口诬控窦婴、灌夫招纳豪侠，图谋不轨。汉武帝也难以决断，就叫大臣们发表意见。

御史大夫韩安国（字长孺）吞吞吐吐地说：窦婴说灌夫有功无过，酒后失言，不应当陷于重罪，这话是对的。丞相说灌夫胡作非为，危及国家，这话也不错。究竟怎么处理，还是要凭陛下定夺。其余大臣，有的也不痛不痒说一两句，大多数人都不敢开口，只好不欢而散。田蚡坐车离宫，在宫门口看见韩安国正在前面走，就叫他上车同行，埋怨他说："你应当与我一起对付那个老秃翁（指窦婴，讥辱他没有官职），为什么动摇不定，犹豫不决呢？"

死灰复燃

〔释义〕

死灰复燃：冷灰重新烧了起来。原比喻失势的人重新得势。现在常比喻已经停止活动的事物（多指坏事）重新活动起来，也比喻本来的念头、愿望又重新出现。

〔出处〕

《史记·韩长孺列传》：安国坐法抵罪，蒙狱吏田甲辱安国。安国曰："死灰独不复然乎？"田甲曰："然即溺之。"居无何，梁内史缺，汉使使者拜安国为梁内史，起徒中，为二千石。田甲亡走。安国曰："甲不就官，我灭而宗。"甲因肉袒谢。安国笑曰："可溺矣！公等足与治乎？"卒善遇之。

〔故事〕

韩安国，字长孺，梁国成安（今河南汝州东南）人。事奉梁孝王，担任中大夫。后来韩安国因犯法被判罪，蒙县（今河南商丘北）的狱吏田甲经常侮辱韩安国。韩安国说："死灰难道就不会复燃吗？"田甲说："要是再燃烧就撒一泡尿浇灭它。"过了不久，梁国内史的职位空缺，朝廷任命韩安国为梁国内史，田甲听说后吓得弃官逃跑了。韩安国故意对人说："田甲如果不回来就任，我就灭了他的宗族。"田甲没有办法，只好脱光上衣露着胸脯前去谢罪。韩安国笑着说："你可以撒尿了！跟你们这些势利之人还值得计较吗？"最后，韩安国并没有追究田甲的过错，友好地对待他。

强弩之末

〔释义〕

强弩之末：强弩所发的矢，飞行已达到末程。比喻强大的力量已经衰弱，起不了什么作用。

〔出处〕

《史记·韩长孺列传》：且强弩之极，矢不能穿鲁缟；冲风之末，力不能漂鸿毛。非初不劲，末力衰也。

〔故事〕

汉武帝建元六年（前135），武安侯田蚡担任丞相，韩安国担任御史大夫。匈奴派人前来请求和亲，武帝交由朝臣讨论。大行王恢是燕地人，多次出任边郡官吏，熟悉匈奴的情况。他说："汉朝和匈奴和亲，过不了几年匈奴大都背弃盟约。不如不答应，发兵攻打他。"韩安国说："派军队去千里之外作战，很难取得胜利。现在匈奴依仗军马充足，心肠如同禽兽，迁徙起来像鸟飞一样,很难控制他们。我们得到他们的土地也不能算开疆拓土,拥有了他们的百姓也不能算强大,从上古起他们就不可能真心归附汉人。汉军到几千里以外去争夺利益,就会人马疲惫,匈奴就会凭借全面的优势对付我们的弱点。况且强弩之末连鲁地所产最薄的白绢也射不穿;从下往上刮的强风,到了最后,连使雁毛飘起的力量都没有。并不是它们开始时力量不强,而是到了最后,力量衰竭了。所以发兵攻打匈奴实在是很不利的,不如跟他们和亲。"群臣多数附和韩安国,于是武帝便同意与匈奴和亲。

招之不来,麾之不去

〔释义〕

招之不来,麾之不去:听到招呼不过来,让他走也不走。形容为人刚正不阿,坚定不移,不轻易听命于人。

〔出处〕

《史记·汲郑列传》:使黯任职居官,无以逾人。然至其辅少主,守城深坚,招之不来,麾之不去,虽自谓贲、育亦不能夺之矣。

〔故事〕

汲黯,西汉名臣,字长孺,濮阳人。汉景帝时任太子洗马。汉武帝时期,最初为谒者,后来出任东海太守,有政绩。被召回京城任主爵都尉,位列九卿,负责诸侯国各王及其子孙封爵夺爵等事宜。汲黯学黄老之术,治务无为,好直谏廷诤,武帝称其为"社稷之臣"。

汲黯经常生病,武帝也多次恩准他休假养病,他却始终不能痊愈。最后一次病得很厉害,庄助替他请假。武帝向庄助打听汲黯这个人怎么样,庄助说:"汲黯任职为官,也没见有什么过人之处。但是他能辅佐年少的君主,坚守已成的事业,用利益引诱他他不会来,用威权驱逐他他不会去。即使像孟贲、夏育那样勇武,也不能撼动他的节操。"武帝说:"是的。古代有所谓安邦保国的忠臣,汲黯就很像他们。"

今河南郸城汲冢镇有汲黯墓,为省级文物保护单位。汲黯墓遗址东侧原有石碑一块,上书"汉淮阳太守汲黯之墓"。但此碑早已被毁,后改成"汲冢遗址"。

重足而立,侧目而视

〔释义〕

重足而立,侧目而视:重足,双脚并拢。侧目,斜着眼睛。形容畏惧而愤恨的样子。

〔出处〕

《史记·汲郑列传》：黯时与汤论议，汤辩常在文深小苛，黯伉厉守高不能屈，忿发骂曰："天下谓刀笔吏不可以为公卿，果然。必汤也，令天下重足而立，侧目而视矣！"

〔故事〕

汲黯认为廷尉张汤靠罗织罪名办案，靠任意断案成就功名，阿谀奉主，时常和廷尉张汤争辩。张汤辩论起来，总爱故意深究条文，苛求细节。汲黯则刚直严肃，志气昂奋，却不能驳倒他。他怒不可遏地骂张汤说："天下人都说绝不能让刀笔吏出身的人占据公卿的位置，果真是这样。如果非要按照张汤的法令行事，必定会让天下人害怕得双脚并拢站立，不敢迈步，眼睛也不敢正视！"

后来居上

〔释义〕

后来居上：后来的胜过先前的。后用以称赞后起之秀超过前辈。

〔出处〕

《史记·汲郑列传》：始黯列为九卿，而公孙弘、张汤为小吏。及弘、汤稍益贵，与黯同位，黯又非毁弘、汤等。已而弘至丞相，封为侯；汤至御史大夫；故黯时丞相史皆与黯同列，或尊用过之。黯褊心，不能无少望，见上，前言曰："陛下用群臣如积薪耳，后来者居上。"上默然。

〔故事〕

当初汲黯位列九卿时，公孙弘、张汤不过还是一般小吏而已。公孙弘、张汤日渐显贵，和汲黯官位相当。不久，公孙弘升为丞相，封为平津侯；张汤官至御史大夫，职位次于丞相；昔日汲黯手下的郡丞、书史也都和汲黯同级了，有的被重用，地位甚至还超过了他。汲黯心境狭窄，感到很郁闷，一次朝见武帝时，他走上前说："陛下使用群臣就像堆柴垛一样，后来的堆在上面。"武帝沉默不语，但也觉得汲黯十分蠢直。

短小精悍

〔释义〕

短小精悍：精悍，精明强干。身材矮小而精明勇猛。后以此典比喻人精明强干，也形容文章、发言简短而精练有力。

〔出处〕

《史记·游侠列传》：（郭）解为人短小精悍，不饮酒。

〔故事〕

郭解，字翁伯，河内轵县（今河南济源东南）人。他状貌矮小而精明勇猛，不饮酒。小时候阴狠毒辣，长大后，便改变往常的表现，能够约束自己，以恩惠报答自己怨恨之人，多施舍而少责怪人。好任侠仗义，打抱不平，喜于救人之危，为人们所称道。宋苏轼《王定国真赞》中便说："雍容委蛇者，贵介之公子，而短小精悍者，游侠之徒也。"

另宋朱弁《曲洧旧闻》卷五有："少游下笔精悍，心所默识而口不能传者，能以笔传之。"用"精悍"表示下笔精练、犀利，故又用"短小精悍"形容文章、言论的简短有力。

克绍箕裘

〔释义〕

克绍箕裘：克，能够。绍，继承。箕（jī）：扬米去糠的竹器，或者畚箕之类的东西。裘，冶铁用来鼓气的风裘，也指皮袄。比喻能继承父、祖的事业。

〔出处〕

《礼记·学记》：良冶之子，必学为裘。良弓之子，必学为箕。

〔故事〕

《礼记》又名《小戴礼记》《小戴记》，据传为孔子的七十二弟子及其学生们所作，西汉礼学家戴圣所编。戴圣，字次君，西汉梁国（郡治今河南商丘南）人，出生于梁国睢阳（今河南商丘睢阳区）。

箕是一种器皿，多半用竹、柳或藤之类柔软的植物织成；裘是一种皮物，是用一片片的兽皮缝合而成的皮衣。制作这两种东西的人，都必须经过长时间的学习，再运用熟练的技巧，才能够制成完美的箕和裘。"良冶之子，必学为裘。良弓之子，必学为箕"意在说明一个家庭中，如果父兄是冶铸金属的，子弟们因为看惯了冶合各种金属，把残破的东西修补完善，所以就会先学会用一片片的兽皮缝合成一件裘袍，作为学习冶金的准备。同样的，如果父兄是造弓的能手，子弟也会先用竹、柳等柔软的东西编织成箕，作为学习造弓的第一步。

后来，人们由此引申出"克绍箕裘"这个成语，比喻子孙们在学识和技术方面能继承先人的事业。

疾风劲草

〔释义〕

疾风劲草：即疾风知劲草。在猛烈的大风中才看得出什么草最坚韧，不会被吹倒。比喻只有经过严峻的考验，才知道谁真正坚强。

〔出处〕

《东观汉记·王霸传》:上为大司马,以王霸为功曹令史,从渡河北,宾客随者数十人,稍稍引去,上谓霸曰:"颍川从我者皆逝,而子独留,始验疾风知劲草。"

〔故事〕

西汉末年,刘秀起兵反抗王莽。他率人马经过颍川时,有一个叫王霸的人和他的朋友一起投靠刘秀,他们跟随刘秀打了许多胜仗。后来刘秀的军队进入河北,由于战事不顺利,很多人都逃离了队伍,只有王霸依然忠心耿耿地跟随着刘秀。刘秀十分感慨地说:"在颍川投奔我的人,现在都跑光了,只剩下你还跟着我,真是只有在猛烈的大风中,才能知道哪种草是最坚韧的。"这个成语比喻在严峻考验中,才能显示出谁是最强者。

今河南孟津白鹤镇铁榭村有汉光武帝陵。古谓原陵,当地亦称"汉陵",俗称"刘秀坟"。陵园由神道、陵园和祠院组成,为国内少有的陵墓园林。1963年被定为河南省重点文物保护单位,2001年6月被国务院公布为第五批全国重点文物保护单位。

置之度外

〔释义〕

置之度外：搁在忖度之外。即不放在心上。

〔出处〕

《后汉书·隗嚣传》：帝积苦兵间，以嚣子内侍，公孙述远据边陲，乃谓诸将曰："且当置此两子于度外耳。"

〔故事〕

西汉末年，刘秀率军推翻了王莽的新朝，在洛阳建立起东汉政权。东汉初立，政局未稳，各地的势力或拥兵自重，占据一隅，或表面归顺，伺机而动。刘秀苦战五年有余，方将各地势力基本肃清，只有两股暂时难以解决的势力，一个是占据今甘肃一带自称西州上将军的隗嚣，一个是占据今四川一带称帝的公孙述。

因连年征战，百废待兴，部队也需要休整，刘秀决定对这两股势力暂时不予征伐，因隗嚣已将其儿子送往洛阳，表面臣服，而公孙述占据蜀地，易守难攻。刘秀说："我们暂且不要把这两个人放在心上！"经过修整，几年之后，刘秀便派兵消灭了这两股割据势力。

推心置腹

〔释义〕

推心置腹：以至诚待人。

〔出处〕

《后汉书·光武帝纪》：光武复与大战于蒲阳，悉破降之，封其渠帅为列侯。降者犹不自安，光武知其意，敕令各归营勒兵，乃自乘轻骑按行部陈。降者更相语曰："萧王推赤心置人腹中，安得不投死乎！"由是皆服。

〔故事〕

西汉末年，为推翻王莽建立的新朝，汉王室刘玄和刘秀也加入了各地蜂拥而起的起义军之中。更始元年（23），绿林军拥立刘玄为更始帝，刘秀在河北势力日益强大，被其封为萧王。随后，刘秀率军收编了河北各地的起义军，并将各个首领封为列侯。收编之后，这些首领们内心始终忐忑不安，担心不被刘秀信任。得知情况后，为稳定军心，刘秀将这些首领们重新安排回他们原来自己的营寨，仍然带领自己的部队，而他只带领少数随从巡视各个营寨。见刘秀如此信任他们，这些首领们非常感动，纷纷议论："萧王待人诚恳，把赤诚之心交给大家，我们怎不能为他赴汤蹈火呢？"

失之东隅，收之桑榆

〔释义〕

失之东隅，收之桑榆：东隅，指日出处。桑榆，日落时太阳的余晖照在桑树、榆树的树梢上，指日落处。比喻开始时或暂时在某一方面失利，但最终在另一方面取得了成功。

〔出处〕

《后汉书·冯异传》载刘秀《劳冯异诏》：赤眉破平，士吏劳苦，始虽垂翅回溪，终能奋翼渑池，可谓失之东隅，收之桑榆。方论功赏，以答大勋。

〔故事〕

冯异，字公孙，颍川父城（今河南宝丰东）人，东汉开国名将，功勋卓著，为"云台二十八将"之一。冯异曾在回溪阪（今河南洛宁东北）被赤眉军打败，抛弃战马，只带数人步行逃回营寨。建武三年（27）正月，冯异在崤底（今河南渑池礼庄寨）重创赤眉军，取得重大胜利。光武帝刘秀颁《劳冯异诏》，表彰冯异说："你虽然在回溪遭受挫折，但最后在渑池获胜。这就是所谓在日出的东方吃了败仗，在日落的西方却得到了胜利。论功行赏，奖掖战功。"回溪在东，渑池在西，所以说"失之东隅，收之桑榆"。

披荆斩棘

〔释义〕

披荆斩棘：披，拨开。斩，砍断。拨开荆，砍掉棘。比喻在前进道路上清除障碍，克服困难。

〔出处〕

《后汉书·冯异传》：异朝京师，引见，帝谓公卿曰："是我起兵时主簿也，为吾披荆棘，定关中。"

〔故事〕

冯异早年为王莽效力，刘秀起兵后，他献出父城（今河南宝丰东），归顺刘秀，担任主簿职务，后被派往关中平定赤眉军。冯异收降了赤眉军的大部，扫除了赤眉军残部。后来冯异到京师洛阳朝见光武帝刘秀，刘秀对大臣们说："这位将军是我起兵时候的行军主簿，当年为我披荆斩棘，扫除了赤眉军，平定了关中。"之后，刘秀赏赐了冯异，并且特许他去外地任职时可以携带家眷，以表示对冯异深信不疑。

"披荆斩棘"这个成语是刘秀对冯异当年身先士卒、奋勇作战的形象比喻，也是对他创业功绩的充分肯定和赞赏。

前跸之功　精锐之师

〔释义〕

前跸（bì）之功：前跸，古代帝后出行时，侍卫在车驾前开路清道，禁止行人通行。指清扫障碍，开辟道路的功劳。

精锐之师：指战斗能力很强的部队。

〔出处〕

《后汉书·铫（yáo）期传》：时王郎檄书到蓟，蓟中起兵应郎。光武趋驾出，百姓聚观，喧呼满道，遮路不得行，期骑马奋戟，瞋目大呼左右曰"跸"，众皆披靡。……王郎灭，拜期虎牙大将军。乃因间说光武曰："河北之地，界接边塞，人习兵战，号为精勇。今更始失政，大统危殆，海内无所归往。明公据河山之固，拥精锐之众，以顺万人思汉之心，则天下谁敢不从？"光武笑曰："卿欲遂前跸邪？"

〔故事〕

铫期，字次况，颍川郡郏县（今河南郏县）人，东汉开国名将，"云台二十八将"之一。更始元年（23），更始帝刘玄派刘秀到洛阳置办行宫。刘秀路过父城县之时，经冯异推荐，铫期归顺刘秀麾下。刘秀在蓟县时，王郎派人来抓捕他,刘秀打算在铫期等人的保护下逃出蓟县,无奈街道上百姓拥挤,将道路堵塞,几乎无法通行。铫期骑马走在最前面,厉声大喝:"跸。"意思是这是皇驾。百姓纷纷躲避,刘秀才得以脱身。后来刘秀消灭王郎,势力壮大,铫期想拥戴刘秀做皇帝,对刘秀说:"河北这个地方,临近边塞,人们都习惯征战,以精锐勇猛闻名。而今更始帝刘玄治理不力,地位岌岌可危,天下需要有号召力的君主。您占据有利地势,拥有精锐军队,顺应天下思汉之心,重兴大汉,天下的人谁敢不追随您呢?"刘秀笑道:"你想让你上次传跸之事成为事实吗?"刘秀虽然没有正面回应铫期的建议,但从此对他更加信任。

差强人意

〔释义〕

差强人意:差,稍微、勉强。强,振奋。勉强能够振奋人们的意志。现表示大致上还能够使人满意。

〔出处〕

《后汉书·吴汉传》:诸将见战陈不利,或多惶惧,失其常度,汉意气自若,方整厉器械,激扬士吏。帝时遣人观大司马何为,还言方修战攻之具,乃叹曰:"吴公差强人意,隐若一敌国矣。"

〔故事〕

吴汉,字子颜,南阳宛县(今河南南阳宛城区)人,东汉开国名将,军事家,"云台二十八将"之一。他作战勇敢,忠心耿耿。有一次,光武帝刘秀的军队打了败仗,军士们都垂头丧气,失去斗志。刘秀让人去探听一下大司马吴汉在做什么,探听的人回来报告说,吴汉正在修缮兵器,整顿军马。刘秀叹息说:"只有吴将军还可以振奋军心,有他一人相当于有一个国家的军队了。"

对于"差强人意"的理解,历来有分歧。有学者认为,"差强人意"其实是"甚强人意"的意思,并非"稍强人意"。也就是说,刘秀这句话的意思是称赞吴汉颇能振奋人的意志,令人满意。今多理解为"大致令人满意",表示赞赏的意味弱化较多。

有志者事竟成

〔释义〕

有志者事竟成:竟,终于。只要有决心有毅力,事情终究会成功。

〔出处〕

《后汉书·耿弇(yǎn)传》:将军前在南阳建此大策,常以为落落难合,有志者事竟成也。

〔故事〕

耿弇,字伯昭,东汉开国名将,"云台二十八将"之一。建武三年(27),延岑自汉中出武关,侵扰南阳各县,耿弇率军与延岑大战于穰县(今河南邓州),大败敌军。后来,刘秀派他去攻打山东地方豪强张步。张步兵多将广,实力雄厚,双方战斗非常激烈。耿弇的大腿被飞箭射中,他抽出佩剑把箭砍断,又继续战斗,终于大获全胜。光武帝嘉奖耿弇,将他比作淮阴侯韩信,感慨地对他说:"将军在南阳时就提出攻打张步的策略,我总以为这个策略大而无当,难以实现,现在看来,有志气的人,事情终究能够成功的。"耿弇英勇善战,为东汉的统一立下赫赫战功。

乐此不疲

〔释义〕

乐此不疲:因喜欢做某件事而不知疲倦。形容对某事特别爱好而沉浸其中。

〔出处〕

《后汉书·光武帝纪下》:(光武)每旦视朝,日仄乃罢。数引公卿、郎、将讲论经理,夜分乃寐。皇太子见帝勤劳不怠,承闲谏曰:"陛下有禹汤之明,而失黄老养生之福,愿颐爱精神,优游自宁。"帝曰:"我自乐此,不为疲也。"

〔故事〕

汉光武帝刘秀,字文叔,南阳蔡阳(今湖北枣阳西南)人,出生于陈留郡济阳县(今河南兰考东北),东汉开国皇帝,勤政敬业。光武帝每天一大早就上朝,一直到太阳偏西才散朝。他经常召集公卿大臣讲解议论儒家经典的义理,到了半夜才入睡。皇太子见他如此辛苦,就趁着他闲暇的时候劝谏说:"陛下您像夏禹和商汤一样英明,却不像黄帝、老子那样擅长养生之道,希望陛下好好保养精神元气,闲适安宁。"光武帝说:"我喜欢这样,没有感觉到疲惫。"

汉光武帝刘秀勤于国事,改革弊政,是我国历史上很有作为的开明君主。

夺席谈经

〔释义〕

夺席谈经:本指解经辩难时,辩胜者夺取失败者的座席。后指在公开辩论中压倒众人。

〔出处〕

《后汉书·戴凭传》:正旦朝贺,百僚毕会,帝令群臣能说经者更相难诘,义有不通,辄夺其席以益通者,凭遂重坐五十余席。故京师为之语曰:

"解经不穷戴侍中。"

〔故事〕

戴凭,字次仲,汝南平舆(今河南平舆北)人,东汉大臣,经学家。

自董仲舒提出"罢黜百家,独尊儒术"之后,儒学思想占据了正统地位,儒家经典成为必读之书,连帝王也亲自倡导研读儒家经典。正月初一,百官朝贺之后,汉光武帝刘秀诏令能够谈经的群臣互相解经问难,凡是经义不通,辩论失败的人,就将自己的座位让给辩论中取胜的人。戴凭连续取胜,夺得五十多个席位。因此,京城洛阳的人们都在谈论"解经不穷戴侍中"的故事,对戴凭十分佩服。后以"夺席之才"称赞那些学识渊博且善于辩论的人。

诚惶诚恐

〔释义〕

诚惶诚恐:封建时代奏章中的套话,表示惶恐不安。今泛用以形容小心谨慎以至于害怕不安的样子。

〔出处〕

《后汉书·杜诗传》:诗自以无劳,不安久居大郡,求欲降避功臣,乃上疏曰:"……牧养不称,奉职无效,久窃禄位,令功臣怀愠,诚惶诚恐。"

〔故事〕

杜诗是河内汲县(今河南卫辉西南)人,西汉末年为大司马,王莽新朝时曾为郡功曹。刘秀建立东汉政权之初,杜诗先任侍御史,后因政绩显赫,任成皋县令,并于建武七年(31年)被擢升为南阳太守。

杜诗担任南阳太守期间,轻徭薄赋,重视农桑,广开农田,兴修水利,制作农具,使南阳社会安定,百姓安居乐业,得到了当地百姓的广泛赞誉。杜诗在刘秀大封功臣之时,不仅不愿接受奖赏,反而上书请求辞去南阳太守之职,降级使用。他说:"我是平庸之才,只因为战时人才匮乏,方使我蒙受恩惠。这也使很多功臣怀才不遇而心生怨气,我心生忧虑,惶恐不安。"刘秀因其卓越的政治才能而始终未答应他的请求,最后杜诗病死于南阳太守任上。

召父杜母

〔释义〕

召父杜母:召(shào),姓氏。西汉召信臣和东汉杜诗。后指有政绩的地方官员,是对地方官员的称颂。

〔出处〕

《后汉书·杜诗传》：七年，迁南阳太守。性节俭而政治清平，以诛暴立威，善于计略，省爱民役。造作水排，铸为农器，用力少，见功多，百姓便之。又修治陂池，广拓土田，郡内比室殷足。时人方于召信臣，故南阳为之语曰："前有召父，后有杜母。"

〔故事〕

杜诗，河内汲县（今河南卫辉西南）人，东汉官员。建武七年（31），杜诗升迁为南阳太守。杜诗节约俭朴，为政清明公正，因诛戮当地强暴在百姓中树立了威望。善于谋划，爱惜民众劳役。制作水排，铸造农用器械。这些工具，使用的劳力少，功效却很大，百姓都认为很方便。杜诗又带领百姓修治陂池，扩大耕地面积。在他为政期间，南阳郡家家户户殷实富裕。当地人把他与前汉太守召信臣相提并论，称颂说："以前有召信臣，现在有杜诗，他们都是我们的父母官。"

西汉召信臣和杜诗一样，都曾为南阳太守，且皆有善政，使人民得以休养生息，因此，南阳人称颂他们为爱护百姓、政绩卓著的父母官。

白马负经

〔释义〕

白马负经：指天竺僧人以白马驮载佛经来到中国，宣扬佛教。用为咏佛事佛寺之典。

〔出处〕

北魏·杨衒之《洛阳伽蓝记》：白马寺，汉明帝所立也，佛入中国之始。……帝梦金神，长丈六，项背日月光明。金神，号曰佛。遣使向西域求之，乃得经像焉。时白马负经而来，因以为名。

〔故事〕

佛教界普遍把汉明帝"永平求法"作为佛教传入中国之始。永平七年（64），东汉明帝刘庄一天晚上做了个梦，梦到一位神人，浑身笼罩金光，头顶有一光环，绰约缥缈，飞至皇宫大殿前。明帝见此神人，十分欢喜。次日早朝，明帝便向大臣们讲述梦中情形，询问大臣：此为何方神人？有位大臣叫傅毅，见多识广，他回答说：听说西方天竺国有位得道之人，被人们称为佛，他能轻举飞身，陛下所梦即是此神。明帝闻言大喜，遂传旨，命大臣蔡愔、秦景等人前往天竺国寻求佛法，这是中国历史上第一次"西天取经"。

据载,这些人历经三十六国,最终到达大月氏(在今中亚阿姆河上游)。这天,过一街市,见有人群簇拥二僧顶礼膜拜,二僧气宇轩昂,身披袈裟,面善目慈,口念阿弥陀佛。一打听,僧人自天竺来,一人称摄摩腾,一人称竺法兰。蔡愔上前施礼说明来意,力邀二高僧前往中国传教。高僧本就志在传教,四处漂泊,闻言正中下怀,当下收拾行装,以白马驮载佛经、佛像,随蔡愔一行而来。

永平十年(67),二高僧、蔡愔抵达洛阳。汉明帝欣喜不已,亲自接待,先传旨将二高僧安排在东汉负责外交事务的官署鸿胪寺住下,又传旨请高僧在自己避暑读书的清凉台翻译佛经,还传旨命宫中画工摹画释迦牟尼佛像,供奉宫中多处,并"犹依天竺旧状",在洛阳城西雍门外三里御道之北修建僧院,僧院初名招提寺,后为纪念白马驮经之劳,改名白马寺。

白马寺屡经战乱,数度重建,今天的白马寺山门是在明代建成的,山门外两旁的石雕是宋代遗物。寺内现有五重大殿,坐落在一条中轴线上。毗邻白马寺的齐云塔院,是全国第一大比丘尼道场。齐云塔又称释迦舍利塔,为中国第一古塔。相传建于白马寺建寺的第二年。初建时塔九层,为木塔。北宋靖康元年(1126),木塔遭火灾,寺与浮图俱废,唯留遗址。今天的齐云塔重建于南宋孝宗淳熙二年(1175)。

车水马龙

〔释义〕

车水马龙：形容车马往来不绝，繁华热闹的景象。

〔出处〕

《后汉书·皇后纪上·明德马皇后》：前过濯龙门上，见外家问起居者，车如流水，马如游龙。

〔故事〕

东汉名将马援的小女儿，因才貌俱佳，十三岁入宫做侍女，在汉明帝时被封为皇后。马氏与明帝恩爱有加，她不仅精心服侍这位喜爱自己的皇帝，而且经常凭其才情为明帝出谋划策，排忧解难。可惜，马氏始终没有自己的子嗣，明帝将贾贵人的儿子刘炟交给她抚养。

刘炟即位，史称汉章帝。汉章帝即位后，尊其为皇太后，为表达对她的敬爱之意，多次提出将她的兄弟们加官封爵。同时一些有意取悦于太后的大臣为此事也纷纷上书。对于此，马太后严遵光武帝时"外戚不得封侯"的规定，颁下诏书："凡上书加封外戚的官员，都是想谄媚于我。我身为太后，生活俭朴，后宫的嫔妃也是如此，我们这是要以身作则。前些天，我路过娘家门口的时候,看到前去拜见我家兄弟的人络绎不绝,他们乘的车子像流水一样不停地驶去,马匹来来往往,就像一条长龙。就连家仆也衣着华贵,很是招摇。他们这样贪图享受,不为国家和朝廷着想,我怎么能为他们加封官爵呢?"章帝和大臣们只好作罢。

鲁阳金行

〔释义〕

鲁阳金行:指鲁阳尉陈翼不贪金饼的故事。比喻廉洁自律。

〔出处〕

《艺文类聚》卷八十三引《庐江七贤传》:陈翼到蓝乡,见道边有马,傍有一病人呼曰:"我长安魏公卿,闻庐江乐来游,今病不能前。"翼迎归养之。病困,曰:"有金十饼,素二十匹,死则卖以殡敛,余谢主人。"既死,翼卖素买棺、衣衾,以金置棺下。骑马出入,后其兄长公见马,告吏捕翼。翼具言之。棺下得金,长公叩头谢,以金十饼投其门中。翼送长安还之。翼后为鲁阳尉,号"鲁阳金行"。

〔故事〕

陈翼见于《后汉书》,据载是著名学者杨震的学生。陈翼到蓝乡,看到路边有一匹马,旁边有一个病人,病人向他呼救说:"我是从长安来的魏公卿,听说庐江好玩,就来游玩,现在病了,走不动。"陈翼把他接到自己家里养病。没想到那人病势越发严重,他对陈翼说:"我有十个金饼,二十匹素绢,我死后您把这些卖掉用来殡殓,剩下的送给您,就当报答您的大恩了。"魏公卿死后,陈翼卖掉素绢,为他买棺材和衣物,把那十个金饼放在棺材里,把那匹马留下自己骑。后来,陈翼的兄长看到那匹马,就去官府告发他。陈翼将事情的来龙去脉讲了一遍。官府打开棺材,果然发现了金饼。他的兄长向他叩头道歉,并把那十个金饼放到他家大门之内,让他接受。陈翼特意去长安找到魏公卿的家人,将十个金饼还给了他们。陈翼后来做了鲁阳(今河南鲁山)尉,因此称"鲁阳金行"。

求贤若渴

〔释义〕

求贤若渴:求取人才,就像口渴的人想得到水一样急切。形容招揽人才的心情非常迫切。又作"求贤如渴"。

〔出处〕

《后汉书·周举传》:朝廷以举清公亮直,方欲以为宰相,深痛惜之。

乃诏告光禄勋、汝南太守曰:"昔在前世,求贤如渴,封墓轼间,以光贤哲。"……其令将、大夫以下到丧发日复会吊。加赐钱十万,以旌委蛇素丝之节焉。

〔故事〕

周举,字宣光,东汉汝南汝阳(今河南商水西北)人。博学洽闻,为儒者所宗,有"五经纵横周宣光"之誉。顺帝时举茂才,迁并州刺史等。后征拜尚书,名重朝廷。又与杜乔等八人奉使巡行风俗,号称"八俊",劾奏贪猾,表荐公清,朝廷称之。

因为周举清正廉明,公平正直,朝廷想任他为宰相,但是还没来得及宣布,周举就不幸去世了,朝廷感到十分惋惜,于是下诏说:"前世国君求取贤才就像口渴的人求取水一样急切,为死者封墓,向贤才致敬,以使贤才门庭光耀。"并诏令朝廷将军、大夫以下都去吊唁,又赐钱十万,以示旌表。

大腹便便

〔释义〕

大腹便便:便便(pián pián),肥满。形容肚子肥大凸出。今含贬义。

〔出处〕

《后汉书·边韶传》：边韶字孝先，陈留浚仪人也。以文章知名，教授数百人。韶口辩，曾昼日假卧，弟子私嘲之曰："边孝先，腹便便。懒读书，但欲眠。"韶潜闻之，应时对曰："边为姓，孝为字。腹便便，五经笥。但欲眠，思经事。寐与周公通梦，静与孔子同意。师而可嘲，出何典记？"嘲者大惭。韶之才捷皆此类也。

〔故事〕

东汉桓帝时，陈留郡（治今河南开封）有个叫边韶的读书人，字孝先。此人在入仕做官前，即以文章知名，曾经教了几百名学生。

边韶学识渊博，讲起课来头头是道，才思敏捷，能言善辩。他要求学生勤学苦读，而自己有时候在白天打瞌睡，而且因为自己身宽体胖肚子圆，打瞌睡的模样很是好笑。

后来，他的学生就私下编了一个顺口溜："边孝先，腹便便。懒读书，但欲眠。"意思是：边孝先是个大肚皮，懒得读书，只想睡觉。边韶很快知道了这个顺口溜，于是马上编了一个顺口溜作答："边为姓，孝为字。腹便便，五经笥。便欲眠，思经事。寐与周公通梦，静与孔子同意。师而可嘲，出何典记？"意思是：边是我的姓，孝是我的字。大肚皮，是装着五经的竹箱子。只想睡觉，去思考五经的事。睡梦中可以会见周公旦，安静时可以与孔子有相同的心意。可以嘲笑老师，这规矩出自哪家经典？学生听过边韶的顺口溜后，大为惭愧，更是佩服他的才华，从此老老实实地跟随他读书。

悬榻留宾

〔释义〕

悬榻留宾：榻，狭长而低的坐卧用具。把平日悬起的榻放下来，让宾客坐卧。形容对宾客格外赏识和尊敬。

〔出处〕

《后汉书·徐稚传》：徐稚（zhì）字孺子，豫章南昌人也。家贫，常自耕稼，非其力不食。恭俭义让，所居服其德。屡辟公府，不起。时陈蕃为太守，以礼请署功曹，稚不免之，既谒而退。蕃在郡不接宾客，惟稚来特设一榻，去则县（悬）之。

〔故事〕

陈蕃，字仲举，汝南平舆（今河南平舆北）人，东汉名臣。与李膺等反对宦官专权，受到太学生敬重，当时称为"不畏强御陈仲举"。灵帝时为太傅，与外戚窦武谋诛宦官，事泄被杀。

陈蕃担任豫章太守时，不喜欢在郡府接待宾客，唯独看重名士徐稚，在郡府内为徐稚特设一榻。徐稚来时，就将榻放下，供徐稚坐卧；徐稚走后，就将榻悬挂起来。

陈蕃的事迹流传久远，唐代王勃《滕王阁序》有"人杰地灵，徐孺下陈蕃之榻"之句，即用此典。

噤若寒蝉

〔释义〕

噤若寒蝉：形容不敢说话。亦泛指默不作声。蝉到秋深天寒即不再叫，故以为喻。

〔出处〕

《后汉书·杜密传》：刘胜位为大夫，见礼上宾，而知善不荐，闻恶无言，隐情惜己，自同寒蝉，此罪人也。

〔故事〕

杜密，字周甫，颍川阳城（今河南登封东南）人，东汉名士"八俊"之一，与李膺齐名。杜密因为才华出众，曾担任太山太守、北海相、尚书令、河南尹、太仆等职务。他为官清正廉洁，执法公正严明，知人善任，对宦官和豪强的打击从不手软。

罢官回到老家颍川后，杜密仍然关心国家正事，经常与郡太守、县令纵论国事，举荐贤良，打黑除恶。而与杜密同时期一个叫刘胜的官员，辞官回乡后，和杜密截然相反，闭门不出，不问政事。

一次，太守王昱对杜密称赞刘胜是位超凡脱俗之人。杜密却连连摇头："刘胜为朝廷命官，作为大夫，当地官员像上宾一样尊敬他，但他遇到好人好事不能举荐表扬，遇到坏人坏事不能揭发劝阻，明哲保身，就像天冷时的蝉一样默默无言。他为保全自身而不能惩恶扬善，这是对国家不负责任，其实就是个罪人。"王昱听后，对杜密很是敬服，更加厚待于他。

范滂诀母

〔释义〕

范滂诀母：范滂自行投案前和母亲诀别。后用以形容大义凛然的英雄气概。

〔出处〕

《后汉书·范滂传》：建宁二年，遂大诛党人，诏下急捕滂等。督邮吴导至县，抱诏书，闭传舍，伏床而泣。滂闻之，曰："必为我也。"即自诣狱。县令郭揖大惊，出解印绶，引与俱亡，曰："天下大矣，子何为在此？"滂曰："滂死则祸塞，何敢以罪累君，又令老母流离乎！"其母就与之诀。滂白母曰："仲博孝敬，足以供养，滂从龙舒君归黄泉，存亡各得其所。惟大人割不可忍之恩，勿增感戚。"母曰："汝今得与李、杜齐名，死亦何恨！

既有令名，复求寿考，可兼得乎？"滂跪受教，再拜而辞。顾谓其子曰："吾欲使汝为恶，则恶不可为；使汝为善，则我不为恶。"行路闻之，莫不流涕。时年三十三。

〔故事〕

范滂，字孟博，汝南征羌（今河南漯河东南）人，东汉名士。后任汝南郡功曹，因触怒宦官，被捕送至京城。及释放还乡，受到数千士大夫欢迎。灵帝初再兴党锢之狱，诏捕范滂，范滂自行投案，死于狱中。

汉灵帝建宁二年（169），大批诛杀"党人"，督邮吴导奉诏令来到县中逮捕范滂等人。吴导知道范滂正直，但又不能抗旨不遵，左右为难。范滂听说这件事后，说："这一定是为了我。"就主动去投案。县令郭揖很吃惊，解下官印绶带，要带着范滂一起逃跑，说："天下很大，先生为何非要待在这里？"范滂说："我死了，祸患就结束了，哪敢因为自己的罪过连累您，又让老母流离失所呢！"范滂的母亲前来与范滂诀别。范滂对母亲说："弟弟仲博为人孝敬，能够供养母亲。范滂跟随父亲命归黄泉，生死存亡各得其所。希望母亲割舍深恩，不要再伤心了。"他母亲说："你现在能够与李膺、杜密齐名，死了又有什么遗憾！有了好名声，还想长寿，二者能够兼得吗？"范滂跪下接受母亲教诲，两次叩头与母亲告别。范滂回过头对自己儿子说："我想让你作恶，但恶事不应该做；想要让你行善，但我现在的处境就是行善的下场。"路上行人听到，没有不流泪的。范滂死时年仅三十三岁。范滂清廉正直，不畏权贵，反贪治腐，视死如归，是古代廉吏和慷慨之士。

今河南确山县刘店镇古庄村有范滂墓遗址。1983年，范滂墓被列为确山县第一批重点文物保护单位。

百折不挠

〔释义〕

百折不挠：折，挫折。挠，弯曲。无论受多少挫折都不退缩。形容意志坚强，品节刚毅。

〔出处〕

东汉·蔡邕《蔡中郎集·太尉桥公碑颂》：其性庄，疾华尚朴，有百折不挠、临大节而不可夺之风。

〔故事〕

桥玄，字公祖，东汉梁国睢阳（今河南商丘南）人。桥玄少时任县功曹，自请为豫州刺史部从事，以惩治大将军梁冀党羽陈相羊昌，定其赃罪，由是知名。举孝廉，补洛阳左尉。桓帝时历任齐相、汉阳太守等职，后为度辽将军，击退鲜卑、南匈奴，稳定边境。灵帝初累迁司空，转司徒。桥玄为人谦恭下士，持身俭素，清廉无余财，时人称之。他与南阳太守陈球有隙，及在公位，荐陈球为廷尉；少子曾被劫持，他拒绝要挟，令士兵攻贼，少子亦死，从此劫持风气遂绝。《太尉桥公碑颂》是蔡邕为桥玄写的纪念碑文，称赞他为人庄严，痛恨浮华，崇尚俭朴，性情刚毅，高风亮节。

今河南商丘睢阳区商丘古城北有桥玄墓,墓前有汉代以来的数座碑。墓东有庙,曹操和曹丕曾先后来此,以太牢之礼祭奠桥玄。

梁上君子

〔释义〕

梁上君子:躲在屋梁上的君子,指窃贼。也比喻脱离实际的人。

〔出处〕

《后汉书·陈寔(shí)传》:寔在乡间,平心率物,其有争讼,辄求判正,晓譬曲直,退无怨者。至乃叹曰:"宁为刑罚所加,不为陈君所短。"时岁荒民俭,有盗夜入其室,止于梁上。寔阴见,乃起自整拂,呼命子孙,正色训之曰:"夫人不可不自勉。不善之人,未必本恶,习以性成,遂至于此,梁上君子者是矣。"盗大惊,自投于地,稽颡归罪。寔徐譬之曰:"视君状貌,不似恶人,宜深克己反善。然此当由贫困。"令遗绢二匹。自是一县无复盗窃。

〔故事〕

陈寔,字仲弓,颍川许县(今河南许昌县东)人,东汉名士。党锢祸起,自请入狱,遇赦出。从此隐居不仕,在士大夫中享有盛誉。曾为太丘长,故后世称其为"陈太丘",与子陈纪、陈谌称"三君",又与同邑钟皓、荀淑、韩韶以德行清高闻名,合称"颍川四长"。

陈寔在乡间,以平和的心态对待事物。百姓出现争执时,都来求陈寔判决,陈寔晓之以理,明辨是非,百姓回去后没有埋怨的。人们感叹说:"宁愿被刑罚处治,也不愿被陈寔批评。"当时收成不好,百姓生活贫困,有小偷夜间进入陈寔家里,躲在房梁上。陈寔暗中发现了他,就起来整顿衣服,召集子孙,表情严肃地训诫他们说:"人不可以不上进。不善良的人,本性未必是坏的,只是习以为常,才形成了不好的性情,成了不善良的人,梁上的这位君子就是这样的人。"小偷大惊,从房梁跳到地上,跪拜在地,诚恳认罪。陈寔开导他说:"看你的长相,不像个坏人,应该好好克制自己,返回正道。然而你这种行为也是贫困造成的。"于是,让人拿了二匹绢给小偷。从此全县再也没有发生过盗窃案件。

难兄难弟

〔释义〕

难兄难弟:兄弟才德都好,难分高低。后亦指曾共过患难的人或处于同样困境的人。

〔出处〕

《世说新语·德行》：陈元方子长文，有英才，与季方子孝先，各论其父功德，争之不能决。咨于太丘，太丘曰："元方难为兄，季方难为弟。"

〔故事〕

东汉时期，颍川许县（今河南许昌县东）陈寔为官清廉，品行高洁，深受当地百姓的爱戴。他有两个儿子，大儿子叫元方，小儿子叫季方，受其影响，两个儿子学问、人品俱佳，不分上下。因为他们父子三人的声望极高，当时豫州的城墙上都画着他们的画像，让百姓学他们的品德。

元方有个儿子叫长文，季方有个儿子叫孝先。有一天，他们说起自己父亲的功德，都认为自己的父亲品德高尚，争来争去没有结果。他们一同来到祖父陈寔面前，请祖父裁决。陈寔想了一会儿，对两个孙子说："元方难为兄，季方难为弟。他们两个的品德才华都很出众，难分上下啊！"两个孙子听了都很满意。

后人根据这个故事，演化出"难兄难弟"这个成语，原意指难分伯仲，不相上下，后来语意发生变化，常用于指曾共过患难的人或处于同样困境的人。

慈明无双

〔释义〕

慈明无双：慈明，即东汉荀爽。像慈明这样的人没有第二个。用以赞扬兄弟或同辈中杰出的人物。

〔出处〕

《后汉书·荀爽传》：爽字慈明，一名谞。幼而好学，年十二，能通《春秋》《论语》。太尉杜乔见而称之，曰："可为人师。"爽遂耽思经书，庆吊不行，征命不应。颍川为之语曰："荀氏八龙，慈明无双。"

〔故事〕

荀爽，字慈明，又名谞，颍川颍阴（今河南许昌）人，东汉末年经学家。他自幼聪敏好学，博通群经，一生对经学多有著述，是东汉著名的古文经学大师。荀爽兄弟八人俱有才名，人称"荀氏八龙"。颍川人称赞荀爽说："荀氏八龙，慈明天下无双。"即荀爽是最为出色的一个。

"颍川荀氏"是汉晋时期颍川的主要士族之一，当时有"汝颍多奇士"之说。荀氏见于史籍记载者达一百多人，多与贵族或皇室联姻，是名副其实的名门望族。

万众一心

〔释义〕

万众一心：一万人一条心。形容团结一致。

〔出处〕

《后汉书·朱儁（jùn）传》：儁登土山望之，顾谓张超曰："吾知之矣。贼今外围周固，内营逼急，乞降不受，欲出不得，所以死战也。万人一心，犹不可当，况十万乎！其害甚矣。不如彻围，并兵入城。忠见围解，势必自出，出则意散，易破之道也。"

〔故事〕

朱儁，东汉末年名将，参与镇压颍川、汝南、南阳等地的黄巾起义。黄巾军余部首领韩忠占据南阳，抗拒朱儁的军队，朱儁连续进攻，都无法攻克。朱儁登上土山远望南阳城，说："我知道了。贼兵曾经向我军投降，没有被接受。想出城逃走又不可能，因此只有死战。在这种情况下，一万士兵一条心，就勇不可当了，何况是十万士兵呢！危害真是太大了。我们不如暂时撤兵，韩忠看到已经解围，势必率兵出城。一旦出城，他们就会军心涣散，容易被击败。"于是，朱儁假意撤军，韩忠果然出城，朱儁趁机进攻，大获全胜。朱儁清除了南阳的黄巾军残部，南阳黄巾军从此溃散。

仰人鼻息

〔释义〕

仰人鼻息：仰，依赖。鼻息，指呼吸时进出的气。靠别人的呼吸活下去。比喻依赖别人或看别人的脸色行事。又作"仰承鼻息"。

〔出处〕

《后汉书·袁绍传》：馥素性恇怯，因然其计。馥长史耿武、别驾闵纯、骑都尉沮授闻而谏曰："冀州虽鄙，带甲百万，谷支十年。袁绍孤客穷军，仰我鼻息，譬如婴儿在股掌之上，绝其哺乳，立可饿杀。奈何欲以州与之？"馥曰："吾袁氏故吏，且才不如本初。度德而让，古人所贵，诸君独何病焉？"

〔故事〕

袁绍，字本初，汝南汝阳（今河南商水西北）人，东汉末年诸侯，汉末群雄之一。袁绍出身东汉名门"汝南袁氏"，自其曾祖父起，袁氏四代有五人位居三公，其家族也因此有"四世三公"之称。韩馥，字文节，颍川郡（治今河南禹州）人，东汉末年诸侯，冀州牧。

东汉末年，袁绍起兵讨伐董卓，很多郡县纷纷响应，袁绍欲密谋冀州，先让公孙瓒发兵威胁冀州，接着派人游说冀州牧韩馥让出冀州。韩馥生性怯懦，同意把冀州让给袁绍。韩馥的长史耿武、别驾闵纯、骑都尉沮授听说后，都来劝谏说："冀州虽然偏僻，但有甲士百万，粮食足以维持十年。而袁绍则是孤军到此，无所依靠，无处可去，依赖我们才能生存，就好像在我们手上的婴儿，一旦断了奶，立刻就会饿死。为什么要把冀州让给他？"韩馥说："我以前本来就是袁氏手下的官吏，况且才能也不如袁本初，把地位权势让给有才德的人，这是古人所推崇的做法，你们为何要横加指责呢？"韩馥不听劝告，将冀州让给了袁绍，袁绍代领冀州牧，送给韩馥一个"奋威将军"的空头衔。后来，韩馥被逼自杀，袁绍则以冀州为根据地，统一河北等地，势力逐渐强大，成为独霸一方的诸侯。

开云见日

〔释义〕

开云见日：拨开云雾，看见太阳。比喻黑暗过去，光明出现。也比喻真相显露，误会解除。又作"拨云见日"。

〔出处〕

《后汉书·袁绍传》：四年初，天子遣太仆赵岐和解关东，使各罢兵。瓒因此以书譬绍曰："赵太仆以周、邵之德，衔命来征，宣扬朝恩，示以和睦，旷若开云见日,何喜如之!昔贾复、寇恂争相危害,遇世祖解纷,遂同舆并出。衅难既释,时人美之。自惟边鄙,得与将军共同斯好,此诚将军之眷,而瓒之愿也。"绍于是引军南还。

〔故事〕

袁绍与公孙瓒互相征讨不休,初平四年(193),天子派太仆赵岐前来调解,让双方罢兵休战。公孙瓒给袁绍写了一封书信,信中大意说:"赵太仆有周公、召公的德行,奉命来调解争斗,宣示皇帝恩泽,示以和睦,如拨开云雾,看见太阳,局势豁然开朗,是多么值得欣喜的事情啊!当初贾复、寇恂二人不睦,互相伤害,是光武帝为他们解决了纷争,最后两个人同坐一辆车出城,不再互相刁难,这是一件好事。能够与将军您修好停战,这是你我共同的愿望。"于是袁绍撤军,暂时休战。贾复,南阳冠军(今河南邓州西北)人。寇恂,曾任河南颍川太守。二人同为光武帝刘秀的重臣,曾因私事不睦,经刘秀调解,结为好友。

挟天子以令诸侯

〔释义〕

挟天子以令诸侯:挟制着天子,假借天子的名义号令天下诸侯。现比喻借重权威者的名义发号施令。

〔出处〕

《后汉书·袁绍传》：其冬，车驾为李傕等所追于曹阳，沮授说绍曰："将军累叶台辅，世济忠义。今朝廷播越，宗庙残毁，观诸州郡，虽外托义兵，内实相图，未有忧存社稷恤人之意。且今州城粗定，兵强士附，西迎大驾，即宫邺都，挟天子而令诸侯，畜士马以讨不庭，谁能御之？"

〔故事〕

东汉末年，战乱不断，汉献帝先被董卓胁迫，从洛阳迁都长安，董卓死后，又被李傕劫掠，逃出后在曹阳（今河南灵宝东北）被其追逼。袁绍的谋士沮授劝谏袁绍说：袁氏世代公卿，兵强士勇，而今朝廷动荡不宁，诸侯各谋私利，如果您迎接皇驾，定都邺都，以天子的名义号令天下诸侯，征讨反对朝廷的割据势力，就会天下无敌。但是，袁绍没有采纳沮授的建议。后来，曹操率兵进入洛阳，参与朝政。他以求粮为名，将汉献帝及朝廷百官迁到自己的根据地许县，改名许昌，作为都城。曹操多次以汉献帝的名义，发号施令，征讨诸侯，势力逐步强大，成为拥有百万之众，天下诸侯莫与争锋的霸主。

百举百全　多端寡要

〔释义〕

百举百全：举，行动。全，完成。形容每次做事都能成功，万无一失，取得良好效果。

多端寡要：头绪多，不得要领。指做事情时，不知选择重点。

〔出处〕

《三国志·魏书·郭嘉传》：初，北见袁绍，谓绍谋臣辛评、郭图曰："夫智者审于量主，故百举百全，而功名可立也。袁公徒欲效周公之下士，而未知用人之机。多端寡要，好谋无决，欲与共济天下大难，定霸王之业，难矣！"于是，遂去之。

〔故事〕

郭嘉，字奉孝，颍川阳翟（今河南禹州）人，足智多谋，常出奇策，是曹操的主要谋士之一。

郭嘉曾经去见袁绍，对袁绍的谋臣辛评和郭图说："有智慧的人精于考量君主，所以做事能够万无一失，最终功成名就。袁公只是想效仿周公礼贤下士，却不懂用人之道；做事头绪多，不得要领；智谋多，缺乏决断。

想与这样的君主共同救济天下，成就霸业，真是难啊！"于是离开袁绍，后投奔曹操，受到重用，为曹操统一北方立下了不朽的功勋。

出言不逊

〔释义〕

出言不逊：逊，谦逊。指说话态度傲慢，言语不客气。

〔出处〕

《三国志·魏书·张郃传》：太祖与袁绍相拒于官渡，绍遣将淳于琼等督运屯乌巢，太祖自将急击之。郃说绍曰："曹公兵精，往必破琼等；琼等破，则将军事去矣，宜急引兵救之。"郭图曰："郃计非也。不如攻其本营，势必还，此为不救而自解也。"郃曰："曹公营固，攻之必不拔，若琼等见禽，吾属尽为虏矣。"绍但遣轻骑救琼，而以重兵攻太祖营，不能下。太祖果破琼等，绍军溃。图惭，又更谮郃曰："郃快军败，出言不逊。"郃惧，乃归太祖。

〔故事〕

东汉末年，袁绍与曹操在官渡（今河南中牟东北）大战。袁绍派大将淳于琼运送粮食，并把粮草囤积在乌巢（今河南封丘西北）。得知这个消息后，曹操打算袭击乌巢。袁绍手下将军张郃预料到这一点，劝谏袁绍派重兵支援乌巢，但谋士郭图则主张先袭击曹操的大本营，这样，曹操一定会回去救援，乌巢之围便不救自解了。张郃认为曹操营垒坚固，功之必不能破，不同意郭图的计策。袁绍觉得自己的兵力远胜于曹操，于是采纳郭图的建议，只派遣小部队救援淳于琼，用重兵攻打曹操的大本营。曹军严密防守，袁绍无法攻破，而曹操大败淳于琼，放火烧了袁绍屯在乌巢的粮草，袁绍军心涣散。郭图感到惭愧，知道这次失败自己脱不了干系，便恶人先告状，诬陷张郃，说："我们打了败仗，张郃却幸灾乐祸，说话傲慢无礼。"张郃知道后，害怕袁绍怪罪他，于是投奔了曹操。曹操亲自迎接，并且说张郃离开袁绍投奔他，就像微子离开商纣王、韩信归附汉王一样，是值得庆幸的事情。

坚壁清野

〔释义〕

坚壁清野：坚壁，加固防御工事。清野，清除野外的各种设施。指防御作战时的一种策略，常通过转移或隐藏人口和物资，清除野外可资敌的各种设施，而使敌人毫无所得。

〔出处〕

《三国志·魏书·荀彧（yù）传》：今东方皆已收麦，必坚壁清野以待敌军，将军攻之不拔，略之无获，不出十日，则十万之众未战而自困耳。

〔故事〕

荀彧，字文若，颍川颍阴（今河南许昌）人，出身"颍川荀氏"，有"王佐之才"。曹操的主要谋士，主张迎汉献帝于许县，使曹操取得"挟天子以令诸侯"的政治优势；佐助操击败吕布、袁绍、刘表等割据势力。

东汉末年，曹操与屯驻濮阳的吕布军队交战，相持不下。这时，徐州守将陶谦病逝，将徐州交给了刘备。曹操想转攻徐州，然后再消灭吕布。谋士荀彧劝谏曹操说："汉高祖刘邦占据关中，光武帝刘秀占据河内，作为他们争夺天下的根本，以后才拥有了整个天下。兖州就是您的根本，不能轻易放弃。况且已经到了收麦的季节，徐州必定加固壁垒，收割庄稼，固守城池，做好迎战的准备。将军您进攻不能取胜，掠取又无所获，不出十天，十万军队恐怕不等交战就自困不拔了。"曹操听从了荀彧的建议，取消了攻打徐州的计划，继续对阵吕布，不久即大败吕布。

先礼后兵

〔释义〕

先礼后兵：先按通常的礼节对待，如果行不通，再用武力或其他强硬手段解决。

〔出处〕

《三国演义》第十一回：刘备远来救援，先礼后兵，主公当用好言答之，以慢备心，然后进兵攻城，城可破也。

〔故事〕

东汉末年，曹操攻打徐州，徐州太守陶谦派人请刘备出兵解围，刘备率兵进入徐州后，陶谦要让位给刘备。刘备辞让，并给曹操写信，请他退兵。曹操接到书信，大怒，想斩杀刘备派来送信的使者，准备竭力攻打徐州。谋士郭嘉急忙劝止，说："刘备远来救援徐州，先礼后兵，主公您应当用好言好语回复他，使他军心散漫，不加防备，然后进兵攻城，就可取下徐州城。"正商议间，有探马来报，说吕布已袭破兖州，正进攻濮阳。曹操大惊，道："兖州有失，我们就无家可归了。"郭嘉再次建议："主公此时何不卖个顺水人情给刘备，退军去收复兖州？"于是曹操便回书刘备同意退兵，就此拔寨回军，去收复兖州。

望梅止渴

〔释义〕

望梅止渴：想到酸甜的梅子，流出口水，口渴就得到缓解了。现比喻用空想或假象安慰自己。

〔出处〕

《世说新语·假谲》：魏武行役，失汲道，军皆渴，乃令曰："前有大梅林，饶子，甘酸可以解渴。"士卒闻之，口皆出水。乘此得及前源。

〔故事〕

魏武帝曹操行军途中，一时没有找到水源，军士都非常干渴。曹操传令说："前面有一大片梅树林，结了很多梅子，又酸又甜，可以解渴。"士卒们听说，口里都流出口水，缓解了口渴。曹操趁这个机会把军队带到了前面有水源的地方。

"望梅止渴"是有一定科学道理的。当人们听到或者看到梅子等酸甜的食物时，就会口舌生津，分泌唾液，可以暂时缓解口渴。生理学上称之为条件反射。

青梅煮酒

〔释义〕

青梅煮酒：梅子刚刚泛青之时，曹操邀请刘备饮酒，谈论天下英雄。又作"煮酒论英雄"或"青梅煮酒论英雄"。

〔出处〕

《三国演义》第二十一回：玄德心神方定。随至小亭，已设樽俎：盘置青梅，一樽煮酒。二人对坐，开怀畅饮。……操曰："夫英雄者，胸怀大志，腹有良谋，有包藏宇宙之机，吞吐天地之志者也。"玄德曰："谁能当之？"操以手指玄德，后自指，曰："今天下英雄，惟使君与操耳！"

〔故事〕

东汉末年，曹操迎汉献帝由洛阳迁都至许县。后来，二人关系恶化，汉献帝用鲜血写出诏书缝在衣带里，密谋诛杀曹操。事泄后同谋的大臣被杀。

刘备也参与了衣带诏事件，害怕曹操谋害，就在后园种菜，作为韬光养晦之计。一天，曹操派人来请刘备，刘备心惊胆战。原来正当梅子青青，曹操邀请他到小亭饮酒，刘备方才放心。席间，曹操与刘备谈论天下谁是英雄，刘备列举袁术、袁绍、刘表、孙策等人，都被曹操一一否定。最后，曹操说："真正的英雄，胸怀大志，腹有良谋，有吞吐天地的远大志向，有包藏宇宙的机变谋略。"刘备问："谁能称得上这样的英雄呢？"曹操用手指刘备，又指了指自己，说："当今天下的英雄，只有使君您和我啊！"刘备大惊，手中的汤匙和筷子也不觉落在了地上。当时恰好雷声大作，刘备假装自己是害怕雷声才丢掉了汤匙和筷子，巧妙地将自己惊慌失措的真正原因掩饰了过去。不久，刘备就借口截击袁术，趁机脱身，离开了许都。

乱世奸雄

〔释义〕

乱世奸雄：奸雄，用奸诈手段取得大权高位的人。指曹操是动乱时代品行奸诈又功业宏大之人。

〔出处〕

《三国志·魏书·武帝纪》裴松之注引《异同杂语》曰：尝问许子将："我何如人？"子将不答。固问之，子将曰："子治世之能臣，乱世之奸雄。"太祖大笑。

〔故事〕

许劭，字子将，汝南平舆（今河南平舆北）人，东汉末年著名人物评论家。据说他每月都要对当时人物进行一次品评，称为"月旦评"。曹操曾去拜访许劭，问他："你觉得我是什么样的人呢？"起初，许劭不回答。曹操一再追问，许劭才说："你是太平时代有才干的大臣，动乱时代奸诈的枭雄。"许劭对曹操的评价非常中肯恰当。

箭在弦上，不得不发

〔释义〕

箭在弦上，不得不发：箭已搭在弦上，不得不发出。比喻为形势所迫，不得不采取某种行动。又作"矢在弦上，不得不发"。

〔出处〕

《太平御览》卷五九七引晋·王沈《魏书》：陈琳作檄，草成，呈太祖。太祖先苦头风，是日疾发，卧读琳所作，翕然而起，曰："此愈我疾病。"初太祖平邺，谓陈琳曰："君昔为本初作檄书，但罪孤而已，何乃上及父祖乎！"琳谢曰："矢在弦上，不得不发。"太祖爱其才，不咎。

〔故事〕

袁绍与曹操在官渡（今河南中牟东北）对阵，为了号召天下共同讨伐曹操，扩大声势，袁绍命令书记官陈琳写了一篇檄文，即《为袁绍檄豫州文》。陈琳博学多才，文采斐然，在檄文中列举了曹操许多罪状，还痛骂了曹操的祖宗三代。有人将檄文呈给曹操看，曹操正在患头风病，读了陈琳的檄文，竟然坐起来，说檄文治好了他的头风病。后来，曹操打败了袁绍，陈琳只好投靠了他。曹操指责陈琳说："当初你为袁绍写檄文，列举我的过错也就罢了,为什么还要骂我的祖先?"陈琳道歉说:"我那时候就像一支被搭在弓弦上的箭,不得不发射出去。形势所迫,不得不那样做。"曹操爱惜陈琳的才华,也就不再追究那件事了。

这一成语《三国演义》第三十二回作"箭在弦上,不得不发"。

心怀叵测

〔释义〕

心怀叵测:叵,不可。居心险恶,不可推测。又作"居心叵测"。

〔出处〕

《三国演义》第五十七回:马腾兄子马岱谏曰:"曹操心怀叵测,叔父若往,恐遭其害。"

〔故事〕

东汉末年,曹操准备率军攻打孙权和刘备,担心西凉太守马腾趁机偷袭许都。谋士荀攸献计说:"不如降诏封马腾为征南将军,假意派他去征讨孙权,把他诱骗到许都,除掉此人,就没有后患了。"曹操依计行事,派人拿着诏书去西凉召马腾到许都。马腾的侄子马岱劝马腾不要去,说:"曹操居心险恶,不可推测,叔父如果去许都,恐怕要遭到陷害。"马腾则认为,有儿子马超镇守西凉，曹操不敢加害于他。于是，他奉诏到达许都，结果被曹操轻而易举地擒杀。

挂印封金

〔释义〕

挂印封金：挂印，将官印挂起，指辞官。封金，将赏赐的金银封存。指不受赏赐，辞去官职。又作"封金挂印"。

〔出处〕

《三国演义》第二十六回：袁本初败兵折将，关云长挂印封金。

《三国演义》第二十七回：因谓张辽曰："云长封金挂印，财贿不以动其心，爵禄不以移其志，此等人吾深敬之。"

〔故事〕

徐州之战后，关羽与刘备、张飞失散，被困土山，为保护刘备的两位夫人、打听刘备的消息，他只得跟随曹操，暂时留驻许都。曹操爱惜他是个将才，待他甚厚，封侯赐爵，三日一小宴，五日一大宴，上马一提金，下马一提银。后来，关羽得知刘备在袁绍军中，就一心想离开许都，与刘备会合。关羽到丞相府向曹操告辞，曹操知道他的来意，故意回避他。关羽一连去了几次，都没有见到曹操。后来，关羽写了一封信，派人送到相府，然后把平时曹操赏赐的金银都封存起来，把汉寿亭侯的大印悬挂在大堂上，带领以前的部将，护送着两位夫人，离开许都，去投奔刘备。曹操听说后，对将军张辽说："云长封金挂印，财物不能让他动心，爵禄也不能改变他的意志，这样的人，我非常敬佩。"

关羽挂印封金，不为财帛名利所动，不忘旧主的忠义之举，成为千古美谈。

过五关，斩六将

〔释义〕

过五关，斩六将：指关羽连过曹操五个关卡，斩杀六员大将，才摆脱曹操，投奔刘备。比喻英勇无比或实力突出，也比喻连续突破重重难关，取得胜利。

〔出处〕

《三国演义》第二十七回：美髯公千里走单骑，汉寿侯五关斩六将。

〔故事〕

关羽得知刘备在袁绍处，于是挂印封金，辞别曹操。曹操以锦袍相送，关羽为防有变，没有下马去接，而是坐在马上，用刀尖挑起锦袍披在自己身上，然后保护着两位嫂夫人，去投奔刘备。他一路上不断被曹操手下的将官阻挡拦截，过东岭关时杀孔秀，过洛阳城时杀韩福、孟坦，过汜水关时杀卞喜，过荥阳时杀太守王植，过黄河渡口时杀秦琪，闯过五个关卡，斩杀曹操六员大将，终于与刘备、张飞会合。

今河南许昌西的清泥河上有灞陵桥，原名八里桥，桥旁有"汉关帝挑袍处"石碑，为明末将领左良玉所立。碑旁新塑的关羽挑袍造型的巨大塑像，令人望而起敬。

方寸大乱

〔释义〕

方寸大乱：方寸，一寸见方，指心脏。形容心中乱糟糟的，不知该如何办好。

〔出处〕

《三国志·蜀书·诸葛亮传》：庶辞先主而指其心曰："本欲与将军共图王霸之业者，以此方寸之地也。今已失老母，方寸乱矣！"

〔故事〕

徐庶乃三国时颍川郡（治今河南禹州）人，与诸葛亮是好朋友，将其举荐给刘备，是刘备重要的谋士。他熟读兵书，足智多谋，深得刘备信任。建安十三年（208），曹操进攻荆州，刘表病死，其子刘琮降曹，因兵败暂时投靠刘表的刘备无奈向南败走。这时，曹兵在百姓中抓住了徐庶的母亲。徐庶本与诸葛亮一起跟着刘备奔逃，听到母亲被俘虏的消息后，决定去营救母亲。于是他向刘备辞别，用手指着自己的心口说："本来打算以自己的谋略和忠心来和将军您一起平定天下，建立王霸之业。不料现在老母亲陷于敌手，我已心绪大乱，对将军的事业已经没有什么用处。请求您允许我就此离开。"得到刘备的同意之后，徐庶赶到曹营，拜见曹操，救出了母亲。

三顾茅庐

〔释义〕

三顾茅庐：刘备三次亲自去隆中草庐，请诸葛亮辅佐自己。现在用来比喻真心诚意，一再邀请、拜访别人。

〔出处〕

《三国志·蜀书·诸葛亮传》引诸葛亮《前出师表》：臣本布衣，躬耕于南阳，苟全性命于乱世，不求闻达于诸侯。先帝不以臣卑鄙，猥自枉屈，三顾臣于草庐之中，咨臣以当世之事，由是感激，遂许先帝以驱驰。

〔故事〕

诸葛亮曾居住在南阳邓县，在襄阳城西二十里，号曰隆中。自从父母双亡后，诸葛亮便由叔父诸葛玄抚养。不久，叔父病死，诸葛亮就在隆中读书耕田，过着隐居生活。刘备不计较诸葛亮年轻、没有名望地位，三次去诸葛亮的草舍拜访他，请他出山辅佐自己。诸葛亮未出隆中，已预知将来要三分天下，令刘备佩服不已。诸葛亮非常感激刘备的三顾之恩，辅佐他建立了蜀汉政权。刘备去世后，诸葛亮受托孤之重，继续忠心辅佐后主刘禅，兢兢业业，从不懈怠，鞠躬尽瘁，死而后已。这一切都是为了报答先主刘备的知遇之恩。三顾茅庐的故事传为佳话，成为典故。

今河南南阳卧龙岗上有武侯祠，是诸葛亮十年躬耕隐居之地和历代祭祀诸葛亮的地方，也是蜀汉昭烈帝刘备"三顾茅庐"处、历史上著名的"三分天下"和"草庐对策"的发源地。武侯祠1963年被列为首批河南省重点文物保护单位，1996年被列为全国重点文物保护单位。

如鱼得水

〔释义〕

如鱼得水：好像鱼儿得到水一样。比喻得到了与自己投缘的人或者找到了适合自己的环境，舒适自由，能力特长得以施展。

〔出处〕

《三国志·蜀书·诸葛亮传》：于是与亮情好日密。关羽、张飞等不悦，先主解之曰："孤之有孔明，犹鱼之有水也。愿诸君勿复言。"

〔故事〕

刘备三顾茅庐拜访诸葛亮，与诸葛亮纵论天下大事，相谈甚欢。诸葛亮分析天下形势，建议刘备先据荆州，后取西川，与曹操、孙权形成鼎足之势。刘备很欣赏诸葛亮的见解，和他的关系日益亲密。关羽、张飞很不服气，刘备劝解说："我得到孔明的辅佐，就像鱼儿得到水一样。各位不要再说了。"诸葛亮初出茅庐，在博望坡大败曹军，不负众望。刘备得到诸葛亮的辅佐，如虎添翼，势力逐渐强大。

初出茅庐

〔释义〕

初出茅庐：茅庐，草舍。诸葛亮结束隐居生活，辅佐刘备，初次与曹军交锋就大获全胜。现多指刚刚步入社会，初次走上工作岗位，还不成熟。

〔出处〕

《三国演义》第三十九回：博望相持用火攻，指挥如意笑谈中。直须惊破曹公胆，初出茅庐第一功。

〔故事〕

东汉末年，刘备三顾茅庐请出诸葛亮，并拜其为军师，而关羽、张飞却对诸葛亮不以为然。不久，曹操派大将夏侯惇领十万大军攻打新野，诸葛亮分兵派将，在博望坡设下埋伏，大败曹军。诸葛亮初次用兵，大获全胜。关羽、张飞等佩服得五体投地。

博望坡遗址位于河南方城西南，北靠伏牛山，南临隐山，西倚白河，为伏牛山延伸于此的漫岗，地势险要，为古"襄汉隘道"之通衢，素为兵家必争之地。

步步为营

〔释义〕

步步为营：步步，表示距离短。步，古时以五尺为一步。军队每向前推进一步就设下一道营垒。后形容行动谨慎，做事周密。

〔出处〕

《三国演义》第七十一回：忠慌与法正商议，正曰："渊为人轻躁，恃勇少谋。可激劝士卒，拔寨前进，步步为营，诱渊来战而擒之。此乃反客为主之法。"忠用其谋，将应有之物，尽赏三军，欢声满谷，愿效死战。黄忠即日拔寨而进，步步为营，每营住数日，又进。

〔故事〕

黄忠，字汉升，三国南阳人，东汉末年名将，刘备手下"五虎上将"之一。东汉末年，刘备遣黄忠在定军山下与曹操大将夏侯渊对阵，谋士法正认为夏侯渊为人浮躁，有勇无谋，建议黄忠用"反客为主"之计，引诱夏侯渊出战。黄忠采用法正的计谋，将财物全都赏赐三军，三军欢呼，斗志昂扬，愿意拼死作战。黄忠让大军拔寨前进，每行走一段路程就设下一道营垒，驻扎几天，然后再继续向前推进。夏侯渊不听副将张郃的劝阻，轻率出击，大败而回。黄忠的军队顺利推进到定军山下，夺取了定军山对面的高山。

笑容可掬

〔释义〕

笑容可掬：掬，用双手捧取。形容笑容满面的样子。

〔出处〕

《三国演义》第九十五回：懿笑而不信，遂止住三军，自飞马远远望之。果见孔明坐于城楼之上，笑容可掬，焚香操琴。

〔故事〕

街亭之战后，司马懿率领十五万大军向西城进发。当时，诸葛亮驻守西城，身边只有一些文官和不足三千士兵，没有大将。文官们听说司马懿大军将至，都惊慌失措，打算弃城而逃。诸葛亮却镇定自若，传令将旌旗隐藏，禁止高声说话。大开四门，每一门用二十个军士，扮作百姓，清扫街道。诸葛亮身披鹤氅，头戴纶巾，领两个书童，带一张琴，来到城楼坐下，燃起香，弹起琴。司马懿的部队到达城下，看到这种气势，都迟疑不决，不敢轻易入城。司马懿听到军士报告的这个消息，笑了笑，不相信。他命令三军停下，自己飞马前去观望。果然看见诸葛亮坐在城楼之上，满面笑容，正在焚香抚琴。左右各有一个童子，城门口有几十个百姓，正在洒扫街道。司马懿断定城内必有伏兵，于是迅速撤军。这就是有名的"空城计"，体现了诸葛亮非凡的智谋与胆略。

缓兵之计

〔释义〕

缓兵之计：原指作战时延缓对方进攻的计策。后泛指拖延时日以缓和事态，同时积极设法应对的策略。

〔出处〕

《三国演义》第九十九回：孔明用缓兵之计，渐退汉中，都督何故怀疑，不早追之？郃愿往决一战。

〔故事〕

三国时期，孔明与司马懿在祁山作战。司马懿坚守不出，双方对峙了半个月。孔明定下诱敌之计，传令三军拔寨而起，后退三十里下寨。过了十天左右，又退兵三十里，安营扎寨。十天后，又后退三十里。魏兵以为蜀军退兵了，司马懿却说："孔明必有大谋，不可轻举妄动。"仍坚守不出。将军张郃说："孔明现在用的是缓兵之计，想慢慢地退回汉中去，都督您为什么怀疑，不早早带兵追赶呢？我张郃愿意请战。"于是，司马懿命令张郃与先锋戴凌兵分两路，追赶孔明的军队，结果中了孔明的诱敌之计，大败而回。

畏敌如虎

〔释义〕

畏敌如虎：害怕敌人就像害怕老虎一般。比喻胆小谨慎。

〔出处〕

《三国志·蜀书·诸葛亮传》裴松之注引《汉晋春秋》：贾栩、魏平数请战，因曰："公畏蜀如虎，奈天下笑何！"宣王病之。

〔故事〕

司马懿，字仲达，河内郡温县（今河南温县）人，谥号"宣文"，三国时期曹魏杰出的政治家、军事家，西晋王朝的奠基人。

蜀汉丞相诸葛亮率军出祁山进攻曹魏，多次挑战，曹魏都督司马懿以逸待劳，高挂免战牌，以待良机。曹魏将军贾栩、魏平等多次请战，司马懿都没有准许。于是，贾栩等人私下抱怨，认为司马懿害怕蜀军就像害怕老虎一样，未免太谨慎小心了，让天下人笑话。司马懿听闻这种议论后很在意，于是请旨魏帝，魏帝领会司马懿的意思，下诏坚守，众将的议论才得以平息。蜀地道路艰险，粮草运输十分困难，不利于久战。司马懿故意坚守不出，想拖垮蜀汉，不战而胜，是对敌的一种有效策略。

车载斗量

〔释义〕

车载斗量:用车来装载,用斗来称量。形容数量极多。

〔出处〕

《三国志·吴书·孙权传》裴松之注引《吴书》:魏主曰:"吴如大夫者几人?"对曰:"聪明特达者八九十人,如臣之比,车载斗量,不可胜数。"

〔故事〕

赵咨,字德度,南阳人,博闻多识,善于辩论。他奉吴主孙权之命出使曹魏,魏文帝曹丕嘲讽赵咨说:"吴王有学问吗?"赵咨答曰:"吴王任贤使能,志存经略,闲暇之余,博览书传历史,只是不像一般书生寻章摘句罢了。"曹丕又问:"我魏国可以征讨吴国吗?"赵咨曰:"大国若有征伐之兵,小国就有坚固的守备。"曹丕又问:"吴国害怕魏国吗?"赵咨曰:"吴国有带甲兵士百万,以长江、汉江作为护城河,有什么可害怕的?"曹丕惊异于吴国居然有此英才,遂问:"吴国中像大夫您这样的人有几个呢?"赵咨答道:"聪明通达之人有八九十个,像臣这样的人,在吴国要用车来装载,用斗来称量,数不胜数。"

倩人捉刀

〔释义〕

倩人捉刀：比喻请人代替自己写文章或做其他事情。

〔出处〕

《三国志·魏书·曹植传》：陈思王植，字子建。年十岁余，诵读诗、论及辞赋数十万言，善属文。太祖尝视其文，谓植曰："汝倩人邪？"植跪曰："言出为论，下笔成章，顾当面试，奈何倩人？"

《世说新语·容止》：魏武将见匈奴使，自以为形陋，不足雄远国；使崔琰代，帝自捉刀立床头。既毕，令间谍问曰："魏王何如？"匈奴使答曰："魏王雅望非常，然床头捉刀人，此乃英雄也。"魏武闻之，追杀此使。

〔故事〕

曹操第三子曹植十多岁的时候，就诵读了诗、论和辞赋几十万字，文章写得非常好。曹操曾经看过曹植写的文章，不相信是他自己作的，问："你请人替你写的文章吗？"曹植说："我说话就是策论，下笔就能写出文章，可以当面试试，为什么要请人代替呢？"

《世说新语》记载：魏武帝曹操要会见匈奴使者，但认为自己形象丑陋，不能够威慑匈奴，于是让崔琰代替他接见，他自己则站在坐榻旁边，拿着钢刀假扮侍从。接见结束后，曹操派人去问匈奴使者："魏王怎么样？"匈奴使者评价说："魏王气质高雅，非同寻常，然而坐榻边上的那个侍从，才是真正的英雄。"曹操听后，就派人追赶使者，杀掉了他。

第一个故事中的"倩人"和第二个故事中的"捉刀"，都有请人代替的意思。此外，古代在竹简上记事，用刀子刮去错别字，"捉刀"于是演变出代笔作文的含义，因此"倩人捉刀"这个成语后来经常用来比喻代替别人写文章或者代替别人做其他事情。

七步成诗

〔释义〕

七步成诗：原指曹丕逼迫弟弟曹植七步之内作诗。现用以形容才思敏捷。

〔出处〕

《世说新语·文学》：文帝尝令东阿王七步中作诗，不成者行大法。应声便为诗曰："煮豆持作羹，漉菽以为汁。萁在釜下燃，豆在釜中泣。本自同根生，相煎何太急！"帝深有惭色。

〔故事〕

曹丕即位后，十分忌惮弟弟们。他削夺二弟曹彰的兵权，逼迫三弟曹植七步之内作诗一首，以"兄弟"为题，但诗中不能出现"兄弟"二字。若作诗不成，就被处死。曹植不假思索，应声作诗："煮豆持作羹，漉菽以为汁。萁在釜下燃，豆在釜中泣。本自同根生，相煎何太急！"以煮豆时燃烧豆的茎秆比喻兄弟之间相互猜忌陷害，曹丕听后深感惭愧。

司马昭之心，路人皆知

〔释义〕

司马昭之心，路人皆知：路人，行路的人，普通人。指阴谋和野心非常明显，人们都能看得出来。

〔出处〕

《三国志·魏书·三少帝纪》裴松之注引《汉晋春秋》：帝见威权日去，不胜其忿。乃召侍中王沈、尚书王经、散骑常侍王业，谓曰："司马昭之心，路人所知也。吾不能坐受废辱，今日当与卿等自出讨之。"

〔故事〕

司马昭是三国时期魏国河内郡温县（今河南温县）人，司马懿次子，参与立高贵乡公曹髦为帝,后总揽朝政大权,野心勃勃。曹髦不想做傀儡皇帝,打算除掉司马昭,于是召集心腹大臣王沈等人,说:"司马昭的野心,人人都很清楚。我不能坐等被废和羞辱,今日和众位爱卿一起亲自出兵征讨他。"因为有大臣告密,征讨失败,曹髦被杀。后来,司马昭的儿子司马炎代魏称帝,国号晋,定都洛阳。

乐不思蜀

〔释义〕

乐不思蜀:蜀汉后主刘禅迁居洛阳后,快乐得不想回到蜀地去。后比喻乐而忘返或者乐而忘本。

〔出处〕

《三国志·蜀书·后主传》裴松之注引《汉晋春秋》:司马文王与禅宴,为之做故蜀技,旁人皆为之感怆,而禅喜笑自若。王谓贾充曰:"人之无情,乃可至于是乎!虽使诸葛亮在,不能辅之久全,而况姜维邪!"充曰:"不如是,殿下何由并之?"他日,王问禅曰:"颇思蜀否?"禅曰:"此间乐,不思蜀。"

〔故事〕

蜀汉被魏灭后,后主刘禅投降,被封为安乐公,迁居魏都洛阳。司马昭宴请刘禅,安排表演蜀地的歌舞。蜀国大臣想到故国,都非常感伤,刘禅却谈笑自若,无动于衷。司马昭对贾充说:"人没心没肺竟然能到这种地步!即使诸葛亮现在还活着,也不能辅佐他社稷长久,何况是姜维呢!"贾充说:"他如果不是这样,殿下您怎么能吞并蜀地呢?"一天,司马昭问刘禅说:"你是否很思念蜀地?"刘禅回答说:"在这里很快乐,不思念蜀地。"后人多认为刘禅乐而忘本,昏庸无能,但也有人持不同意见,认为刘禅故作呆傻,是为了自保。

一叶障目

〔释义〕

一叶障目:眼睛被一片叶子挡住,看不到外面的广阔世界。比喻被局部的或暂时的现象所迷惑,不能认清事物的全貌或问题的本质。

〔出处〕

三国·魏·邯郸淳《笑林》:楚人居贫,读《淮南方》,得"螳螂伺蝉自障叶可以隐形",遂于树下仰取叶——螳螂执叶伺蝉,以摘之。叶落树下,树下先有落叶,不能复分别。扫取数斗归,一一以叶自障,问其妻曰:"汝见我不?"妻始时恒答言"见",后乃厌倦不堪,绐云"不见"。嘿然大喜,赍叶入市,对面取人物。吏遂缚诣县。县官受辞,自说本末,官大笑而不治。

〔故事〕

邯郸淳,字子礼,颍川(治今河南禹州)人,博学有异才,曾为上虞曹娥碑撰文,得以成名。《笑林》中所叙述的都是当时流行的笑话,诙谐而富有讽刺意味。"一叶障目"就是其中的一个笑话,讲有一个楚地的人,生活贫困,读《淮南方》的时候,读到"螳螂伺蝉自障遂可以隐形"一句,以为螳螂捕蝉时用来遮挡自己的那片树叶可以用来隐形。于是,他就去树下,摘取螳螂捕蝉时用来遮挡自己的那片树叶。一不小心,那片树叶落在了地上,与树下的其他落叶混在了一起,不能分辨。他将树下的落叶全部扫起来,带回家中,一片一片地试。他拿起一片树叶挡住自己,问妻子:"你能看见我吗?"妻子起初总是回答能看见,后来妻子厌烦倦怠,就骗他说"看不见"。这个人很高兴,以为这就是那片可以让人隐身的树叶。他拿着树叶到了市场上,旁若无人,公然拿别人的东西。他被抓捕到县衙。县官问明了事情的来龙去脉,哈哈大笑,没有治罪,就把他放了。这则笑话讽刺了那些死读书本、不知变通、执拗可笑的书呆子。

杯弓蛇影

〔释义〕

杯弓蛇影：把酒杯中的弓影当成了蛇，因错觉而产生恐惧。比喻疑神疑鬼、过度谨慎或惧怕。

〔出处〕

《风俗通义·怪神》：予之祖父郴为汲令，以夏至日见主簿杜宣，因赐酒。时北壁上有悬赤弩，照于杯，形如蛇。宣畏恶之，然不敢不饮，其日便得胸腹痛切，妨损饮食，大用羸露，攻治万端，不为愈。后郴因事过至宣家，窥视，问其变故，云畏此蛇，蛇入腹中。郴还听事，思惟良久，顾见悬弩，曰必是也。则使门下史将铃下侍徐扶辇载宣，于故处设酒，杯中故复有蛇，因谓宣："此壁上弩影耳，非有他怪。"宣意遂解，甚夷怪，由是瘳平。

《晋书·乐广传》：乐广，字彦辅，南阳淯阳人也……尝有亲客，久阔不复来，广问其故，答曰："前在坐，蒙赐酒，方欲饮，见杯中有蛇，意甚恶之，既饮而疾。"于时河南听事壁上有角，漆画作蛇。广意杯中蛇即角影也。复置酒于前处，谓客曰："酒中复有所见不？"答曰："所见如初。"广乃告其所以，客豁然意解，沉疴顿愈。

〔故事〕

应郴，汝南郡南顿县（今河南项城南顿镇）人，东汉末年名士。乐广，字彦辅，南阳人，西晋时期名士。"杯弓蛇影"这个故事有两种记载，一是应劭的祖父应郴在做汲县（今河南卫辉西南）令时，宴请主簿杜宣时发生的故事。二是乐广在做河南尹时，宴请宾客时发生的故事。两种记载大同小异，主要内容是讲，主人设酒宴款待客人，客人发现酒杯中有一条蛇，十分厌恶，可是又不敢不喝。喝下酒后，就感觉腹痛，吃了药，也无济于事。主人听说后，仔细检查喝酒的房间，发现墙壁上挂着一张弓，推断客人酒杯中的蛇影应是这张弓的影子。于是，主人又一次请客人饮酒，让客人坐在原来的地方，斟上酒，问客人："现在酒杯中有蛇影吗？"客人说："蛇影又出现了，跟上次看到的一样。"主人告诉客人说这是墙上的弓影，客人恍然大悟，腹痛立刻就痊愈了。

口若悬河

〔释义〕

口若悬河：说话像瀑布下泻，滔滔不绝。形容能言善辩。亦作"口如悬河"。

〔出处〕

《世说新语·赏誉》：王太尉云："郭子玄语议如悬河泻水，注而不竭。"

〔故事〕

郭子玄，即郭象，河南洛阳人，西晋玄学家。

郭象年轻时学识就已经很渊博了，但他不屑于入朝为官。朝廷多次征召，他才勉强同意担任黄门侍郎一职。他口才非常好，和人谈论事情总能说得头头是道。太尉王衍称赞他说："郭象说话，就如同悬在山崖上的瀑布一样一泻千里，滔滔不绝，永远没有枯竭的时候。""口若悬河"这个成语就由此而来。后来，"口若悬河"的语意发生了变化，多用于形容人说话夸夸其谈，不着边际，含贬义。

得意忘形　阮籍青眼

〔释义〕

得意忘形： 因高兴而物我两忘。形容浅薄的人稍稍得志，就高兴得控制不住自己。

阮籍青眼： 青眼，指黑眼珠，与白眼相对。表示对人特别看重，现有赏识、照顾之意。

〔出处〕

《晋书·阮籍传》：嗜酒能啸，善弹琴。当其得意，忽忘形骸。时人多谓之痴，惟族兄文业每叹服之，以为胜己。……籍又能为青白眼，见礼俗之士，以白眼对之。及嵇喜来吊，籍作白眼，喜不怿而退。喜弟康闻之，乃赍酒挟琴造焉，籍大悦，乃见青眼。

〔故事〕

阮籍，字嗣宗，陈留尉氏（今河南尉氏）人，"竹林七贤"之一。不拘礼教，嗜好喝酒，能作长啸，擅长弹琴，每到心有所得、有所体悟的时候，就失去常态，好像忘记了自己身体的存在。当时人都认为他痴，只有他的族兄阮文业每次见到他，都感叹佩服，认为阮籍远胜于自己。阮籍还能做青白眼，来表示自己对人的尊敬或轻视。阮籍的母亲去世，嵇喜前来吊唁，阮籍认为他是礼俗之士，用白眼看他。嵇喜怏怏不乐地回去了。嵇喜的弟弟嵇康听说了这件事，就带着酒夹着琴造访阮籍。按照礼俗，在长辈灵前是不能饮酒弹琴娱乐的。阮籍却很高兴，用青眼看他。

魏晋时期，阮籍、嵇康、山涛、向秀、刘伶、王戎、阮咸七人，因经常在山阳县（今河南修武）竹林之下欢聚畅饮，史称"竹林七贤"。

时无英雄，使竖子成名

〔释义〕

时无英雄，使竖子成名：竖子，小子，轻蔑的称呼。时代没有英雄，使无名之辈成就了英雄之名。也指无能者侥幸成名。

〔出处〕

《晋书·阮籍传》：尝登广武，观楚汉战处，叹曰："时无英雄，使竖子成名！"

〔故事〕

阮籍登上广武山，观看楚霸王项羽和汉高祖刘邦交战的遗址，叹息说："一个时代没有英雄，才使那些无名之辈成名！"阮籍的这句话有两种不同的解释：一是指楚汉相争的那个时代没有真正的英雄，所以，才让项羽和刘邦成了当时的豪杰；二是指阮籍生活的时代没有像项羽和刘邦一样真正的英雄，所以，才使一些小人物成名。

广武山，古称三皇山，又名敖山，当地称邙山，位于河南荥阳黄河南岸，是楚汉之争的古战场。山上有一条由南向东北的巨壑，史称广武涧，即鸿沟，象棋盘上的"楚河汉界"指的就是这条鸿沟。鸿沟两边有霸王城和汉王城，又称汉霸二王城。唐代李白、韩愈皆有诗作歌咏。

臧否人物

〔释义〕

臧否人物：臧否，褒贬，评论。对人物的好坏进行评论。

〔出处〕

《世说新语·德行》：晋文王称阮嗣宗至慎，每与之言，言皆玄远，未尝臧否人物。

〔故事〕

晋文王司马昭曾问群臣近世谨慎之人都有谁，大臣李康列举了荀景倩、董仲达和王公仲。司马昭说："这些人一向温良恭敬，做事严谨，确实算是谨慎的了。但是，天下最谨慎的人，莫过于阮籍了。他跟人说话，言辞总是玄妙深远，令人难以捉摸，从来不谈论时事，也从不评论人物。"

阮籍生活在魏晋易代之际，有宏图大志，但是不想与司马昭集团合作，假借嗜酒狂放来躲避迫害。在当时司马昭集团的高压政治下，阮籍内心忧郁压抑，无法言说。其所作《咏怀》诗八十二首多朦胧晦涩，难以索解。阮籍从不评论人物，也是出于谨慎自保的考虑。

犊鼻高挂　未能免俗　南阮北阮

〔释义〕

犊鼻高挂：犊鼻，犊鼻裈，短裤，一说围裙，形似犊鼻，故名。形容生活贫困。

未能免俗：指未能摆脱世俗，仍依习俗行事。

南阮北阮：指聚居一处而贫富悬殊的同族人家。

〔出处〕

《世说新语·任诞》：阮仲容步兵居道南，诸阮居道北。北阮皆富，南阮贫。七月七日，北阮盛晒衣，皆纱罗锦绮。仲容以竿挂大布犊鼻裈于中庭。人或怪之，答曰："未能免俗，聊复尔耳。"

〔故事〕

阮仲容，即阮咸，陈留尉氏（今河南尉氏）人，"竹林七贤"之一，阮籍的侄子，与阮籍并称"大小阮"。阮咸家住道南，其他阮氏家族住在道北。道北的阮氏家族都十分富裕，道南的阮氏家族则生活贫困。七月七日，道北阮氏按照习俗大量晾晒衣被，都是纱罗锦绣，明丽鲜艳。阮咸在庭院中用竹竿挂起大短裤。有人感到奇怪，阮咸回答说："我还不能摆脱世俗，没有什么衣被可以晾晒，暂且用短裤充数吧。"

任达不拘

〔释义〕

任达不拘：放纵任性，不受礼教拘束。

〔出处〕

《晋书·阮咸传》：咸任达不拘，与叔父籍为竹林之游，当世礼法者讥其所为。

〔故事〕

阮咸为人任性放纵，不拘礼节，他与叔父阮籍经常在竹林欢聚畅饮。

阮咸与同族人聚会时，往往不用杯子喝酒，而是用大瓮来盛酒。有一次，有几头猪也来喝酒，阮咸毫不在意，与猪一同饮酒。醉酒之后，他往往赤身裸体，更加荒诞狂放。

阮咸宠爱姑母家的一个婢女，后来姑母全家要搬到远处去，把那个婢女也一同带走了。当时，阮母去世不久，阮咸正在为母亲守孝，听说这件事后，立即向别人借了一头驴，身穿重孝，骑驴去追婢女。后来两人合乘一头驴回来，他说："传宗接代的人不能失去！"诸如此类的放旷行为受到当时很多奉行礼法的人的讥讽、嘲笑。

鹤立鸡群

〔释义〕

鹤立鸡群：像鹤站立在鸡群之中一样突出。比喻一个人的仪表或才能在一群人里显得很突出。

〔出处〕

《世说新语·容止》：有人语王戎曰："嵇延祖卓卓如野鹤之在鸡群。"答曰："君未见其父耳。"

〔故事〕

嵇康之子嵇绍，字延祖，仪表非凡。嵇绍刚到洛阳时，有人告诉王戎说："嵇延祖在人群中，卓然而立，犹如野鹤站在鸡群之中。"王戎回答说："您还没见过他的父亲呢，他的父亲更胜一筹。"后因用此典形容人风姿卓越，超乎常人。

契若金兰

〔释义〕

契若金兰：金兰，指结义的兄弟姐妹。像结义的兄弟姐妹一般情投意合。形容朋友间交情深厚。

〔出处〕

《世说新语·贤媛》：山公与嵇、阮一面，契若金兰。山妻韩氏，觉公与二人异于常交，问公，公曰："我当年可以为友者，唯此二生耳。"妻曰："负羁之妻亦亲观狐、赵，意欲窥之，可乎？"他日，二人来，妻劝公止之宿，具酒肉。夜穿墉以视之，达旦忘反。公入曰："二人何如？"妻曰："君才致殊不如，正当以识度相友耳。"公曰："伊辈亦常以我度为胜。"

〔故事〕

山涛和嵇康、阮籍一见面，就像结义的兄弟一样，情投意合。山涛的妻子觉得丈夫和这两个人的交往非比寻常，就问他怎么回事，山涛说："当今可以做我的朋友的，只有这两个人。"妻子说："从前僖负羁的妻子也曾亲自观察过狐偃、赵衰，我也想看看他们，可以吗？"有一天，阮籍和嵇康又来了，山涛留他们过夜，给他们准备了酒肉。山涛的妻子暗中观察二人，流连忘返，直至天亮。山涛问她："你觉得这二人怎么样？"她说："你的才智情趣跟他们差得太远，只能以你的见识气度和他们交朋友。"山涛说："他们也认为我的气度胜过他们。"

浑金璞玉

〔释义〕

浑金璞玉：未经提炼的金和未经雕琢的玉，指质性纯美，含而不露。比喻人的品质淳朴美好。又作"璞玉浑金"。

〔出处〕

《世说新语·赏誉》：王戎目山巨源如璞玉浑金，人皆钦其宝，莫知名其器。

〔故事〕

山巨源，即山涛。山涛担任西晋吏部尚书，举荐好友嵇康为官。嵇康不满司马家族的所作所为，对山涛的举荐，他不但不感激，还写下《与山巨源绝交书》，与其绝交。山涛不予计较。嵇康被人陷害，临终前将儿女托付给山涛。后来，山涛举荐嵇康的儿子嵇绍做秘书丞。山涛为人正直，为官清廉，举荐人才、任免官员，有理有据，公平公正。王戎称赞山涛就像璞玉浑金，人人都欣赏、钦佩他，却不知他器量之大、才能之高。

荷锸随身

〔释义〕

荷锸随身：荷（hè），扛在肩上。锸（chā），铁锹。肩扛铁锹，随时掩埋。形容性情豪迈，不拘小节。

〔出处〕

《晋书·刘伶传》：常乘鹿车，携一壶酒，使人荷锸而随之，谓曰："死便埋我。"其遗形骸如此。

〔故事〕

刘伶，字伯伦，"竹林七贤"之一。容貌丑陋，沉默寡言，对人情世故漠不关心，狂傲不群，只与阮籍、嵇康相交甚厚，嗜酒狂放。出门时经常乘坐鹿车，携带一壶酒，让人扛着铁锹跟着，说："如果我死了，你就立刻用铁锹挖坑就地掩埋。"他不在乎自己的身体竟然到了这种地步。

二陆入洛,三张减价

〔释义〕

二陆入洛,三张减价:"二陆"到了洛阳,使得"三张"的名声都降了下来。现指才学、名声等压倒对方,胜人一筹。

〔出处〕

《晋书·张载传》:洎乎二陆入洛,三张减价。考核遗文,非徒语也。

〔故事〕

陆机,字士衡,东吴名士,被誉为"百代文宗"。陆云,字士龙,以文才聪慧著称。陆机、陆云兄弟以文章齐名,声闻天下,号曰"二陆"。张载与他的两个弟弟张协、张亢,都是西晋著名的文学家,号为"三张"。晋武帝太康十年(289),陆机、陆云一同来到京师洛阳,受到当时名士太常张华的赏识。张华曰:"伐吴之役,利获二俊。"意思是晋伐吴的最大收获是得到了陆机、陆云这两位俊才。二陆名声大振,当时有"二陆入洛,三张减价"之说。

洛阳纸贵

〔释义〕

洛阳纸贵：原指因争抄左思《三都赋》，以至洛阳纸缺而贵，供不应求。后常用于形容著作风行一时，流行甚广，也可形容文采出众。

〔出处〕

《晋书·左思传》：于是豪贵之家，竞相传写，洛阳为之纸贵。

〔故事〕

西晋左思读班固《两都赋》和张衡《二京赋》，认为虽气魄宏大，却华而不实。于是，决心依据史实，创作《三都赋》，将三国时期魏都邺城、蜀都成都、吴都建业写入赋中。他收集大量资料，历经十年，终于完成《三都赋》，然而却不为时人所重。后来，皇甫谧为之作序，张载、刘逵为之作注，在名人的推荐下，《三都赋》很快风靡京城，豪富之家争相传抄，致使洛阳纸价因之昂贵。

望尘而拜

〔释义〕

望尘而拜：迎候显贵，只是望见车马扬起的尘土，就拜倒在地。形容卑躬屈膝或者敬畏的神态。

〔出处〕

《晋书·潘岳传》：岳性轻躁，趋世利，与石崇等谄事贾谧，每候其出，与崇辄望尘而拜。

〔故事〕

潘岳，字安仁，河南中牟人，西晋著名文学家、政治家。潘岳性情浮躁，趋炎附势，与石崇等人谄事权臣贾谧，每当贾谧坐车出门，看到车马扬起的飞尘就拜倒在地。贾谧是晋惠帝的皇后贾南风的外甥，承袭外祖父贾充的爵位，权势显赫。贾谧勤奋好学，文才出众，与潘岳等人被称为"文章二十四友"。潘岳才华横溢，容颜华美，风度娴雅，对母亲孝敬，对妻子专一，但是"望尘而拜"实在是一件有失风度的事情。

据《中牟县志》记载，在县城西北有潘岳墓，那里原是贾鲁河故道河堤南侧，因年深日久，历经多次黄河泛滥冲刷，墓室沉入河底，形成了两丈多深的大水潭。墓室是用青砖砌成，清末曾发现一石碑，碑上刻有"潘岳之墓"的字样。

另据郦道元《水经注》："罗水又西北径袁公坞北，又西北径潘岳父子墓，有碑。岳父芘，琅琊太守，碑石破落，文字缺败。岳碑题云：给事中黄门侍郎潘君之碑。碑云君遇孙秀之难，阖门受祸，故门生感覆醢以增恸，乃树碑以记事，太常潘尼之辞也。"巩义市文物管理所也在巩义西南芝田镇北石村发现潘岳墓，地处坞罗河北岸台地上。墓冢坐落在大片农田中，无地面建筑，现保留下来的只有一座土冢，土冢没有打开过。因为没有碑记，不知是潘岳的还是他父亲潘芘的。

如坐针毡

〔释义〕

如坐针毡：像坐在有针的毡子上。形容心神不定，坐立不安。

〔出处〕

《晋书·杜锡传》：性亮直忠烈，屡谏愍怀太子，言辞恳切，太子患之。后置针著锡常所坐处毡中，刺之流血。他日，太子问锡："向著何事？"锡对："醉不知。"太子诘之曰："君喜责人，何自作过也？"

〔故事〕

西晋杜锡性格耿直刚烈,任太子中舍人时,多次规劝晋惠帝司马衷的长子愍怀太子司马遹,言辞十分恳切。愍怀太子不听劝告,对杜锡心怀怨恨,故意在杜锡坐的毡垫中放了一些针,杜锡没有察觉,屁股被扎得鲜血直流。后来,愍怀太子问杜锡:"你那天是怎么回事?"杜锡回答说:"那天喝醉了,自己也不知是怎么回事。"太子责问他说:"你总是喜欢责备别人,为什么自己也做错了事情呢?"司马遹不好学,唯喜与左右嬉戏,后被贾南风所害,追谥为愍怀太子。

祸从口出

〔释义〕

祸从口出:指说话不谨慎容易招来灾祸。

〔出处〕

晋朝·傅玄《口铭》:病从口入,祸从口出。存亡之机,开阖之术。口与心谋,安危之源。枢机之发,荣辱存焉。

〔故事〕

傅玄,字休奕,西晋时期文学家、思想家,幼年随父逃难至河南,曾任温县令。铭是一种刻在器物上用来警诫自己、称述功德的文字，后来成为一种文体，这种文体一般都是用韵的。《口铭》是傅玄创作的用以自警的座右铭。文章认为，吃饭不注意容易招来疾病，说话不谨慎容易招致灾祸。什么时候该说话，什么时候不该说话，嘴巴一开一合，关系着人的生死存亡。说话是否得体恰当，关系着人的安危荣辱。所以，说话前一定要深思熟虑。

傅玄性情刚劲，不能容人之短，为此得罪于人，多次被免官。他任司隶校尉时，又因争座位被免官，可以说是"祸从口出"的典型了。

分甘共苦

〔释义〕

分甘共苦：一同享受幸福，一起承担苦难。形容同欢乐，共患难。又作"分甘同苦"。

〔出处〕

《晋书·应詹（zhān）传》：初，京兆韦泓丧乱之际，亲属遇饥疫并尽，客游洛阳，素闻詹名，遂依托之。詹与分甘共苦，情若弟兄。遂随从积年，为营伉俪，置居宅，并荐之于元帝。

〔故事〕

应詹,字思远,汝南南顿(今河南项城南顿镇)人,魏侍中应璩之孙,东晋时期将领、书法家,仗义疏财,以孝义闻名。应詹在洛阳时,一个名叫韦泓的士人,因为永嘉战乱和瘟疫,家人亲戚都死了,听闻应詹的名声,慕名从家乡来到洛阳,投靠应詹。应詹与他同甘共苦,情同手足。韦泓跟随应詹多年,应詹给他娶了妻子,买了房子,还把韦泓推荐给晋元帝,让韦泓当了官。韦泓感念应詹的恩惠,在应詹去世后,追慕古时候赵氏祭祀程婴、杵臼的节义,终身祭祀应詹。二人事迹被传为美谈,受到世人的敬仰。

引咎自责

〔释义〕

引咎自责:咎,过错。主动承担过失并做自我检讨。

〔出处〕

《晋书·庾亮传》:侃至寻阳,既有憾于亮,议者咸谓侃欲诛执政以谢天下。亮甚惧,及见侃,引咎自责,风止可观。

〔故事〕

庾亮,字元规,颍川鄢陵(今河南鄢陵西北)人,东晋明帝皇后兄长。

成帝即位后，受遗诏辅政，任中书令，专朝政，与苏峻、祖约等人发生矛盾，苏峻、祖约起兵讨伐他，进逼京师。陶侃认为苏峻之乱庾亮难辞其咎，因此怨恨庾亮。当时人们议论，陶侃可能会杀之以谢天下。庾亮十分恐惧，见到陶侃后，主动承担过失，自我检讨，风度涵养令人敬佩。陶侃释然，原谅了庾亮。

庾亮被当时人们称为"丰年玉"，赞叹他是廊庙之器，是有用的人才。

束之高阁

〔释义〕

束之高阁：高阁，储藏书籍、器物的高架子。捆束起来，放在高高的架子上。比喻放着不用、丢在一旁不管。泛指把某种事情、建议等搁置起来，不予理睬和办理。

〔出处〕

《晋书·庾（yú）翼传》：京兆杜乂、陈郡殷浩并才名冠世，而翼弗之重也，每语人曰："此辈宜束之高阁，俟天下太平，然后议其任耳。"

〔故事〕

庾翼，字稚恭，颍川鄢陵（今河南鄢陵西北）人，庾亮之弟，东晋中期将领、书法家。杜乂、殷浩以才华闻名于世,庾翼却不看重他们,认为他们徒有虚名,只会高谈阔论,没有真才实干,处于乱世,无所建树,于是经常对别人说:"像他们这样的人,应该像无用之物一样,捆束起来放到高架上去,等到天下太平,再来考虑任用他们。"

庾翼少有大略,在任上戎政严明,经略深远,被当时人们称为"荒年谷",赞叹他有匡时救世之才。

丰年玉,荒年谷

〔释义〕

丰年玉,荒年谷:丰收年间的美玉和灾荒年间的粮食。比喻有用的人才。

〔出处〕

《世说新语·赏誉》:世称庾文康为丰年玉,稚恭为荒年谷。庾家论云:"是文康称恭为荒年谷庾长仁为丰年玉。"

〔故事〕

庾文康,即庾亮,谥号"文康"。稚恭,即庾翼。庾长仁,即庾统,庾亮弟庾怿之子。世人称赞庾亮像丰收年间的美玉,庾翼如灾荒年间的粮食。庾家内部则评论说:"是庾亮称赞庾翼像灾荒年头的粮食,庾统像丰收年头的美玉。"

庾亮和庾统庄重严肃,方正严峻,能担当重任,是治理国家的廊庙之器。庾翼有经世大略,是匡时济世之才。三人都是有用的人才。庾亮、庾翼、庾统都出身于"颖川庾氏",颖川庾氏在汉魏六朝是一个功勋卓著的家族,又是东晋四大文学世家之一,人才辈出,成就突出。

连枝共冢

〔释义〕

连枝共冢:坟墓上树木的枝干相连。比喻爱情忠贞不渝。

〔出处〕

晋·干宝《搜神记》:王怒,弗听,使里人埋之,冢相望也。王曰:"尔夫妇相爱不已,若能使冢合,则吾弗阻也。"宿昔之间,便有大梓木生于二冢之端,旬日而大盈抱,屈体相就,根交于下,枝错于上。又有鸳鸯,雌雄各一,恒栖树上,晨夕不去,交颈悲鸣,音声感人。宋人哀之,遂号其木曰"相思树"。"相思"之名,起于此也。

〔故事〕

干宝,字令升,新蔡(今河南新蔡)人,东晋文学家、史学家,著有志怪小说《搜神记》。传说,战国时期,宋康王抢夺舍人韩凭的妻子何氏,韩凭忧愤自杀,何氏亦殉情。何氏留下遗书,要求将二人合葬。宋康王不允许,分葬二人,故意让两座坟墓遥遥相望。后来,两座坟墓上各生出一株梓树,十天左右就长到一抱粗,两棵树枝叶相连,盘根错节。又有两只鸳鸯栖息在树上,颈与颈相互依摩,发声悲哀,十分感人。宋人为大树取名"相思树"。

古人常用"连理枝"比喻恩爱夫妻,如白居易《长恨歌》诗云:"在天愿作比翼鸟,在地愿为连理枝。天长地久有时尽,此恨绵绵无绝期。"形容夫妻情深也常见"死同穴"的说法,与"共冢"意义相近,如《诗经·王风·大车》诗云:"谷则异室,死则同穴。"

标新立异

〔释义〕

标新立异:独创新意,立论与众不同。现指提出新奇的主张或做出新奇的事情,以显示自己与众不同。

〔出处〕

《世说新语·文学》:《庄子·逍遥》篇,旧是难处,诸名贤所可钻味,而不能拔理于郭、向之外。支道林在白马寺中,将冯太常共语,因及《逍遥》。

支卓然标新理于二家之表,立异议于众贤之外,皆是诸名贤寻味之所不得。后遂用支理。

〔故事〕

支道林,名遁,本姓关,陈留(今河南开封东北)人,或说河东林虑(今河南林州)人。东晋高僧、佛学家、文学家。《逍遥游》是《庄子》中的第一篇,也是历来最难懂的一篇。当时很多名士挖空心思,努力钻研,想深入体味其中的义理,可是都不能超出郭象、向秀二人的见解。当时,支道林在白马寺,与冯太常谈到《逍遥游》。支道林的见解新颖别致,与众不同,超出郭象、向秀和当时众名士的见解之外,都是众名士没有体会到的义理。后来,人们就用支道林的观点来解读《逍遥游》。

"标新立异"的重点在于看法或行为是新奇的、与他人不同的。如果这一看法或行为得到认可,则是褒义;如果不被接受,会被认为是故意做出与众不同的样子来显示自己,则为贬义。

才高八斗

〔释义〕

才高八斗:形容极有才华。

〔出处〕

唐·李商隐《可叹》诗：宓妃愁坐芝兰馆，用尽陈王八斗才。

宋·无名氏《释常谈·八斗之才》：文章多谓之八斗之才。谢灵运曾曰："天下才有一石，曹子建独占八斗，我得一斗，天下共分一斗。"

〔故事〕

谢灵运，祖籍陈郡阳夏（今河南太康），出身于"陈郡谢氏"。"陈郡谢氏"是东晋和南北朝时期的士族，出自陈郡阳夏。陈郡谢氏功勋卓著，人才辈出，文学人才有谢鲲、谢安、谢道韫、谢混、谢灵运、谢惠连、谢朓、谢庄等，军事人才有谢石、谢玄、谢琰、谢晦等。由宋至梁，陈郡谢氏一直是士族领袖，与琅邪王氏并称"王谢"。

谢灵运是南北朝时期著名的文学家，对自己的文才很自负，非常崇拜曹操的第三子曹植，曾经说："天下的文才共有一石，曹子建一个人就得到了八斗，我自己得一斗，自古及今天下人共分一斗。"石、斗都是古代容量单位，一石是十斗。

乘风破浪

〔释义〕

乘风破浪：乘，趁着。趁着风势，破浪前进。比喻志向远大，不怕困难，奋勇前进。也指快速航行。

〔出处〕

《宋书·宗悫（què）传》：宗悫，字元干，南阳人也。叔父炳，高尚不仕。悫年少时，炳问其志，悫曰："愿乘长风破万里浪。"炳曰："汝不富贵，即破我家矣。"

〔故事〕

宗悫，字元干，南阳涅阳（今河南邓州东北）人，东晋书画家宗炳之侄，南朝宋名将。宗悫少年时，叔父宗炳曾询问他的志向。宗悫道："我愿驾着长风，劈开巨浪，奋勇前进。"宗炳叹息说："如果你不能大富大贵，就必然会使家族破败。"

"乘风破浪"也作"长风破浪"，李白《行路难》诗有"长风破浪会有时，直挂云帆济沧海"之句，即用此典。

出人意表

〔释义〕

出人意表：超出人们的意料之外。

〔出处〕

《陈书·袁宪传》：宪常招引诸生，与之谈论，每有新议，出人意表，同辈咸嗟服焉。

〔故事〕

袁宪，南朝陈郡阳夏（今河南太康）人。袁宪从小就聪敏好学，十四岁的时候就被召为国子正言生。袁宪经常把学馆中的诸生请到家里来畅谈经史地理等。谈论中间，袁宪常常发表一些别人想不到的真知灼见，同辈诸生们无不叹服。袁宪后来官至陈朝尚书仆射，因为人正直，被陈后主（陈叔宝）称为"骨鲠之臣"。

面壁功深

〔释义〕

面壁功深：面壁，佛家语，指面对墙壁默坐静修。和尚面壁静修，道行很深。比喻某人在某一方面造诣很深。

〔出处〕

宋·释普济《五灯会元》卷一：初祖菩提达磨大师者，南天竺国香至王第三子也。……当魏孝明帝正光元年也，寓止于嵩山少林寺，面壁而坐，终日默然，人莫之测，谓之壁观婆罗门。

〔故事〕

南朝时，天竺国（古印度）的王子菩提达摩从海路到达中国，他先到了南朝梁的国都建康（今南京），受到信奉佛教的皇帝梁武帝的接见，但两人话不投机。于是达摩离开建康，渡江北上，到达北魏都城洛阳，在此传布禅学。

北魏孝明帝正光元年（520），达摩到嵩山少林寺居住。少林寺位于与都城洛阳相望的嵩山少室山北麓，始建于北魏太和十九年（495），是北魏孝文帝为了安置他所敬仰的印度高僧跋陀尊者而建。达摩在少林寺安顿下来之后，整日整夜面对石洞的墙壁打坐，终日一句话不说。人们也猜不透他在想什么，称他为"壁观婆罗门"。据说如此坚持了九年，圆寂后葬于熊耳山。

达摩不像其他和尚热衷于翻译佛经、传播经义，他主张忘言，不随于言教，他的继承人如慧可、僧璨等，都只是口头说法，不出著述。禅宗以明心见性为宗旨，主张不立文字，直指人心，所以达摩被尊为禅宗始祖，少林寺也被尊为汉传佛教的禅宗祖庭。

据《清一统志》，少林寺寺右有面壁石，西北有面壁庵，相传即达摩面壁九年处。今天少林寺背后的五乳峰中峰上部有一个天然石洞，传说为当年达摩祖师九年面壁处，称为达摩洞。洞外有石坊，明万历甲辰年（1604）造，双柱石砌，南额题刻"默玄处"。达摩洞洞口用青石块砌成拱门，北额题刻"东来肇迹"。洞内台上有石像三尊，中为达摩坐像，两侧为其弟子。传说由于功夫深厚，他的身影形状被印在山石上，留下了极富传奇色彩的"达摩影石"。

分道扬镳

〔释义〕

分道扬镳：扬镳，提起马嚼子。驱马前进，分路而行。比喻人们分别发展和施展各自的聪明才智，或者比喻因志趣、目标不同而各走各的路。亦作"分路扬镳"。

〔出处〕

《魏书·拓跋志传》：(拓跋志)与御史中尉李彪争路，俱入见，面陈得失。彪言："御史中尉避承华车盖，驻论道剑鼓，安有洛阳县令与臣抗衡？"志言："神乡县主，普天之下谁不编户？岂有俯同众官，避中尉？"高祖曰："洛阳我之丰沛，自应分路扬镳。自今以后，可分路而行。"及出，与彪折尺量道，各取其半。

〔故事〕

"分道扬镳"的故事发生在南北朝时北魏的国都洛阳。

北魏孝文帝时，河间公拓跋齐有个儿子拓跋志满腹经纶，才华出众，孝文帝很赏识他，任他为洛阳令。后来，孝文帝迁都洛阳，拓跋志被擢升为京兆尹。

他性情孤傲,很看不起朝中那些学问不高的权贵。有一次,他的马车在路上迎面遇上御史中尉李彪的马车。按理说,拓跋志官职低,应该给李彪让路,可是他偏偏不让。李彪心中恼怒,责问道:"我是御史中尉,官职比你高,你为何不给我让路?"拓跋志昂然作答:"我是洛阳的地方官,你在我的管辖范围里,哪有地方官给管辖范围内的住户让路的道理呢?"两个人各执一词,互不相让。他们一同到孝文帝那里去评理。孝文帝听完他们的陈述,笑着说:"洛阳是我的都城,你们两个说的都有道理,你们应该各走各的路。从今往后,你们可以分路而行。"他们两个人出来后,果真取来尺子等工具,丈量道路,分作两半,各走各的路。

宁可玉碎,不能瓦全

〔释义〕

宁可玉碎,不能瓦全:宁可做珍贵的玉器被打碎,也不愿当低贱的瓦器而得以保全。比喻宁愿保全节操而死,也不苟且独活。也比喻愿为正义事业而不计牺牲。

〔出处〕

《北齐书·元景安传》:初,永兄祚袭爵陈留王。祚卒,子景皓嗣。天保时,诸元帝室亲近者多被诛戮,疏宗如景安之徒,欲请姓高氏。景皓云:

'岂得弃本宗,逐他姓？大丈夫宁可玉碎,不能瓦全。'景安遂以此言白显祖,乃收景皓诛之,家属徙彭城。由是景安独赐姓高氏,自外听从本姓。

〔故事〕

元景安，洛阳人，是魏昭成帝的五代孙。高祖元虔封陈留王，父元永，伯父元祚。元祚继承陈留王的爵位，去世后，他的儿子元景皓继承爵位。东魏孝静帝时，丞相高洋逼迫孝静帝退位，自立为帝，国号齐，史称北齐，高洋即北齐文宣帝。东魏和北齐均建都邺城，即今河南安阳北。

后来，高洋将孝静帝及其三个儿子杀害，又大肆诛杀东魏宗室。为了避免杀身灭族之祸，元景安主张改元姓为高姓。他的堂兄元景皓断然拒绝："怎么能抛弃自己的祖宗姓氏，改姓别人家的姓氏？大丈夫宁可坚持祖姓而被杀，也不能改他姓而苟且偷生。"元景安向高洋告密，元景皓被处死，家属徙彭城。

元景皓"宁可玉碎，不能瓦全"，表现出高尚的气节，后来，用以比喻宁愿为高尚、正义的事业献身。也常写作"宁为玉碎，不为瓦全"。

韩陵片石

〔释义〕

韩陵片石：韩陵山上的碑文，文采飞扬，片石也极其珍贵。比喻不可多得的好文章。

〔出处〕

唐·张鹫(zhuò)《朝野佥载》：梁庾信从南朝初至北方，文士多轻之。信将《枯树赋》以示之，于后无敢言者。时温子昇作《韩陵山寺碑》，信读而写其本，南人问信曰："北方文士何如？"信曰："惟有韩陵山一片石堪共语。薛道衡、卢思道少解把笔，自余驴鸣犬吠，聒耳而已。"

〔故事〕

永熙三年（534），北魏丞相高欢与尔朱兆在韩陵山决战，大获全胜。高欢命在韩陵山修建定国寺，并让御史温子昇撰写碑文歌功颂德。温子昇撰写的碑文气势磅礴，文采斐然。南朝梁庾信诗文绮丽，以文采知名，到北方后，有人问庾信如何评价北方文士。庾信说只有韩陵山上温子昇的碑文可以与他相提并论，薛道衡、卢思道对于写文章稍稍了解一些，其余人写的文章就像驴鸣狗吠，杂乱刺耳。

《世说新语补》载此事作"寒山寺碑"，故"韩陵片石"又作"寒山片石"，形容不可多得的好文章。

韩陵山位于河南安阳东北，为安阳八大景之一。汉淮阴侯韩信曾在此屯兵，并将义母陵墓安置于此，故名韩陵山，俗名七里冈。韩陵片石是其中最著名的景点之一。

兵藏武库，马入华山

〔释义〕

兵藏武库，马入华山：兵器藏进武库，战马放入华山。指战争结束，天下太平。

〔出处〕

北周·庾信《贺平邺都表》：当今鹿台已散，顷宫已遣，兵藏武库，马入华山。

〔故事〕

庾信，南阳新野（今河南新野）人，南北朝时期著名文学家。建德六年（577）正月，北周武帝宇文邕攻陷北齐都城邺城，俘虏北齐后主，灭北齐。庾信上表庆贺。贺表中用了武王伐纣的典故。商朝末年，纣王荒淫昏庸，不惜财力民力，修建鹿台和顷宫。周武王率兵伐纣，将修建鹿台的资财散发给民众，将建造顷宫的民夫遣散回家，将征用的牛马退还百姓，"乃偃武修文，归马于华山之阳，放牛于桃林之野，示天下弗服"。庾信《贺平邺都表》以此歌咏北周武帝的战功，颂扬北周升平。后世有"刀枪入库，马放南山"之语，本此。

牛角挂书

〔释义〕

牛角挂书：指的是隋末李密勤读的事迹。后比喻读书勤奋，学习刻苦。

〔出处〕

《新唐书·李密传》：(李密)以蒲鞯乘牛，挂《汉书》一帙角上，行且读。越国公杨素适见于道，按辔蹑其后，曰："何书生勤如此？"密识素，下拜。问所读，曰："《项羽传》。"因与语，奇之。

〔故事〕

隋朝末年，李密担任了隋炀帝杨广的宫廷侍卫。由于他生性好动，在值班时因左顾右盼被隋炀帝发现后免了差。左翊卫大将军宇文述劝慰他说："你祖上几代都在朝为官，你也应在才学方面有所建树。"李密心下明白，从此发愤读书，决心做个有学问的人。他听说著名的学者包恺住在缑山（在今河南偃师），于是慕名前去拜访。

一天，他骑着牛前往缑山。为充分利用路上的时间，他想了一个办法：在牛背上放置一个蒲团坐着，把《汉书》挂在牛角上，边赶路边读书。恰巧，越国公杨素经过这里，见到牛背上有这般好学之人，便悄悄跟在后面。过了很久,李密才发现。李密以前在朝里见过杨素,赶紧行礼拜见。杨素问:"你为什么读书如此刻苦尽心?你读的是什么书?"李密回答说:"我读的是《汉书》中的《项羽传》。"经过一番交谈,杨素对李密很是欣赏,认为他是个难得的奇才。

百忍成金

〔释义〕

百忍成金:形容忍耐的可贵。

〔出处〕

《旧唐书·孝友》:郓州寿张人张公艺,九代同居。北齐时,东安王高永乐诣宅慰抚旌表焉。隋开皇中,大使、邵阳公梁子恭亦亲慰抚,重表其门。贞观中,特敕吏加旌表。麟德中,高宗有事泰山,路过郓州,亲幸其宅,问其义由。其人请纸笔,但书百余"忍"字。高宗为之流涕,赐以缣帛。

〔故事〕

张公艺,郓州寿张(今河南台前,一说今山东阳谷)人,历北齐、北周、隋、唐四代,寿九十九岁。张公艺九代同堂,家族和睦相处,多次受到旌表。

唐高宗路过郓州,亲自去张家,问他治家的心得。张公艺拿过纸笔,一口气写了一百多个"忍"字。高宗深受感动,赏赐他绢帛绸缎。张公艺是我国历史上治家有方的典范,千百年来,备受尊敬,传为美谈。在当今时代,张公艺的治家方法对于建立文明家庭,具有新的现实意义。

夺锦之才

〔释义〕

夺锦之才:用以称赞文才出众或被宠赐。

〔出处〕

《新唐书·宋之问传》:武后游洛南龙门,诏从臣赋诗,左史东方虬诗先成,后赐锦袍,之问俄顷献,后鉴之嗟赏,更夺袍以赐。

〔故事〕

一次,武则天前往洛南的龙门游玩,见这里景色优美,便下令随行的官员们赋诗以纪胜。当时,左史东方虬率先作好,武则天看后大喜,赐给他一件锦袍。过了一会儿,宋之问呈上自己所作的《龙门应制》诗。武则天一看,此诗洋洋洒洒四十二句,佳句频出,不禁连连赞叹,命人夺过东方虬手中的锦袍,赠给了宋之问。

后来，由这一出"龙门夺锦"的佳话，衍生出"夺锦袍""夺锦才""夺袍之才"等词语，用以称赞文才出众之人。

伴食宰相

〔释义〕

伴食宰相：伴食，陪着一起吃饭。唐时朝会结束，宰相率领百官在尚书省都堂会食。因此指居宰辅之位而无所作为。后用来讽刺无所作为、不称职的官员。

〔出处〕

《旧唐书·卢怀慎传》：怀慎与紫微令姚崇对掌枢密，怀慎自以为吏道不及崇，每事皆推让之。时人谓之"伴食宰相"。

〔故事〕

卢怀慎，滑州灵昌（今河南滑县）人，唐朝宰相，为官清廉节俭，谥号文成。姚崇，陕州硖石（今河南陕县）人，字元之，文武双全，历仕武则天、中宗、睿宗三朝，两次拜为宰相。后来，他辅佐唐玄宗开创开元盛世，被称为救时宰相，与房玄龄、杜如晦、宋璟并称唐朝四大贤相。开元年间，卢怀慎与姚崇一同拜相。但卢怀慎谦逊谨慎，自认为才能不如姚崇，因此遇事推让，不肯自专，被当时人讥讽为"伴食宰相"，认为他只吃饭不办事。但这其实源于他清正廉洁的品格和谦逊恭敬的态度，卢怀慎本身并非毫无作为，他的品格是值得称道的。

除"伴食宰相"外，还有"伴食中书""伴食刺史"等词语，指不称职的官员或虚设的职官。

吴带当风

〔释义〕

吴带当风：唐代画家吴道子所画人物，笔势圆转，衣带如被风吹拂。后指高超的画技和飘逸的风格。

〔出处〕

宋·郭若虚《图画见闻志·论曹吴体法》：曹、吴二体，学者所宗。按唐张彦远《历代名画记》称："北齐曹仲达者，本曹国人，最推工画梵像，是为曹，谓唐吴道子曰吴。吴之笔，其势圆转，而衣服飘举；曹之笔，其体稠叠，而衣服紧窄。故后辈称之曰：'吴带当风，曹衣出水。'"

〔故事〕

吴道子，又名道玄，阳翟（今河南禹州）人，唐代著名画家，被尊称为"画圣",精于佛、道人物故事创作,代表作品有《送子天王图》《地狱变相图》《八十七神仙卷》等。在用笔技法上,吴道子创造了一种波折起伏、错落有致的"莼菜条"式的描法,增强了描摹对象的分量感和立体感,以苍劲的笔力和圆转的笔势来表现飞动的袍袖飘带,有一种"天衣飞扬,满壁风动"的效果,这种绘画技法和风格在敦煌壁画中被广泛应用。

河南禹州鸿畅镇山底吴村旧有画圣祠和吴道子的衣冠冢。画圣祠坐东向西,门楼上悬一石匾,上书阴刻"一峰圣堂"四个字。清嘉庆六年重修,门前立有"文王世官员至此下马"石碑。中央有楠木精雕"圣主楼",内供奉着吴道子金身塑像。吴道子晚年,唐玄宗再度命其入蜀作画。吴道子染上瘟疫,病死于旅途之中。因此,吴道子墓分为真人墓和衣冠冢,真人墓在四川资阳雁江区李家沟,衣冠冢则在吴道子故里——河南禹州鸿畅镇山底吴村。

仙风道骨

〔释义〕

仙风道骨:有仙人及得道者的气质和神采。形容人的风骨神采超凡脱俗,与众不同。

〔出处〕

唐·李白《大鹏赋序》:"余昔于江陵见天台司马子微,谓余有仙风道骨,可与神游八极之表。因著《大鹏遇希有鸟赋》以自广。"

〔故事〕

司马承祯,字子微,法号道隐,自号白云子,人称白云先生,河内温县(今河南温县)人。晋宣帝司马懿之弟司马馗的后人,道教上清派第十二代宗师,道行高深,博学能文。自武后以来,多次奉诏入京,封以官爵,屡辞不受。司马承祯与陈子昂、卢藏用、宋之问、王适、毕构、李白、孟浩然、王维、贺知章被称为"仙宗十友"。

司马承祯去朝南岳衡山途经鄂州江夏,得遇李白。交谈之间,司马承祯感到李白见识过人,旷达洒脱,对李白说:"您超凡脱俗,风骨神采与众不同,可以与我神游八极之表。"李白于是写下《大鹏遇希有鸟赋》,以大鹏比喻自己,以"希有鸟"比喻司马承祯,通过对大鹏展翅翱翔的生动描写,表现诗人的凌云壮志和潇洒不羁的性情;通过"希有鸟"对大鹏的赞赏,表达对司马承祯知音相赏的感激和自豪。

"仙风道骨"后来比喻超凡脱俗的品貌风度。文天祥《与文侍郎及翁》中有:"尊性乐在简淡,急流勇退,仙风道骨人也。"另有"仙风道气""仙风道格",意义相近。

紫芝眉宇

〔释义〕

紫芝眉宇：元紫芝的眉宇面目。后指人品行高洁。

〔出处〕

《新唐书·元德秀》：房琯每见德秀，叹息曰："见紫芝眉宇，使人名利之心都尽。"

〔故事〕

元德秀，字紫芝，鲜卑族，原姓拓跋，今河南洛阳人，后移居陆浑（今河南嵩县），唐代诗人。为人宽厚，少浮华，侍母至孝。

元德秀任河南鲁山县令时，有一个小偷被抓捕入狱，恰好境内有虎为患，小偷请求打虎赎罪。元德秀答应了。有人劝他说："这是那人的诡计，他想逃走，你不怕受到牵连吗？"元德秀说："我已经答应他了。人应该讲信义。如果有什么差错，由我一人承担。"第二天，小偷背着死虎回来，全县人都感叹不已。元德秀把自己的俸禄都接济了县里的孤儿，离任时，他的全部财产只有一匹细绢，坐着柴车而去。因为喜欢陆浑的山水，元德秀就去那里隐居。家里没有围墙也不上锁，没有仆人。遇到荒年，有时一天也吃不上饭。元德秀喜欢饮酒，常常弹琴自娱，作《蹇士赋》以自况。宰相房琯每次看见元德秀，都感叹说："紫芝清雅脱俗，看到他，名利之心就消失了。"

擒贼擒王

〔释义〕

擒贼擒王：如果想制服敌军，就首先制服敌军的统帅。比喻做事要抓住关键，解决主要矛盾。

〔出处〕

唐·杜甫《前出塞》之六：挽弓当挽强，用箭当用长。射人先射马，擒贼先擒王。杀人亦有限，列国自有疆。苟能制侵陵，岂在多杀伤。

〔故事〕

杜甫，字子美，巩县（今河南巩义西南）人，唐代著名诗人，被尊为"诗圣"。天宝年间，吐蕃侵犯边疆，玄宗派大将哥舒翰率军三万余人与吐蕃激战，吐蕃军被击退，唐军也损失惨重。杜甫针对此事，有感而发，写下系列出塞诗，此诗是第六首。诗中首先用排比的形式，提出作战的关键所在。接着写作战的目的是"制侵陵"，而不是"多杀伤"，讽刺了玄宗的穷兵黩武，同时也表现了诗人的军事眼光。"擒贼先擒王"成了脍炙人口的千古警句。后比喻做事要抓住关键。《红楼梦》第五十五回:"如今俗语说:擒贼必先擒王。他如今要作法开端,一定是先拿我开端。"

食不下咽

〔释义〕

食不下咽:食物虽在口中但咽不下去。形容忧心忡忡,不思饮食。

〔出处〕

唐·韩愈《张中丞传后叙》:霁云慷慨语曰:"云来时,睢阳之人不食月余日矣!云虽欲独食,义不忍;虽食,且不下咽。"

〔故事〕

张中丞,即张巡,曾拜御史中丞,故称张中丞。邓州南阳(今河南南阳)人。南霁云,魏州顿丘(今河南清丰)人,张巡部将。安史之乱时,张巡率军抗拒贼兵,转战于雍丘、宁陵一带,后与许远同守睢阳(今河南商丘睢阳区),兵败遇难。安史之乱后,有些人诬陷张巡投降安史叛军,李翰是张巡的好友,张巡镇守睢阳时,李翰同在睢阳,于是撰写《张巡传》上肃宗,以证张巡清白。韩愈在《张巡传》的基础上,撰写了《张中丞传后叙》,

增加了许远等人的事迹。文中写当睢阳危急之时,张巡派部将南霁云求救于河南节度使贺兰进明,贺兰进明嫉妒张巡和许远的功绩和威望,不肯出兵相救,却爱惜南霁云的勇武雄壮,想收在自己麾下。于是,强行留下南霁云,备办酒食和歌舞,邀请南霁云坐下宴饮。南霁云慷慨愤懑,说:"我离开睢阳时,睢阳城的人已经有一个多月没有吃东西了!我自己在这里吃喝,于道义上讲不过去;即使吃,也吃不下去。"南霁云自断一指,表明抗战到底的决心。但是,贺兰进明最终也没有出兵。南霁云无奈离开,临行前,箭射佛塔,发誓说:"破贼之后,必灭贺兰。"

睢阳区位于河南商丘市中心南部,是著名古都、古城区,距今已有500年历史,1986年被国务院命名为国家历史文化名城。张巡祠坐落在商丘古城南门外,是为纪念"安史之乱"中保卫睢阳而殉难的张巡、许远等人所建。张巡墓位于张巡祠北端的墓葬园林区,墓前有巨型墓碑。

罗雀掘鼠

〔释义〕

罗雀掘鼠:张网捉麻雀、挖洞捉老鼠来充饥。后比喻想尽办法筹措资金财物。

〔出处〕

《新唐书·张巡传》：至罗雀掘鼠，煮铠弩以食。

〔故事〕

唐玄宗天宝年间，安禄山叛变，安史之乱爆发，张巡坚守睢阳。敌人猛烈进攻，有时一天之内攻城二十多次，张巡勇敢迎战，毫不惧怕，也毫无疲倦的神色。后来，睢阳城被安禄山部将尹子奇率领十几万军士团团围住，而张巡只有三千兵马。睢阳被围困数月之久，军粮缺乏，张巡就叫士兵们捉麻雀、掘老鼠来充饥，甚至把铠甲、弓箭煮来吃，一直坚持守城，顽强战斗。无奈寡不敌众，睢阳终被攻破。张巡拒绝投降，英勇就义。

"罗雀掘鼠"也省称"罗掘"，并有"罗掘一空""罗掘俱穷"等词，意义相同。鲁迅《中国小说史略》："凡所叙述，皆迎合、钻营、朦混、罗掘、倾轧等故事。"

落井下石

〔释义〕

落井下石：别人掉进井里，不但不救，反而往井下投石头。比喻乘人之危，加以打击陷害。又作"落井投石"。

〔出处〕

唐·韩愈《柳子厚墓志铭》：今夫平居里巷相慕悦，酒食游戏相征逐，诩诩强笑语以相取下，握手出肺肝相示，指天日涕泣，誓生死不相背负，真若可信；一旦临小利害，仅如毛发比，反眼若不相识。落陷阱，不一引手救，反挤之，又下石焉者，皆是也。此宜禽兽夷狄所不忍为，而其人自视以为得计。闻子厚之风，亦可以少愧矣。

〔故事〕

韩愈，字退之，河南河阳（今河南孟州南）人，自称"郡望昌黎"，世称"韩昌黎""昌黎先生"。唐代文学家、哲学家、思想家。

《柳子厚墓志铭》是韩愈元和十五年任袁州刺史时所作，韩、柳私交甚厚。柳宗元去世后，韩愈写了很多悼念文章，这是其中的一篇。文章综括柳宗元的生平，除了称赞他的才学之外，还着重论述了他在政治、德行、文学等方面的贡献。文中赞扬柳宗元的高风亮节，又提到当时世态炎凉：有些人，平日互相仰慕讨好，吃喝玩乐来往频繁，夸夸其谈，强作笑脸，互相表示愿居对方之下，握着手说着"肺腑之言"，指着天日流泪，发誓不论生死谁都不背弃朋友，简直像真的一样可信。一旦遇到小小的利害冲突，仅仅像头发丝般细小，便翻脸不认人。朋友落入陷阱，也不伸手去救，反而借机推挤他，再往下扔石头，到处都是这样的人。连那些禽兽和野蛮人都不忍心干这些事情，而那些人却自以为得计。他们听闻子厚的高风亮节，也应该觉得有些惭愧了。

蚍蜉撼大树

〔释义〕

蚍蜉撼大树:蚍蜉,大蚂蚁。蚂蚁想摇动大树。比喻力量很小,却妄想动摇强大的事物,不自量力。

〔出处〕

唐·韩愈《调张籍》:李杜文章在,光焰万丈长。不知群儿愚,那用故谤伤。蚍蜉撼大树,可笑不自量。

〔故事〕

《调张籍》诗作于唐宪宗元和年间,当时,李白、杜甫没有得到普遍尊重,甚至还受到一些人的诋毁。韩愈对此很不满意,就写了《调张籍》一诗,得到好友张籍的赞同。在这首诗中,韩愈热情地赞美李白和杜甫的诗文,表达倾慕之情。李白、杜甫的诗文,犹如万丈光芒照耀了文坛,而有些轻薄文人却愚昧无知,诋毁他们。这就像蚂蚁企图摇动大树,可笑他们也不估量一下自己。全诗如长江黄河奔流直下,曲折盘旋,波澜壮阔。

"蚍蜉撼大树"又作"蚍蜉撼大木",也省作"蚍蜉撼树"。宋赵与时《宾退录》卷二:"又黄次伋者,不知何许人,赋《评孟》诗十几篇,极诋孟子,且及子思……蚍蜉撼大木,多见不知量也。"

耸肩缩颈

〔释义〕

耸肩缩颈:耸着肩膀,缩着脖子,形容害怕恐惧的样子。又作"竦肩缩颈"。

〔出处〕

唐·韩愈《送穷文》:"屏息潜听,如闻音声,若啸若啼,砉欻嚘嘤,毛发尽竖,竦肩缩颈,疑有而无,久乃可明。"

〔故事〕

正月十五"送穷"是我国古代民间风俗,人们祭祀穷神,希望他离开,希望自己摆脱贫困的生活,过上富裕的日子。传说,穷神是颛顼的儿子,他身材羸弱矮小,喜欢穿破衣烂衫,喜欢喝稀粥。即使送新衣服给他,他也故意将新衣服扯破再穿上。韩愈《送穷文》模仿扬雄《逐贫赋》的写法,写主人与"智穷""学穷""文穷""命穷""交穷"等五鬼的对话。文章开头写主人按照习俗送穷,让仆人结扎柳条为车,捆草为船,装上干粮,套好牛车,升起船帆,向穷神作揖,请求他们离开。主人屏住呼吸,凝神细听，仿佛听到一种声音，像呼啸又像啼哭，窸窸窣窣，让人毛发都竖了起来，耸着肩膀，缩着脖子。那声音若有若无，过了好一会儿才能听清楚。文章以幽默戏谑的语气，寓庄于谐，描绘了主人"君子固穷"的性格特征，抨击庸俗的人情世故，抒发自己内心的愤懑不平之气。

摧陷廓清

〔释义〕

摧陷廓清：摧陷，摧毁。廓清，肃清。攻破敌阵，肃清残敌。比喻彻底清除积弊或破除陈旧的言辞。

〔出处〕

唐·李汉《昌黎先生集序》：先生于文，摧陷廓清之功，比于武事，可谓雄伟不常者也。

〔故事〕

昌黎先生指韩愈，卒于长庆四年（824）冬。其门生李汉收集韩愈遗文，编为《昌黎先生集》，并为之作序。序文提出"文以贯道"的主张，充分肯定了韩愈散文创作及其所倡导的古文运动的功绩，认为韩愈先生的文章，彻底清除了东汉魏晋以来的积弊和陈旧的言辞，就像沙场上的将军，以摧枯拉朽之势摧毁了敌人的阵营，肃清了残敌。这篇序文是较早全面评论韩愈文学创作的重要论文，对后代有一定影响。

"摧陷廓清"常用于文章或学问有创新。明黄宗羲《刘伯绳先生墓志铭》："当是时，问学者拥其门，虽所得各有浅深，而山阴慎独宗旨暴白于天下，不为越中之旧说所乱者，先生有摧陷廓清之功焉。"

泰山北斗

〔释义〕

泰山北斗：比喻德高望重或有卓越成就而为人们所尊重敬仰的人。

〔出处〕

《新唐书·韩愈传赞》：自愈没，其言大行，学者仰之如泰山、北斗云。

〔故事〕

"泰山北斗"说的是唐朝的大文学家韩愈。韩愈，字退之，河南河阳（今河南孟州南）人。韩愈是唐代古文运动的倡导者，为"唐宋八大家"之首，有"文章巨公"和"百代文宗"之誉。

针对六朝以来的骈俪文风（追求华丽的辞藻，崇尚对句和用典），韩愈提出了"文道合一""陈言务去""文从字顺"等主张。在他的倡导和推行下，古文运动轰轰烈烈展开，并对后世产生了深刻影响。宋代文学家苏轼曾称赞韩愈"文起八代之衰"。《新唐书·韩愈传》的赞语中说："自愈没，其言大行，学者仰之如泰山、北斗云。"意思是说，韩愈去世后，他的主张得到广泛传播，影响深远，学者们把他当作五岳中的泰山、众星中的北斗一样敬重和推崇。

春风得意　走马观花

〔释义〕

春风得意：指进士及第。现用来形容人官场腾达或事业顺心时扬扬得意的样子。

走马观花：形容得意、愉快的心情。亦作"走马看花"。现比喻匆忙和粗浅地了解事物。

〔出处〕

唐·孟郊《登科后》诗：昔日龌龊不足夸，今朝放荡思无涯。春风得意马蹄疾，一日看尽长安花。

〔故事〕

孟郊，字东野，唐代著名诗人，先世居汝州（今河南汝州）。他两次科举考试都没有考中，终于在第三次去京城洛阳参加科举考试时中了进士。当时，他已经四十六岁。在长年郁郁不得志的情况下，一朝登科，心中之快意溢于言表。其《登科后》诗云："昔日龌龊不足夸，今朝放荡思无涯。春风得意马蹄疾，一日看尽长安花。"这首诗，把他当时骑着快马，在春风中潇洒得意地尽情游赏的兴奋状态描摹得非常生动。

"春风得意"和"走马观花"两个成语就由这首诗的后两句产生而来。"春风得意"原形容读书人科举考中后的得意心情，现在一般用来形容官运亨通或事情办成功时得意扬扬的情态。"走马观花"现在一般用来表达匆匆走过，只看表面现象、来不及仔细观察的意思，也作"走马看花"。

月下老人

〔释义〕

月下老人：神话传说中主管男女婚姻的神，后泛指媒人。

〔出处〕

唐·李复言《续幽怪录·定婚店》：斜月尚明，有老人倚巾囊坐于阶上，向月简书。

〔故事〕

唐代传奇《续幽怪录》中记载,唐朝元和二年,杜陵有个叫韦固的书生去清河访友,途中借宿宋州宋城县(今河南商丘市睢阳区)客栈。一天凌晨,韦固见一须发皆白的老翁坐在台阶上,倚着布袋对月翻书。韦固过去看书,却一字不识,便对老翁说:"小生熟读经书,怎么一字不识?"老人笑笑说:"这不是人间凡书,你如何认得呢?上面记载的都是天下男女匹配的婚牍。"韦固将信将疑,又问布袋里装的什么东西。老翁道:"是红线,用来系夫妻二人的脚,一男一女降生时就已拴住了,即使仇敌之家,贫富悬殊,美丑不等,相隔万里,也必成夫妻。"

后也用"月下老""月下老儿""月老"指"月下老人",用"月下书"指婚姻簿。又有"千里姻缘一线牵"的说法,谓姻缘乃命中注定,由月老暗中用一根红线牵连而成。曹雪芹《红楼梦》第五十七回:"自古道:'千里姻缘一线牵。'管姻缘的有一位月下老儿,预先注定,暗里只用一根红线,把这两个人的脚绊住,凭你两家哪怕隔着海呢,若有姻缘的,终究有机会作成了夫妇。"

搜索枯肠

〔释义〕

搜索枯肠:形容竭力思索,冥思苦想。也指才思枯竭。

〔出处〕

唐·卢仝（tóng）《走笔谢孟谏议寄新茶》诗：一碗喉吻润，两碗破孤闷。三碗搜枯肠，唯有文字五千卷。四碗发轻汗，平生不平事，尽向毛孔散。五碗肌骨清，六碗通仙灵。七碗吃不得也，唯觉两腋习习清风生。

〔故事〕

卢仝，中唐诗人，"初唐四杰"之一卢照邻嫡系子孙。生于今河南济源武山镇思礼村，早年曾隐居河南登封的少室山，自号玉川子，后迁居洛阳。性格耿介，生活贫困。博览经史，不愿仕进。精通茶道，被尊称为"茶仙"。

《走笔谢孟谏议寄新茶》是卢仝品尝友人谏议大夫孟简所赠新茶之后的即兴作品。诗中写孟谏议送来的新茶，精致稀奇，是人间珍品。茶煮好后，一连喝了七碗。喝下第一碗，嘴巴喉咙湿润。喝下第二碗，孤寂愁闷都烟消云散了。喝下第三碗，润泽肠胃，搜索腹中，没有其他学问，只有五千卷文章。喝下第四碗，轻微发汗，心中的不平都从毛孔里散发出去了。喝下第五碗，感到浑身清爽。喝下第六碗，精神与仙人相通。第七碗却轻易喝不得，喝下第七碗后，觉得两腋生清风，飘飘欲仙。文笔自然顺畅，风格诙谐洒脱。最后，笔锋一转，写茶农辛苦的生活境况，表达诗人对劳苦人民的深刻同情。

卢仝生于济源，葬于济源。在济源武山镇思礼村村头，有一块石碑，上书"卢仝故里"四个大字，石碑两侧有两行小字"贤才工诗与日月同辉，德泽润野使荟草争妍"。这块石碑立于清代末期，是当时的广东道监察御史刘迈园所题。据清乾隆年间萧应植等所撰《济源县志》载：在县西北十二里武山头有卢仝墓，山上还有卢仝当年汲水烹茶的玉川泉。

如人饮水，冷暖自知

〔释义〕

如人饮水，冷暖自知：原指禅宗证悟之后的感觉无法言说，就像喝水一般，是冷是暖只有喝水的人自己知道。后指亲身经历的事物，只有自己最了解。

〔出处〕

唐·裴休《黄檗山断际禅师传心法要》：明于言下忽然默契，便礼拜云："如人饮水，冷暖自知，某甲在五祖会中，枉用三十年工夫。"

〔故事〕

裴休，字公美，河内济源（今河南济源）人，唐朝名相、书法家，精于佛典。《黄檗山断际禅师传心法要》是裴休集录唐代黄檗山希运禅师于洪州钟陵龙兴寺说法的要旨，说法中讲到禅宗六祖惠能的故事：惠能得到五祖传下的衣钵后，立即南行，到达大庾岭，有数百僧俗随后赶来，想要抢夺衣钵。其中有一个僧人名叫惠明，追赶上了惠能。惠能将衣钵放在石头上，自己则藏在旁边的荒草之中。惠明想拿走石头上的衣钵，却提不动。于是，惠明大声说："我是为佛法而来，不是为衣钵而来。"这时，惠能从草丛中出来，为惠明说法。惠明大悟，向惠能礼拜，说："证悟之后的感觉，真像喝水一样，只有自己知道。我在五祖门下，白白浪费了三十年工夫也没有证悟到。"惠明一朝开悟，方知开悟的妙处。

"如人饮水，冷暖自知"中"如人饮水"也作"如鱼饮水"，纳兰性德有《饮水词》，命名即基于此。

断章摘句

〔释义〕

断章摘句：原指组织词句，构思文章。现含贬义，指割裂全文，取其所需。

〔出处〕

唐·李商隐《唐容州经略使元结文集后序》：其疾怒急击，快利劲果，出行万里，不见其敌，高歌酣颜，入饮于朝，断章摘句，如娠如生。

〔故事〕

李商隐，字义山，号玉谿生，又号樊南生，原籍怀州河内（今河南沁阳），祖辈迁居荥阳（今河南荥阳），晚唐著名诗人。元结，字次山，原籍河南洛阳，后迁居鲁山（今河南鲁山），代宗时任容管经略使，政绩颇丰。《唐容州经略使元结文集后序》是李商隐为元结的文集写的后序，序文评价元结的文章笔力雄健，意气超拔，构思非凡，词句生动。

"断章摘句"后用作贬义，同"断章截句"，指截取文章的只言片语而歪曲原意，如《宋史·选举志二》："（绍定）三年，臣僚请：'学校场屋，并禁断章截句，破坏义理，及《春秋经》越年牵合。'"

如临大敌

〔释义〕

如临大敌：好像面对着强大的敌人。形容戒备森严或过于紧张。

〔出处〕

《旧唐书·郑畋（tián）传》：是冬，贼陷京师，僖宗出幸。畋闻难作，候驾于斜谷迎谒，垂泣曰："将相误陛下，以至于此。臣实罪人，请死以惩无状。"上曰："非卿失也。朕以狂寇凌犯，且驻跸兴元。卿宜坚扼贼冲，勿令滋蔓。"畋对曰："臣心报国，死而后已，请陛下无东顾之忧。然道路艰虞，奏报梗涩，临机不能远禀圣旨，愿听臣便宜从事。"上曰："苟利宗社，任卿所行。"畋还镇，搜乘补卒，缮修戎仗，浚饰城垒。尽出家财以散士卒。昼夜如临大敌。

〔故事〕

郑畋，字台文，荥阳人，晚唐宰相。广明元年，郑畋出任凤翔陇右节度使。元年冬，黄巢军攻陷长安，唐僖宗被迫逃亡。郑畋在斜谷迎驾请罪，僖宗命他抵挡贼兵，并允许他阵前可以便宜行事，不必请旨。于是，郑畋回到军中，搜寻战车，补充兵员，修缮仪仗旗帜，整修城池壁垒，拿出自己家中的财务散发给士卒，昼夜防范警戒，戒备森严。终于在龙尾坡大破黄巢军，并传檄四方，号召藩镇合讨黄巢。郑畋在国家危亡时刻，大败黄巢军，振奋了官军士气，功不可没。

"如临大敌"也作"如御大敌"，《太平广记》卷第二百四十《李林甫》："家人警卫，如御大敌，其自防也如此。"

开卷有益

〔释义〕

开卷有益：打开书本阅读，就会有所得益。

〔出处〕

宋·王辟之《渑水燕谈录·文儒》：太宗（宋太宗）日阅《御览》三卷，因事有阙，暇日追补之，尝曰："开卷有益，朕不以为劳也。"

〔故事〕

宋太宗赵光义即位后,命李昉等儒臣纂修《太平广记》《太平御览》《文苑英华》三大类书。其中《太平御览》搜集和摘录了一千六百多种古籍的重要内容,分类归为五十五门,长达一千卷。这部书是在太平兴国年间完成的,因此初名《太平总类》。编成后,宋太宗很感兴趣,规定自己每天阅览三卷,一年之内全部看完,所以后来又更名《太平御览》。

对于这部卷帙浩繁的类书,尽管政务繁忙,宋太宗还是坚持每天阅览。有时因为处理其他事情耽搁了,他也会在稍有闲暇时再补上。侍臣认为他这样太辛苦了,劝他多休息,宋太宗却说:"开卷有益,我不觉得疲劳。"

今天,我们常用"开卷有益"来勉励人多读书。

不动声色

〔释义〕

不动声色:声,言谈、话语。色,脸色。不让感情、想法从声音、语气和脸色上流露出来。形容态度镇静自若,也形容轻而易举,毫不费力。

〔出处〕

宋·欧阳修《相州昼锦堂记》:"于此见公之视富贵为何如,而其志岂易量哉!故能出入将相,勤劳王家,而夷险一节。至于临大事,决大议,垂绅正笏，不动声色，而措天下于泰山之安：可谓社稷之臣矣！其丰功盛烈，所以铭彝鼎而被弦歌者，乃邦家之光，非闾里之荣也。"

〔故事〕

韩琦，字稚圭，相州安阳（今河南安阳市）人，仁宗时封魏国公。昼锦堂是韩琦回乡任相州知州时在官署后园所建，欧阳修写《相州昼锦堂记》为之作记。文中写道：魏国公志向非凡，因此能够出将入相，不论平安艰险，气节始终如一。面临重大事件，决定重大问题时，都能够衣带齐整，执笏端正，轻而易举地把天下国家治理得如泰山一般安稳，真可称得上是国家的重臣。他的丰功伟绩，被铭刻在彝鼎之上，流传于弦歌之中，这是整个国家的光荣，而不仅仅是乡里的光荣。文章主要赞扬了魏国公韩琦的远大理想和丰功伟业，是历来公认的名篇。

昼锦堂，位于河南安阳市古城内东南营街，是宋代三朝宰相韩琦回乡任相州知州时，在州署后院修建的一座堂舍，并据《汉书·项籍传》"富贵不归故乡，如衣锦夜行"之句，反其意而用之，故名"昼锦堂"。现为国家重点文物保护单位。昼锦堂中的昼锦堂记碑，刻于北宋治平二年（1065）。此碑由北宋文学家欧阳修撰文、书法家蔡襄书写，记述三朝名相韩琦的事迹。

程门立雪

〔释义〕

程门立雪：旧指学生恭敬受教，现指尊敬师长。比喻求学心切，尊师重道。

〔出处〕

宋·朱熹《二程外书》：游、杨初见伊川，伊川瞑目而坐，二子侍立，既觉，顾谓曰："贤辈尚在此乎？日既晚，且休矣。"及出门，门外之雪深一尺。

〔故事〕

程颐是中国古代的大哲学家，生活在北宋时期，家住洛阳。他和他的哥哥程颢创立了"理学"，在六经的研究上很有造诣。当时有很多青年学子跟他们学习。程颐五十三岁时被朝廷任命为洛阳国子监的教授。游酢和杨时有一天去拜访程颐，可程颐正在闭目养神，两个人就恭恭敬敬地静立在旁边。过了很长时间，程颐才醒过来，惊讶地说："你们还在这儿啊？现在天色已晚，就不再讨论学问了。"等他们出门一看，外面的雪已经有一尺那么厚了。杨时那时年近四十，早已考中了进士，为了能够进一步提高修为，连官都不做。他们那种对学问执着追求和对长者尊敬的态度很值得我们学习，也给后人留下了一段美谈。

"程门立雪"也作"程门度雪""程门飞雪"，鲁迅《书信集·致许广平》："程门飞雪，贻误多时。"

夜不就席

〔释义〕

夜不就席：夜里不上床安歇。形容十分勤奋或者辛苦。

〔出处〕

《宋史·邵雍传》：雍少时，自雄其才，慷慨欲树功名。于书无所不读，始为学，即坚苦刻厉，寒不炉，暑不扇，夜不就席者数年。已而叹曰："昔人尚友于古，而吾独未及四方。"于是逾河、汾，涉淮、汉，周流齐、鲁、宋、郑之墟，久之，幡然来归，曰："道在是矣。"遂不复出。

〔故事〕

邵雍，字尧夫，共城（今河南辉县）人。北宋著名理学家、道士、诗人。幼随其父到共城苏门山，卜居于此地，遂成为河南人。宋仁宗皇祐元年（1049），定居洛阳，以教授为生。嘉祐七年（1062），移居洛阳天宫寺西天津桥南，自号安乐先生。邵雍年轻时，自认为很有才华，雄心勃勃，一心想成就功名。他酷爱学习，什么书都读，刚开始读书，就刻苦磨砺自己，天冷了也不生火炉，天热了也不扇扇子，夜晚也不上床睡觉，就这样过了几年。之后，感叹地说："古人为求学问崇尚访师拜友，而我还不曾游历四方。"于是跋山涉水，游历齐、鲁、宋、郑等地。过了很久，突然返回家中，说："道就在家里啊。"于是就长期住在家里，不再出门游历了。

今河南伊川平等乡伊水滨的紫金山下有邵雍墓。冢前有墓碑，上书"宋儒先生康节邵夫子墓"。1963年，邵雍墓被河南省政府定为省级重点文物保护单位。

安乐窝

〔释义〕

安乐窝：安静舒适的住处。

〔出处〕

《宋史·邵雍传》：初至洛，蓬荜环堵，不芘风雨，躬樵爨以事父母，虽平居屡空，而怡然有所甚乐，人莫能窥也。及执亲丧，哀毁尽礼。富弼、司马光、吕公著诸贤退居洛中，雅敬雍，恒相从游，为市园宅。雍岁时耕稼，仅给衣食。名其居曰"安乐窝"，因自号安乐先生。

〔故事〕

"安乐窝"原指邵雍的居处。邵雍自幼随其父亲隐居苏门山（在今河南辉县），名其居为"安乐窝"。后来迁至洛阳天津桥南，住的是茅草房，简陋得难以遮蔽风雨。但是，由于邵雍学识渊博，声名远扬，得到许多人的尊敬。当时，退居洛阳的北宋名臣司马光、富弼、吕公著等与邵雍多有交游，他们集资为他买下一处园宅。邵雍耕稼其间，怡然自乐，仍以"安乐窝"为这座宅院命名。

现存的安乐窝遗址有两处，一在辉县百泉苏门山西麓，一在洛阳市定鼎路洛阳桥南端。

急流勇退

〔释义〕

急流勇退：在急流中果断地及时退却。旧时比喻在官场得意时及时引退，以明哲保身。现泛指在顺利得意而情况复杂时果断退出。

〔出处〕

宋·邵伯温《邵氏闻见录》：钱若水为举子时，见陈希夷于华山。希夷曰："明日当再来。"若水如期往，见有一老僧与希夷拥地炉坐。僧熟视若水，久之不语，以火箸画灰作"做不得"三字，徐曰："急流中勇退人也。"

若水辞去，希夷不复留。后若水登科为枢密副使，年才四十致政。

〔故事〕

邵伯温，字子文，洛阳人，邵雍之子。著有《邵氏闻见录》，其卷七记载：钱若水登科之前，在华山见到了希夷先生陈抟，陈抟让他明天再来。钱若水如约而至，看见一个老僧人和陈抟围坐在炉子边。老僧人仔细看了看钱若水，很久没说话，用火筷子在炉灰上写下了三个字"做不得"，然后才慢慢地说："这是一个能够在急流中及时退出的人啊。"意思是说，钱若水虽然做不了神仙，但也不是久恋官场的人。后来，钱若水登科成为枢密副使，才四十岁就退休了。原来，陈抟认为钱若水有仙风道骨，但是不确定，所以才请老僧帮忙相看判断。能够急流勇退，离成仙也不远了。老僧就是麻衣道者，是陈抟一向尊崇的人。

精忠报国

〔释义〕

精忠报国：竭尽忠诚，报效国家。又作"尽忠报国"。

〔出处〕

《宋史·岳飞传》：桧遣使捕飞父子证张宪事，使者至，飞笑曰："皇天后土,可表此心。"初命何铸鞫之,飞裂裳以背示铸,有"尽忠报国"四大字,深入肤理。既而阅实无左验,铸明其无辜。改命万俟卨。卨诬飞与宪书,令虚申探报以动朝廷,云与宪书,令措置使飞还军;且言其书已焚。

〔故事〕

岳飞,字鹏举,相州汤阴县(今河南汤阴)人。著名战略家、军事家、抗金将领,南宋中兴四将(岳飞、韩世忠、张俊、刘光世)之首。秦桧诬陷岳飞手下将军张宪谋反,于是派人抓捕岳飞、岳云父子二人对质,岳飞对抓捕他的官员说:"皇天后土,可以证明我的忠心。"最初,秦桧让何铸审讯岳飞父子,岳飞撕开衣裳,露出后背,后背刺着"尽忠报国"四个大字,已经深入肌肤。何铸没有查出实据,明确岳飞父子是无辜的。后来,秦桧又派万俟卨审讯岳飞父子。万俟卨罗织罪名,诬陷岳飞父子谋反。岳飞、岳云、张宪一同被害。中华民族历来以精忠报国为荣,以卖国求荣为耻,岳飞已成为精忠报国的英雄化身。尤其在民族危亡时刻,岳飞精忠报国的事迹曾经激励着许多有志之士前赴后继,抛头颅、洒热血,慷慨赴义,为国尽忠。

岳飞庙位于河南汤阴县城内岳庙街,又名精忠庙,始建于明代景泰元年(1450),清代续修。六进院落,有精忠坊、山门、御碑亭、正殿、岳母刺字祠、孝娥祠、岳云祠、四子祠、三代祠和东西厢房等,保存比较完整。

痛饮黄龙

〔释义〕

痛饮黄龙：痛饮，尽情地喝酒。黄龙，即黄龙府，辖地在今吉林一带，曾为金人腹地。直捣敌人巢穴后畅饮庆功。

〔出处〕

《宋史·岳飞传》：自燕以南，金号令不行，兀术欲签军以抗飞，河北无一人从者。乃叹曰："自我起北方以来，未有如今日之挫衄。"金帅乌陵思谋素号桀黠，亦不能制其下，但谕之曰："毋轻动，俟岳家军来即降。"金统制王镇，统领崔庆，将官李觊、崔虎、华旺等皆率所部降，以至禁卫龙虎大王下忔查千户高勇之属，皆密受飞旗榜，自北方来降。金将军韩常欲以五万众内附。飞大喜，语其下曰："直抵黄龙府，与诸君痛饮尔！"

〔故事〕

岳飞抗击金兵，接连取胜，所到之处，金兵望风而降。岳飞很高兴，对手下人说："我们要径直攻到金兵的老巢黄龙府，在黄龙府摆下庆功宴，和大家一起开怀畅饮！"正当岳家军准备渡过黄河，继续北进的时候，宋高宗听信秦桧谗言，一天之内连发十二道金牌，诏令岳飞火速班师回朝。

岳飞既气愤又惋惜地说:"十年的努力,在今天一天全都废弃了。"百姓们明白,岳家军班师后,金兵还会再举进犯,为躲避战乱,许多百姓跟随岳家军一起南下。南宋朝廷自毁长城,即使偏安一隅苟且生活,也将宣告终结。

"痛饮黄龙"后泛指打垮敌人后开怀畅饮。《说岳全传》第七十七回:"痛饮黄龙雪旧耻,平吞鸭绿报新君。"

莫须有

〔释义〕

莫须有:莫须,宋人口语,大概、或许。也许有。形容凭空捏造,毫无根据。

〔出处〕

《宋史·岳飞传》:狱之将上也,韩世忠不平,诣桧诘其实,桧曰:"飞子云与张宪书虽不明,其事体莫须有。"世忠曰:"'莫须有'三字,何以服天下?"时洪皓在金国中,蜡书驰奏,以为金人所畏服者惟飞,至以父呼之,诸酋闻其死,酌酒相贺。

〔故事〕

绍兴和议之后,秦桧唆使同党万俟卨等人捏造岳飞拥兵不救等许多

"罪名"，此后，秦桧收买王俊等人诬告岳飞、岳云父子曾写信给张宪，欲与之共同发动兵变。绍兴十一年（1141）九月，张宪被捕入狱。十月，岳飞、岳云也入狱。已经辞官在家的老将韩世忠愤愤不平，质问秦桧，岳飞究竟犯了什么罪。秦桧回答："岳飞的儿子岳云写给张宪的书信，内容虽然不是很明确，但是谋反的事情或许也是有的。"韩世忠气愤地说："'莫须有'三个字，怎么能让天下人信服呢？"同年十二月，高宗赐死了岳飞。金人最敬畏的只有岳飞，听说岳飞去世，金人喝酒庆贺。南宋大势已去，"莫须有"也成为千古笑谈。因此，世称岳飞冤狱为"三字狱"，后成为冤狱的代称。

东窗事发

〔释义〕

东窗事发：本指秦桧夫妇在东窗下谋害岳飞的计划败露。现比喻阴谋、罪行败露。

〔出处〕

元·刘一清《钱塘遗事》：秦桧欲杀岳飞，于东窗下谋其妻。王夫人曰："擒虎易，放虎难。"其意遂决。后桧游西湖，舟中得疾，见一人被发厉声曰："汝误国害民，我已诉于天，得请于帝矣。"桧遂死。夫人思之，未几，秦熺亦死。方士伏章见熺荷铁枷，因问秦太师所在，熺曰："吾父见在酆都。"

方士如其言而往，果见桧与万俟卨俱荷铁枷，备受诸苦。桧曰："可烦传语夫人，东窗事发矣。"

〔故事〕

传说，秦桧想杀害岳飞，与妻子王氏在东窗下谋划。王氏说："擒住老虎容易，放掉老虎却很难。因为老虎被放走后还会回来伤人。"力劝秦桧不要放过岳飞，于是秦桧才下定决心，将岳飞置于死地。后来，秦桧游览西湖，病在船上，看见一个人，披头散发，高声对他说："你祸国殃民，我已经诉告上天，请求处决你。"秦桧回到家，很快就死了。不久，他的儿子秦熺也死了。王氏给他们做道场，并派道士去探访他们。道士看见秦熺戴着铁枷锁，便问他："太师在哪儿？"秦熺说："在酆都城。"道士按照他说的去找，看到秦桧和万俟卨都戴着铁枷锁，受遍了各种苦楚。秦桧对道士说："麻烦你回去转告夫人，东窗下的密谋败露了。"

虽然"东窗事发"只是民间传说，却恰恰表现了人们对卖国求荣的奸贼的痛恨，对岳飞的深切同情和崇敬。

轰轰烈烈

〔释义〕

轰轰烈烈：轰轰，拟声词，形容雷鸣、炮击、车子开动等巨大的声音。

烈烈，火势旺盛的样子。形容气魄雄伟，声势浩大，不同凡响。又作"烈烈轰轰"。

〔出处〕

南宋·文天祥《沁园春·题张许双庙》：为子死孝，为臣死忠，死又何妨。自光岳气分，士无全节；君臣义缺，谁负刚肠。骂贼张巡，爱君许远，留取声名万古香。后来者，无二公之操，百炼之钢。　人生翕歘云亡。好烈烈轰轰做一场。使当时卖国，甘心降虏，受人唾骂，安得流芳。古庙幽沉，仪容俨雅，枯木寒鸦几夕阳。邮亭下，有奸雄过此，仔细思量。

〔故事〕

宋端宗景炎三年（1278）十一月，文天祥以少保右丞相、信国公兼枢密使驻兵潮阳。潮阳有张许双庙，是纪念唐代张巡和许远两位爱国将领的。安史之乱时，张巡、许远在睢阳抵御叛兵，被俘后宁死不屈，英勇就义。唐代韩愈曾撰写《张中丞传后叙》，记载张巡和许远的事迹。后来，韩愈贬潮州刺史，富有政绩，潮阳人为纪念韩愈，修建书院和庙宇，都用韩愈的名字。人们还认为韩愈是张巡、许远二人的知己，于是在潮州建立张许双庙。文天祥很敬仰张巡、许远二人，特意去潮阳东郊拜谒张许双庙，并写下这首词歌颂张巡、许远的功绩和精神，同时表达了文天祥为国捐躯、视死如归的豪迈情怀。

词中说，唐代安史之乱爆发的时候，朝廷缺乏尽忠报国的志士，出现很多无耻降敌的叛徒，士风不振，大义不存。然而，张巡却能极力抗贼，被俘虏后，大骂贼寇，直到双眼出血。许远温文尔雅，忠君爱君，慷慨赴死。他们都留下万古芳名。后来的人已经很少有他们那样的操守了。人生短促，转眼生离死别，应该轰轰烈烈干一番为国为民的事业。如果他们当时甘心投降卖国，必定受人唾骂，遗臭万年，又如何能够流芳百世呢？那些奸雄如果经过庄严肃穆的古庙，面对张巡、许远的塑像，应当仔细思量，反躬自省。全词气势磅礴，爱憎分明，大义凛然，洋溢着强烈的爱国主义精神。

"轰轰烈烈"又作"烈烈轰轰"。元尚仲贤《气英布》："从今后收拾了喧喧嚷嚷略地攻城，毕罢了轰轰烈烈夺利争名。"

汝人识字

〔释义〕

汝人识字：古代寓言故事，讲汝州一财主的儿子学识字，刚学了一、二、三，就以为全学会了。比喻对事物一知半解，了解很少，但是自以为很了解，因此志得意满，沾沾自喜。

〔出处〕

明·陶珽（tǐng）辑《说郛（fú）续集》第四十五卷载明·刘元卿《应谐录》"万字"：汝有田舍翁，家资殷盛，而累世不识之乎。一岁，聘楚士训其子。楚士始训之搦管临朱，书一画，训曰一字。书二画，训曰二字。书三画，训曰三字。其子辄欣欣然掷笔，归告其父曰："儿得矣！儿得矣！可无烦先生，重费馆谷也，请谢去。"其父喜，从之，具币谢遣楚士。逾时，其父拟征召姻友万氏者饮，令子晨起治状，久之不成。父趣之，其子恚曰：

"天下姓字夥矣,奈何姓万?自晨起至今,才完五百画也。"

〔故事〕

汝州(今河南汝州)有一个土财主,家境殷实富有,但是几代人都不识字。有一年,财主请了一位楚地先生教他的儿子识字。先生开始教他儿子握笔临帖。写一画,说"这是'一'字"。写两画,说"这是'二'字"。写三画,说"这是'三'字"。财主的儿子就很兴奋地扔下笔,回到家对他父亲说:"孩儿全会了!孩儿全会了!可以不必再麻烦先生,多花学费了,把先生辞了吧。"他父亲一听很高兴,就照他说的办,准备好酬金辞掉了先生。过了一些时候,父亲打算请一位姓万的亲友来喝酒,让儿子早晨起来写请帖。过了好长时间也不见写完,父亲催促他,儿子气恼地说:"天下的姓那么多,为啥非要姓万?我从早晨到现在,才写完五百画。"

"汝人识字"的故事讽刺那种有了一知半解的知识,就沾沾自喜、自以为了不起的人,他们到头来必将一事无成。

神至之笔

〔释义〕

神至之笔:形容艺术作品的技法非常奇妙。

〔出处〕

清·侯方域《倪云林十万图记》:《万松叠翠》《万横香雪》二图，寄颜设色，并极神秀，《万松》尤有势。盖云林画，多得之气象萧疏，烟林清旷，此独峰峦浑厚，势状雄强。其皱擦勾斫、分披纠合，无一不备，神至之笔，岂可以一律论耶！

〔故事〕

侯方域，字朝宗，归德府（治今河南商丘南）人，明末清初散文三大家之一，明末四公子之一，复社领袖。一次，侯方域经过阳羡的亳村，有一道人拿出收藏的元代画家倪云林的《十万图》让他鉴赏，上面有倪云林的自跋文。侯方域认为倪云林的画作多是气象萧疏清旷的风格，但是《万松叠翠》《万横香雪》二图却别具一格，尤其是《万松叠翠》图，峰峦叠嶂，气势雄伟，是《十万图》中技法最为奇妙的作品，不同凡响。

今河南商丘睢阳区古城北门内附近有侯方域故居，又名壮悔堂，为侯方域壮年著书处。

A

成语典故	人物	籍贯	发生地	页码
爱鹤失众	卫懿公	朝歌（今河南淇县）	卫国（今河南鹤壁、安阳、濮阳一带）	81
爱屋及乌	姜太公		朝歌（今河南淇县）	28
安乐窝	邵雍	共城（今河南辉县）	洛阳（今河南洛阳）	389
暗箭伤人	公孙子都 颍考叔	新郑（今河南新郑）	许（今河南许昌一带）	78

B

成语典故	人物	籍贯	发生地	页码
白虹贯日	聂政 韩傀	韩国轵（今河南济源东南） 阳翟（今河南禹州）	阳翟（今河南禹州）	126
白马负经	汉明帝	南阳郡（治今河南南阳）	洛阳（今河南洛阳）	278
白鱼入舟	周武王		盟津（今河南孟津会盟镇）	21
百举百全	郭嘉	颍川阳翟（今河南禹州）		299
百忍成金	张公艺	郓州寿张（今河南台前）	郓州寿张（今河南台前）	361
百折不挠	桥玄	梁国睢阳（今河南商丘）	洛阳（今河南洛阳）	289
班荆道故	蔡声子	蔡国（今河南上蔡一带）	新郑（今河南新郑）	107

（续表）

成语典故	人物	籍贯	发生地	页码
伴食宰相	卢怀慎	滑州灵昌（今河南滑县）		363
包藏祸心	子羽	新郑（今河南新郑）	新郑（今河南新郑）	110
抱薪救火	苏代	东周洛阳（今河南洛阳）	魏国大梁（今河南开封）	212
暴殄天物	周武王		牧野（今河南新乡北部）	26
杯弓蛇影	应郴 乐广	汝南郡南顿县（今河南项城南顿镇） 南阳淯阳（今河南南阳南）	汲县（今河南卫辉西南） 河南尹（治今河南洛阳）	327
避毁就誉	墨子	鲁阳（今河南鲁山）		122
鞭长莫及	伯宗	宋国（今河南商丘一带）	商丘（今河南商丘）	97
标新立异	支道林	陈留（今河南开封东北）	白马寺（今河南洛阳白马寺）	349
宾至如归	子产	新郑（今河南新郑）		108
兵不厌诈	韩非子	韩国（今山西东南和河南中部）		201
兵藏武库，马入华山	庾信	南阳新野（今河南新野）		359
伯玉知非	蘧伯玉	卫国（今河南鹤壁、安阳、濮阳一带）	卫国（今河南鹤壁、安阳、濮阳一带）	156
不耻下问	子贡	卫国（今河南鹤壁、安阳、濮阳一带）	卫国（今河南鹤壁、安阳、濮阳一带）	43
不动声色	韩琦	相州安阳（今河南安阳）	汴梁（今河南开封）	385
不贪为宝	子罕	宋国（今河南商丘一带）	商丘（今河南商丘）	105
不系之舟	列子	郑国莆田（今河南郑州）	郑国莆田（今河南郑州）	175
不知天高地厚	子贡	卫国（今河南鹤壁、安阳、濮阳一带）	蔡国（今河南上蔡一带）	173
不自量力	息侯	息国（今河南息县县城西南青龙寺一带）		76
步步为营	黄忠	南阳郡（治今河南南阳）		315

C

成语典故	人物	籍贯	发生地	页码
才高八斗	谢灵运	陈郡阳夏（今河南太康）		350
苍黄翻覆	墨子	鲁阳（今河南鲁山）		120
草菅人命	贾谊	洛阳（今河南洛阳）		249
差强人意	吴汉	南阳宛县（今河南南阳宛城区）		271
苌弘化碧	苌弘		洛邑（今河南洛阳）	171
嫦娥奔月	嫦娥		商丘（今河南商丘）	6
车水马龙	明德马皇后		洛阳（今河南洛阳）	280
车载斗量	赵咨	南阳郡（治今河南南阳）	洛阳（今河南洛阳）	320
诚惶诚恐	杜诗	河内汲县（今河南卫辉西南）		275
乘风破浪	宗悫	南阳涅阳（今河南邓州东北）	南阳涅阳（今河南南阳邓州东北）	351
程门立雪	程颐	洛阳（今河南洛阳）	洛阳（今河南洛阳）	387
齿亡舌存	老子	陈国苦县（今河南鹿邑东）		35
重足而立，侧目而视	汲黯	濮阳（今河南濮阳）		260
出人意表	袁宪	陈郡阳夏（今河南太康）		352
出言不逊	郭图 张郃		官渡（今河南中牟东北）	300
初出茅庐	诸葛亮	南阳郡（治今河南南阳）	博望坡（今河南方城）	314
除恶务本	周武王		盟津（今河南孟津会盟镇）	25
春风得意	孟郊		洛阳（今河南洛阳）	377
唇亡齿寒	宫之奇		虢国（今河南三门峡一带）	82
慈明无双	荀爽	颍川颍阴（今河南许昌）		293
从善如登，从恶如崩	彪傒	卫国（今河南鹤壁、安阳、濮阳一带）	洛邑（今河南洛阳）	68
从善如流	栾书		蔡国（今河南上蔡一带）	98

（续表）

成语典故	人物	籍贯	发生地	页码
摧陷廓清	韩愈	河阳（今河南孟州南）		375
厝火积薪	贾谊	洛阳（今河南洛阳）		248

D

成语典故	人物	籍贯	发生地	页码
大腹便便	边韶	陈留郡（治今河南开封）		283
大同小异	惠施	宋国（今河南商丘一带）		181
大义灭亲	石碏 石厚	卫国（今河南鹤壁、安阳、濮阳一带）	陈国（今河南淮阳一带）	75
得寸进尺	范雎	魏国（今山西南部、河南北部等地）		216
得其所哉	子产	新郑（今河南新郑）	新郑（今河南新郑）	144
得心应手	庄子	蒙（今河南商丘东北）		162
得意忘形	阮籍	陈留尉氏（今河南尉氏）	陈留尉氏（今河南尉氏）	329
鼎成龙去	黄帝		荆山（今河南灵宝阌乡南）	4
东窗事发	岳飞	相州汤阴县（今河南汤阴）		395
东道主	烛之武	新郑（今河南新郑）	新郑（今河南新郑）	86
东门黄犬	李斯	上蔡（今河南上蔡西南）		232
洞若观火	盘庚	亳（今河南商丘）		13
斗筲之人	子贡	卫国（今河南鹤壁、安阳、濮阳一带）		49
独当一面	张良	颍川城父（今河南襄城西南）		242
犊鼻高挂	阮咸	陈留尉氏（今河南尉氏）	陈留尉氏（今河南尉氏）	333
短小精悍	郭解	河内轵县（今河南济源东南）	河内轵县（今河南济源东南）	262
断章摘句	元结	河南洛阳（今河南洛阳）		382

（续表）

成语典故	人物	籍贯	发生地	页码
多端寡要	郭嘉	颍川阳翟（今河南禹州）		299
多行不义必自毙	郑庄公 共叔段	新郑（今河南新郑）	京邑（今河南荥阳东南豫龙镇京襄城村）	71
夺锦之才	宋之问		洛阳（今河南洛阳）	362
夺席谈经	戴凭	汝南平舆（今河南平舆北）	洛阳（今河南洛阳）	274

E

成语典故	人物	籍贯	发生地	页码
恶贯满盈	周武王		盟津（今河南孟津会盟镇）	23
尔虞我诈	华元	宋国（今河南商丘一带）	商丘（今河南商丘）	95
二陆入洛，三张减价	陆机 陆云		洛阳（今河南洛阳）	339
二三其德	无名氏	卫国（今河南鹤壁、安阳、濮阳一带）	卫国（今河南鹤壁、安阳、濮阳一带）	40
二者必居其一	孟子 陈臻		宋国（今河南商丘一带）	140

F

成语典故	人物	籍贯	发生地	页码
伐原示信	晋文公		原邑（今河南济源火车站一带）	69
反戈一击	周武王		牧野（今河南新乡北部）	26
范滂诀母	范滂	汝南征羌（今河南漯河东南）	漯河（今河南漯河东南）	287
方寸大乱	徐庶	颍川郡（今河南禹州）		311
非异人任	郑成公	新郑（今河南新郑）	新郑（今河南新郑）	102
分道扬镳	拓拔志 李彪		洛阳（今河南洛阳）	355

（续表）

成语典故	人物	籍贯	发生地	页码
分甘共苦	应詹	汝南南顿（今河南项城南顿镇）	洛阳（今河南洛阳）	344
焚薮而田	韩非子	韩国（今山西东南和河南中部）		201
丰年玉，荒年谷	庾亮 庾翼 庾统	颍川鄢陵（今河南鄢陵西北）	颍川鄢陵（今河南鄢陵西北）	347
扶摇直上	庄子	蒙（今河南商丘东北）		151
辅车相依	宫之奇		虢国（今河南三门峡一带）	82

G

成语典故	人物	籍贯	发生地	页码
改过不吝	仲虺		亳（今河南商丘）	10
高阳酒徒	郦食其	陈留高阳乡（今河南杞县西南）	陈留（今河南开封陈留镇）	244
高宗刻象	武丁	亳（今河南商丘）	殷（今河南安阳）	15
膏火自煎	庄子			158
各自为政	华元 羊斟		宋国（今河南商丘一带）	92
工欲善其事，必先利其器	子贡	卫国（今河南鹤壁、安阳、濮阳一带）	卫国（今河南鹤壁、安阳、濮阳一带）	54
功成名遂	墨子	鲁阳（今河南鲁山）		118
鼓盆之戚	庄子	蒙（今河南商丘东北）	蒙（今河南商丘东北）	166
挂印封金	关羽		许县（今河南许县东）	309
裹足不前	李斯	上蔡（今河南上蔡西南）		229

（续表）

成语典故	人物	籍贯	发生地	页码
过五关，斩六将	关羽		东岭关（今河南禹州） 洛阳（今河南洛阳） 汜水关（今河南荥阳汜水镇） 荥阳（今河南荥阳） 滑州黄河渡口（今河南濮阳、滑县附近）	310
过犹不及	子贡	卫国（今河南鹤壁、安阳、濮阳一带）	卫国（今河南鹤壁、安阳、濮阳一带）	45

H

成语典故	人物	籍贯	发生地	页码
害群之马	皇帝 牧马少年		襄城（今河南襄城）	168
韩陵片石	庾信	南阳新野（今河南新野）	韩陵山（今河南安阳东北）	357
好整以暇	栾鍼		鄢陵（今河南鄢陵西北）	101
河出图，洛出书	伏羲氏 大禹		盟津（今河南孟津会盟镇） 洛河（今河南洛宁西长水镇）	1
荷锸随身	刘伶		山阳（今河南修武）	338
鹤立鸡群	嵇绍		洛阳（今河南洛阳）	335
轰轰烈烈	文天祥		睢阳（今河南商丘睢阳区）	396
后来居上	汲黯	濮阳（今河南濮阳）		261
后羿射日	后羿		商丘（今河南商丘）	6
华而不实	嬴氏	宁邑（今河南获嘉徐营镇宣阳驿村）		89
化腐朽为神奇	庄子	蒙（今河南商丘东北）		167
缓兵之计	诸葛亮	南阳郡（治今河南南阳）		318
讳疾忌医	蔡桓公	蔡国（今河南上蔡一带）	蔡国（今河南上蔡一带）	192

（续表）

成语典故	人物	籍贯	发生地	页码
浑金璞玉	山涛	河内郡怀县（今河南武陟西南）	河内郡怀县（今河南武陟西南）	337
祸从口出	傅玄		温县（今河南温县）	343

J

成语典故	人物	籍贯	发生地	页码
鸡鸣狗盗	孟尝君		函谷关（今河南灵宝东北）	205
急流勇退	邵伯温	河南洛阳（今河南洛阳）		390
疾风劲草	刘秀 王霸	南阳郡（治今河南南阳） 颍川颍阳（今河南襄城）		264
己所不欲，勿施于人	子贡	卫国（今河南鹤壁、安阳、濮阳一带）	卫国（今河南鹤壁、安阳、濮阳一带）	55
家给人足	商鞅	卫国（今河南内黄梁庄镇）		129
假道灭虢	宫之奇		虢国（今河南三门峡一带）	82
假仁纵敌	宋襄公	宋国（今河南商丘一带）	泓水（今河南柘城西北）	85
坚壁清野	荀彧	颍川颍阴（今河南许昌）	濮阳（今河南濮阳）	301
见兔顾犬	庄辛 楚襄王		城阳城（今河南信阳平桥区长台关境内）	217
箭在弦上，不得不发	陈琳		官渡（今河南中牟东北）	307
蕉鹿自欺	郑人	新郑（今河南新郑）	新郑（今河南新郑）	185
结驷连骑	子贡 原宪	卫国（今河南鹤壁、安阳、濮阳一带） 商丘（今河南商丘）	卫国（今河南鹤壁、安阳、濮阳一带）	65
竭泽而渔	韩非子	韩国（今山西东南和河南中部）		201
借箸代筹	张良	颍川城父（今河南襄城西南）	荥阳（今河南荥阳）	243
噤若寒蝉	杜密	颍川阳城（今河南登封东南）		286

(续表)

成语典故	人物	籍贯	发生地	页码
惊弓之鸟	更羸	魏国（今山西南部、河南北部等地）	魏国大梁（今河南开封）	219
精锐之师	铫期	颍川郡郏县（今河南郏县）		270
精忠报国	岳飞	相州汤阴县（今河南汤阴）		391
井底之蛙	庄子	蒙（今河南商丘东北）		165
酒池肉林	商纣王		殷（今河南安阳西北小屯村）	18
酒酸不售	宋人		宋国（今河南商丘一带）	200
决胜千里	张良	颍川城父（今河南襄城西南）	洛阳（今河南洛阳）	238
决一雌雄	项羽 刘邦		成皋（今河南荥阳汜水镇西北）	235
绝长续短	庄辛 楚襄王		城阳城（今河南信阳平桥区长台关境内）	217
君子固穷	孔子		陈国（今河南淮阳一带）	51
君子之过	子贡	卫国（今河南鹤壁、安阳、濮阳一带）		61

K

成语典故	人物	籍贯	发生地	页码
开卷有益	宋太宗		汴梁（今河南开封）	384
开云见日	袁绍	汝南汝阳（今河南商水西北）		296
克绍箕裘	戴圣	梁国睢阳（今河南商丘睢阳区）		263
刻舟求剑	吕不韦	卫国濮阳（今河南濮阳西南）		228
孔武有力	无名氏	新郑（今河南新郑）	新郑（今河南新郑）	42
口若悬河	郭象	洛阳（今河南洛阳）		328

（续表）

成语典故	人物	籍贯	发生地	页码
夸父逐日	夸父		邓林（今大别山附近河南、湖北、安徽三省交界处）	3
宽猛相济	子产	新郑（今河南新郑）	新郑（今河南新郑）	112

L

成语典故	人物	籍贯	发生地	页码
滥竽充数	韩非子	韩国（今山西东南和河南中部）		195
老马识途	韩非子	韩国（今山西东南和河南中部）		194
乐不思蜀	刘禅		洛阳（今河南洛阳）	324
乐此不疲	刘秀	南阳郡（治今河南南阳）	洛阳（今河南洛阳）	273
离心离德	周武王		盟津（今河南孟津会盟镇）	24
李斯溷鼠	李斯	上蔡（今河南上蔡西南）		231
厉兵秣马	郑穆公		新郑（今河南新郑）	87
连枝共冢	干宝	新蔡（今河南新蔡）	宋国（今河南商丘一带）	348
梁上君子	陈寔	颍川许县（今河南许昌县东）	许昌（今河南许昌）	290
临危不惧	邓析	新郑（今河南新郑）	新郑（今河南新郑）	37
鲁阳金行	陈翼		鲁阳（今河南鲁山）	281
鹿死不择音	郑穆公	新郑（今河南新郑）	新郑（今河南新郑）	90
乱世奸雄	许劭	汝南平舆（今河南平舆北）	平舆（今河南平舆北）	306
罗雀掘鼠	张巡	邓州南阳（今河南邓州南阳）	睢阳（今河南商丘睢阳区）	370
洛阳纸贵	左思		洛阳（今河南洛阳）	340
落井下石	韩愈	河阳（今河南孟州南）		371

M

成语典故	人物	籍贯	发生地	页码
买椟还珠	郑人		新郑（今河南新郑）	196
冒天下之大不韪	息侯	息国（今河南息县县城西南青龙寺一带）		76
靡靡之音	师延		濮水（今河南濮阳附近）	190
面壁功深	达摩祖师		嵩山少林寺（今河南登封嵩山少林寺）	353
民不堪命	宋殇公	宋国（今河南商丘一带）	宋国（今河南商丘一带）	79
名正言顺	孔子		卫国（今河南鹤壁、安阳、濮阳一带）	48
莫须有	岳飞	相州汤阴县（今河南汤阴）		394
墨守成规	墨子	鲁阳（今河南鲁山）		124
目无全牛	庖丁		大梁（今河南开封）	153

N

成语典故	人物	籍贯	发生地	页码
南门立木	商鞅	卫国安阳（今河南内黄梁庄镇）		129
南阮北阮	阮咸	陈留尉氏（今河南尉氏）	陈留尉氏（今河南尉氏）	333
南辕北辙	季梁 魏王	魏国（今山西南部、河南北部等地）	魏国大梁（今河南开封）	135
难兄难弟	陈寔 陈元方 陈季方	颍川许县（今河南许昌县东）		291
宁可玉碎，不能瓦全	元景皓	洛阳（今河南洛阳）	邺城（今河南安阳北）	356
牛角挂书	李密		缑山（在今河南偃师）	360
怒发冲冠	蔺相如		渑池（今河南渑池西）	174
女娲补天	女娲		济源（今河南济源一带）	2

P

成语典故	人物	籍贯	发生地	页码
旁若无人	荆轲	卫国朝歌（今河南淇县）		222
庖丁解牛	庖丁		大梁（今河南开封）	153
鹏程万里	庄子	蒙（今河南商丘东北）		151
披荆斩棘	冯异	颍川父城（今河南宝丰东）	洛阳（今河南洛阳）	269
蚍蜉撼大树	韩愈	河阳（今河南孟州南）		373
否极泰来	周文王		羑里（今河南汤阴北）	19
平步青云	范雎	魏国（今山西南部、河南北部等地）		210
破釜沉舟	项羽		漳河（今河南安阳北）	234

Q

成语典故	人物	籍贯	发生地	页码
七步成诗	曹丕 曹植		许昌（今河南许昌）	322
齐大非偶	郑昭公	新郑（今河南新郑）		80
其乐融融	郑庄公 武姜	新郑（今河南新郑） 申国（今河南南阳谢邑）	颍（今河南登封西南）	72
奇货可居	吕不韦	卫国濮阳（今河南濮阳西南）		224
奇技淫巧	周武王		盟津（今河南孟津会盟镇）	25
歧路亡羊	杨朱邻人		魏国（今山西南部、河南北部等地）	188
杞人忧天	杞人	杞国（今河南杞县一带）	杞国（今河南杞县一带）	182
契若金兰	山涛	河内郡怀县（今河南武陟西南）	河内郡怀县（今河南武陟西南）	336
千里之堤，溃于蚁穴	韩非子	韩国（今山西东南和河南中部）		192
前跸之功	铫期	颍川郏县（今河南郏县）		270

(续表)

成语典故	人物	籍贯	发生地	页码
前倨后恭	苏秦	东周洛阳（今河南洛阳）	东周洛阳（今河南洛阳）	213
倩人捉刀	曹植 曹操		许昌（今河南许昌）	321
强弩之末	韩安国	梁国成安（今河南汝州东南）		258
窃符救赵	信陵君	信陵（今河南宁陵西北）	魏国大梁（今河南开封）	207
擒贼擒王	杜甫	巩县（今河南巩义西南）		368
寝丘之志	孙叔敖		寝丘（今河南沈丘东南）	187
青梅煮酒	曹操 刘备		许县（今河南许县东）	304
求仁得仁	子贡	卫国（今河南鹤壁、安阳、濮阳一带）	卫国（今河南鹤壁、安阳、濮阳一带）	44
求贤若渴	周举	汝南汝阳（今河南商水西北）	洛阳（今河南洛阳）	282
区区小事	子罕	宋国（今河南商丘一带）	商丘（今河南商丘）	106

R

成语典故	人物	籍贯	发生地	页码
人弃我取	白圭	洛阳（今河南洛阳）	魏国大梁（今河南开封）	116
任达不拘	阮咸	陈留尉氏（今河南尉氏）	陈留尉氏（今河南尉氏）	334
任人唯贤	伊尹	伊水（今河南西部伊河）	亳（今河南商丘）	12
任重致远	墨子	鲁阳（今河南鲁山）		117
肉袒面缚	微子	商丘（今河南商丘）		30
如临大敌	郑畋	荥阳（今河南荥阳）		383
如人饮水，冷暖自知	裴休	河内济源（今河南济源）		381
如鱼得水	诸葛亮	南阳郡（治今河南南阳）		313
如坐针毡	杜锡		洛阳（今河南洛阳）	342

（续表）

成语典故	人物	籍贯	发生地	页码
孺子可教	张良	颍川城父（今河南襄城西南）		239
汝人识字	汝州财主	汝州（今河南汝州）	汝州（今河南汝州）	398
阮籍青眼	阮籍	陈留尉氏（今河南尉氏）	陈留尉氏（今河南尉氏）	329

S

成语典故	人物	籍贯	发生地	页码
三顾茅庐	诸葛亮	南阳郡（治今河南南阳）		312
三人成虎	庞恭 魏惠王	魏国（今山西南部、河南北部等地）	魏国大梁（今河南开封）	133
桑间濮上	夏桀 商纣王		濮水（今河南濮阳附近）	148
杀敌致果	狂狡	宋国（今河南商丘一带）	大棘（今河南柘城西北）	93
杀彘教子	韩非子	韩国（今山西东南和河南中部）		199
山木自寇	庄子	蒙（今河南商丘东北）	楚国方城（今河南方城）	158
召父杜母	杜诗	河内汲县（今河南卫辉西南）	南阳（今河南南阳）	276
神至之笔	侯方域	归德府（治今河南商丘南）		399
甚嚣尘上	楚共王		鄢陵（今河南鄢陵西北）	100
失之东隅，收之桑榆	冯异	颍川父城（今河南宝丰东）	回溪阪（今河南洛宁东北）崤底（今河南渑池礼庄寨）	268
时不可失	周武王		盟津（今河南孟津会盟镇）	23
时无英雄，使竖子成名	阮籍	陈留尉氏（今河南尉氏）	广武山（在今河南荥阳）	331
食不下咽	张巡 南霁云	邓州南阳（今河南邓州南阳）魏州顿丘（今河南清丰）	睢阳（今河南商丘）	369
守株待兔	宋人		宋国（今河南商丘一带）	204

(续表)

成语典故	人物	籍贯	发生地	页码
首鼠两端	韩安国	梁国成安（今河南汝州东南）		255
束之高阁	庾翼	颍川鄢陵（今河南鄢陵西北）		346
数典忘祖	周景王	洛邑（今河南洛阳）	洛邑（今河南洛阳）	111
吮痈舐痔	曹商	宋国（今河南商丘一带）	商丘（今河南商丘）	177
顺天应人	商汤 周武王		斟鄩（今河南偃师附近） 牧野（今河南新乡北部）	20
司马昭之心，路人皆知	司马昭	河内郡温县（今河南温县）	洛阳（今河南洛阳）	323
死灰复燃	韩安国	梁国成安（今河南汝州东南）	蒙县（今河南商丘东北）	257
死生有命，富贵在天	子夏	晋国温地（今河南温县）		46
四分五裂	张仪 魏襄王	魏国（今山西南部、河南北部等地）	魏国大梁（今河南开封）	132
四海之内皆兄弟	子夏	晋国温地（今河南温县）		46
四体不勤，五谷不分	子路 丈人		楚国负函（今河南信阳一带）	58
嵩呼万岁	汉武帝		嵩山（今河南登封西北）	253
耸肩缩颈	韩愈	河阳（今河南孟州南）		374
宋人疑邻	宋人		宋国（今河南商丘一带）	191
搜索枯肠	卢仝	济源（今河南济源）	少室山（今河南登封西北）	379
夙兴夜寐	无名氏	卫国（今河南鹤壁、安阳、濮阳一带）	卫国（今河南鹤壁、安阳、濮阳一带）	40

T

成语典故	人物	籍贯	发生地	页码
泰山北斗	韩愈	河南河阳（今河南孟州）		376
探骊得珠	贫家子		商丘（今河南商丘）	178

(续表)

成语典故	人物	籍贯	发生地	页码
螳臂当车	蘧伯玉	卫国（今河南鹤壁、安阳、濮阳一带）	卫国（今河南鹤壁、安阳、濮阳一带）	157
天下无双	信陵君 平原君	信陵（今河南宁陵西北）		208
天作孽，犹可违；自作孽，不可逭	太甲	亳（今河南商丘）	亳（今河南商丘）	11
调剂盐梅	武丁	亳（今河南商丘）	殷（今河南安阳西北小屯村）	15
铤而走险	郑穆公	新郑（今河南新郑）	新郑（今河南新郑）	90
同心同德	周武王		盟津（今河南孟津会盟镇）	24
痛饮黄龙	岳飞	相州汤阴县（今河南汤阴）		393
投鼠忌器	贾谊	洛阳（今河南洛阳）		249
图穷匕见	荆轲	卫国朝歌（今河南淇县）		223
屠龙之技	庄子	蒙（今河南商丘东北）		176
土崩瓦解	周武王		牧野（今河南新乡北）	27
推心置腹	刘秀	南阳郡（治今河南南阳）		267

W

成语典故	人物	籍贯	发生地	页码
万众一心	朱儁		南阳（今河南南阳）	294
亡羊补牢	庄辛 楚襄王		城阳城（今河南信阳平桥区长台关境内）	217
往者不可谏，来者犹可追	陆接舆		楚国方城（今河南方城）	56
望尘而拜	潘岳	中牟（今河南中牟）	洛阳（今河南洛阳）	341
望梅止渴	曹操		南阳（今河南南阳）	303
望洋兴叹	庄子	蒙（今河南商丘东北）		163

（续表）

成语典故	人物	籍贯	发生地	页码
为渊驱鱼，为丛驱雀	商纣王	殷（今河南安阳西北小屯村）		143
围魏救赵	庞涓 孙膑	魏国（今山西南部、河南北部等地）	桂陵（今河南长垣西北）	128
未能免俗	阮咸	陈留尉氏（今河南尉氏）	陈留尉氏（今河南尉氏）	333
畏敌如虎	诸葛亮 司马懿	南阳郡（治今河南南阳） 河内郡温县（今河南温县）		319
畏首畏尾	郑穆公	新郑（今河南新郑）	新郑（今河南新郑）	90
温良恭俭让	子贡 陈亢	卫国（今河南鹤壁、安阳、濮阳一带） 陈国（今河南淮阳及安徽亳州一带）		67
闻一知十	子贡	卫国（今河南鹤壁、安阳、濮阳一带）		66
问鼎中原	楚庄王		洛邑（今河南洛阳）	94
蜗角之争	梁惠王 戴晋人	大梁（今河南开封）	大梁（今河南开封）	169
无为而治	孔子		卫国（今河南鹤壁、安阳、濮阳一带）	53
无以复加	郑穆公	新郑（今河南新郑）	新郑（今河南新郑）	90
无中生有	老子	陈国苦县（今河南鹿邑东）		34
吴带当风	吴道子	阳翟（今河南禹州）	洛阳（今河南洛阳）	364
五十步笑百步	梁惠王 孟子		大梁（今河南开封）	138

成语典故	人物	籍贯	发生地	页码
夏虫不可语冰	庄子	蒙（今河南商丘东北）		163
仙风道骨	司马承祯	河内温县（今河南温县）		365
先礼后兵	郭嘉	颍川阳翟（今河南禹州）		302

（续表）

成语典故	人物	籍贯	发生地	页码
先声夺人	厨人濮	宋国（今河南商丘一带）	商丘（今河南商丘）	113
先斩后奏	晁错 申屠嘉	颍川（治今河南禹州） 梁国睢阳（今河南商丘市睢阳区）		251
相濡以沫	庄子	蒙（今河南商丘东北）		159
相忘于江湖	庄子	蒙（今河南商丘东北）		159
笑容可掬	诸葛亮	南阳郡（治今河南南阳）		316
挟天子以令诸侯	袁绍	汝南汝阳（今河南商水西北）	许县（今河南许昌）	297
心怀叵测	马腾		许都（今河南许县东）	308
薪尽火传	庄子	蒙（今河南商丘东北）		155
信誓旦旦	无名氏	卫国（今河南鹤壁、安阳、濮阳一带）	卫国（今河南鹤壁、安阳、濮阳一带）	40
星火燎原	盘庚	亳（今河南商丘东北）		13
行己有耻	子贡	卫国（今河南鹤壁、安阳、濮阳一带）		49
虚与委蛇	列子 壶子	郑国莆田（今河南郑州）	新郑（今河南新郑）	161
栩栩如生	庄子	蒙（今河南商丘东北）	蒙（今河南商丘东北）	152
悬梁刺股	苏秦	东周洛阳（今河南洛阳）	东周洛阳（今河南洛阳）	215
悬榻留宾	陈蕃	汝南平舆（今河南平舆北）		285
学而优则仕	子夏	晋国温地（今河南温县）		60
学富五车	惠施	宋国（今河南商丘一带）		180
学无常师	子贡 陈亢	卫国（今河南鹤壁、安阳、濮阳一带） 陈国（今河南淮阳及安徽亳州一带）		67
血流漂杵	周武王		牧野（今河南新乡北部）	26

Y

成语典故	人物	籍贯	发生地	页码
睚眦必报	范雎	魏国（今山西南部、河南北部等地）		210
揠苗助长	宋人	宋国（今河南商丘一带）	宋国（今河南商丘一带）	139
言必信，行必果	子贡	卫国（今河南鹤壁、安阳、濮阳一带）		49
言不由衷	郑庄公	新郑（今河南新郑）		73
言笑晏晏	无名氏	卫国（今河南鹤壁、安阳、濮阳一带）	卫国（今河南鹤壁、安阳、濮阳一带）	40
燕雀安知鸿鹄之志	陈胜	阳城（今河南登封东南）	阳城（今河南登封东南）	233
殃及池鱼	桓魋		宋国（今河南商丘一带）	227
仰人鼻息	袁绍 韩馥	汝南汝阳（今河南商水西北） 颍川郡（治今河南禹州）		295
养虎遗患	张良 陈平	颍川城父（今河南襄城西南） 阳武（今河南原阳）	荥阳（今河南荥阳）	237
野人献曝	田夫	宋国（今河南商丘一带）	宋国（今河南商丘一带）	186
叶公好龙	叶公		叶邑（今河南叶县南旧城）	146
夜不就席	邵雍	河南共城（今河南辉县）	共城（今河南辉县）	388
一傅众咻	孟子 戴不胜		宋国（今河南商丘一带）	141
一毛不拔	杨朱	魏国（今山西南部、河南北部等地）		145
一抔黄土	张释之	堵阳（今河南方城）		246
一钱不值	灌夫 灌贤	颍阴（今河南许昌） 睢阳（今河南商丘睢阳区）		255
一窍不通	商纣王		殷（今河南安阳西北小屯村）	17
一叶障目	邯郸淳	颍川郡（治今河南禹州）		325
一以贯之	子贡	卫国（今河南鹤壁、安阳、濮阳一带）	卫国（今河南鹤壁、安阳、濮阳一带）	52

（续表）

成语典故	人物	籍贯	发生地	页码
一字千金	吕不韦	卫国濮阳（今河南濮阳西南）		226
贻笑大方	庄子	蒙（今河南商丘东北）		163
以卵投石	墨子	鲁阳（今河南鲁山）		123
以人为镜	墨子	鲁阳（今河南鲁山）		121
易子而食，析骸以爨	华元	宋国（今河南商丘一带）	商丘（今河南商丘）	95
引咎自责	庾亮	颍川鄢陵（今河南鄢陵西北）		345
永世无穷	微子	亳（今河南商丘）		31
游刃有余	庖丁		大梁（今河南开封）	153
有条不紊	盘庚	亳（今河南商丘）		13
有志者事竟成	耿弇		南阳（今河南南阳）	272
愚公移山	愚公	河内郡济源县（今河南济源一带）	王屋山（今河南济源王屋山）	7
与民同乐	梁惠王 孟子		大梁（今河南开封）	136
予取予求	申侯	申国（今河南南阳东南）		84
玉石俱焚	胤侯		斟鄩（今河南偃师附近）	9
远交近攻	范雎	魏国（今山西南部、河南北部等地）		216
月下老人	韦固		宋州宋城县（今河南商丘睢阳区）	378
越俎代庖	许由	阳城（今河南登封箕山一带）	阳城（今河南登封箕山一带）	149
运筹帷幄	张良	颍川城父（今河南襄城西南）	洛阳（今河南洛阳）	238

Z

成语典故	人物	籍贯	发生地	页码
载驰载驱	许穆夫人	墉国（今河南新乡西南一带）	墉国（今河南新乡西南一带）	39
臧否人物	阮籍	陈留尉氏（今河南尉氏）	洛阳（今河南洛阳）	332
债台高筑	周赧王	洛阳（今河南洛阳）	洛阳（今河南洛阳）	220
朝令夕改	晁错	颍川（治今河南禹州）		252
朝三暮四	狙公	宋国（今河南商丘一带）	宋国（今河南商丘一带）	184
招摇过市	卫灵公 孔子		卫国（今河南鹤壁、安阳、濮阳一带）	63
招之不来，麾之不去	汲黯	濮阳（今河南濮阳）		259
郑人买履	郑人		新郑（今河南郑州）	197
郑人争年	郑人	郑国（今河南北半省之中部）	郑国（今河南北半省之中部）	198
郑卫之音	夏桀 商纣王		郑国、卫国地区（今河南新郑、鹤壁、安阳、濮阳一带）	148
执子之手，与子偕老	无名氏	邶国（今河南淇县以北，汤阴东南一带）	邶国（今河南淇县以北，汤阴东南一带）	38
指点迷津	子路		楚国罗山（今河南罗山）	57
置之度外	刘秀	南阳郡（治今河南南阳）	洛阳（今河南洛阳）	266
中流砥柱	古冶子		砥柱山（今河南三门峡东）	115
众怒难犯	子产	新郑（今河南新郑）		103
周召分陕	周公 召公		陕（今河南三门峡市陕州区一带）	33
周郑交质	郑庄公	新郑（今河南新郑）		73
逐客令	李斯	上蔡（今河南上蔡西南）		229
助纣为虐	张良	颍川城父（今河南襄城西南）		241
筑室反耕	华元	宋国（今河南商丘一带）	商丘（今河南商丘）	95
庄周梦蝶	庄子	蒙（今河南商丘东北）	蒙（今河南商丘东北）	152

（续表）

成语典故	人物	籍贯	发生地	页码
捉襟见肘	曾子		卫国（今河南鹤壁、安阳、濮阳一带）	172
斫轮老手	庄子	蒙（今河南商丘东北）		162
擢发难数	须贾	魏国（今山西南部、河南北部等地）		210
子路问津	子路		楚国罗山（今河南罗山）	57
子路治蒲	子路		蒲邑（今河南长垣）	62
紫气东来	老子	陈国苦县（今河南鹿邑东）	函谷关（今河南灵宝北）	36
紫芝眉宇	元德秀	河南（今河南洛阳）	河南鲁山（今河南鲁山）	367
自绝于天	周武王		盟津（今河南孟津会盟镇）	25
自相矛盾	韩非子	韩国（今山西东南和河南中部）		203
走马观花	孟郊		洛阳（今河南洛阳）	377
作法自毙	商鞅	卫国安阳（今河南内黄梁庄镇）		131
坐观成败	任安	荥阳（今河南荥阳）		254

后 记

中原大地哺育了中原儿女，孕育了光辉灿烂的中原文化、黄河文化、黄河文明，是中华文化、华夏文明的源头、核心和代表。

近年来，省社科联立足打造中国特色哲学社会科学的中原品牌，着眼构筑社科高地，探索建设"中原学"新兴学科，在全国产生了较大影响。2018年6月，受中共河南省委宣传部委托，河南省社会科学界联合会和郑州大学中原学研究中心共同组织编写中原学丛书——"中原成语典故"，探索中原学话语体系建设，让人们在感受成语艺术美、形式美、节奏美的同时，品味、体验成语中内蕴的理想信念、价值理念、道德观念。经过一年多的紧张工作，"中原成语典故"终成卷稿。我省十八个省辖市社科联积极挖掘、整理、研究当地成语故事，为本书编撰提供了详实、丰富、有价值的参考资料，在此表示衷心感谢！

省社科联原副主席王朝纪同志、省社科联普及处原处长李同新同志和李明、何勇、张勇等同志参与了本书的组织、编校、修订和通稿。感谢大家的辛勤付出！对河南中州古籍出版社的大力支持和积极帮助，在此致以衷心的谢忱！

本书虽经努力，但限于时间、资料、水平等因素，不当之处在所难免，如蒙指正，不胜感激。

编　者

2019年12月